国家出版基金项目
NATIONAL PUBLICATION FOUNDATION

欧亚历史文化文库

总策划 张余胜

兰州大学出版社

汉晋胡汉佛教论稿

丛书主编 余太山

叶德荣 著

图书在版编目(CIP)数据

汉晋胡汉佛教论稿/叶德荣著.—兰州:兰州大
学出版社,2012.10
(欧亚历史文化文库/余太山主编)
ISBN 978-7-311-03983-7

Ⅰ.①汉… Ⅱ.①叶… Ⅲ.①佛教史—研究—中国—
汉代~晋代 Ⅳ.①B949.2

中国版本图书馆 CIP 数据核字(2012)第 251372 号

总 策 划 张余胜

书　　名 汉晋胡汉佛教论稿
丛书主编 余太山
作　者 叶德荣 著
出版发行 兰州大学出版社 (地址:兰州市天水南路 222 号 730000)
电　话 0931－8912613(总编办公室) 0931－8617156(营销中心)
　　　　　　0931－8914298(读者服务部)
网　址 http://www.onbook.com.cn
电子信箱 press@lzu.edu.cn
印　刷 兰州人民印刷厂
开　本 700 mm×1000 mm 1/16
印　张 20
字　数 267 千
版　次 2012 年 12 月第 1 版
印　次 2012 年 12 月第 1 次印刷
书　号 ISBN 978-7-311-03983-7
定　价 60.00 元

出版说明

　　随着20世纪以来联系地、整体地看待世界和事物的系统科学理念的深入人心，人文社会学科也出现了整合的趋势，熔东北亚、北亚、中亚和中、东欧历史文化研究于一炉的内陆欧亚学于是应运而生。时至今日，内陆欧亚学研究取得的成果已成为人类不可多得的宝贵财富。

　　当下，日益高涨的全球化和区域化呼声，既要求世界范围内的广泛合作，也强调区域内的协调发展。我国作为内陆欧亚的大国之一，加之20世纪末欧亚大陆桥再度开通，深入开展内陆欧亚历史文化的研究已是责无旁贷；而为改革开放的深入和中国特色社会主义建设创造有利周边环境的需要，亦使得内陆欧亚历史文化研究的现实意义更为突出和迫切。因此，将针对古代活动于内陆欧亚这一广泛区域的诸民族的历史文化研究成果呈现给广大的读者，不仅是实现当今该地区各国共赢的历史基础，也是这一地区各族人民共同进步与发展的需求。

　　甘肃作为古代西北丝绸之路的必经之地与重要组

成部分,历史上曾经是草原文明与农耕文明交汇的锋面,是多民族历史文化交融的历史舞台,世界几大文明(希腊—罗马文明、阿拉伯—波斯文明、印度文明和中华文明)在此交汇、碰撞,域内多民族文化在此融合。同时,甘肃也是现代欧亚大陆桥的必经之地与重要组成部分,是现代内陆欧亚商贸流通、文化交流的主要通道。

基于上述考虑,甘肃省新闻出版局将这套《欧亚历史文化文库》确定为 2009—2012 年重点出版项目,依此展开甘版图书的品牌建设,确实是既有眼光,亦有气魄的。

丛书主编余太山先生出于对自己耕耘了大半辈子的学科的热爱与执著,联络、组织这个领域国内外的知名专家和学者,把他们的研究成果呈现给了各位读者,其兢兢业业、如临如履的工作态度,令人感动。谨在此表示我们的谢意。

出版《欧亚历史文化文库》这样一套书,对于我们这样一个立足学术与教育出版的出版社来说,既是机遇,也是挑战。我们本着重点图书重点做的原则,严格于每一个环节和过程,力争不负作者、对得起读者。

我们更希望通过这套丛书的出版,使我们的学术出版在这个领域里与学界的发展相偕相伴,这是我们的理想,是我们的不懈追求。当然,我们最根本的目的,是向读者提交一份出色的答卷。

我们期待着读者的回声。

总序

　　本文库所称"欧亚"(Eurasia)是指内陆欧亚,这是一个地理概念。其范围大致东起黑龙江、松花江流域,西抵多瑙河、伏尔加河流域,具体而言除中欧和东欧外,主要包括我国东三省、内蒙古自治区、新疆维吾尔自治区,以及蒙古高原、西伯利亚、哈萨克斯坦、乌兹别克斯坦、吉尔吉斯斯坦、土库曼斯坦、塔吉克斯坦、阿富汗斯坦、巴基斯坦和西北印度。其核心地带即所谓欧亚草原(Eurasian Steppes)。

　　内陆欧亚历史文化研究的对象主要是历史上活动于欧亚草原及其周邻地区(我国甘肃、宁夏、青海、西藏,以及小亚、伊朗、阿拉伯、印度、日本、朝鲜乃至西欧、北非等地)的诸民族本身,及其与世界其他地区在经济、政治、文化各方面的交流和交涉。由于内陆欧亚自然地理环境的特殊性,其历史文化呈现出鲜明的特色。

　　内陆欧亚历史文化研究是世界历史文化研究中不可或缺的组成部分,东亚、西亚、南亚以及欧洲、美洲历史文化上的许多疑难问题,都必须通过加强内陆欧亚历史文化的研究,特别是将内陆欧亚历史文化视做一个整体加以研究，才能获得确解。

中国作为内陆欧亚的大国，其历史进程从一开始就和内陆欧亚有千丝万缕的联系。我们只要注意到历代王朝的创建者中有一半以上有内陆欧亚渊源就不难理解这一点了。可以说，今后中国史研究要有大的突破，在很大程度上有待于内陆欧亚史研究的进展。

古代内陆欧亚对于古代中外关系史的发展具有不同寻常的意义。古代中国与位于它东北、西北和北方，乃至西北次大陆的国家和地区的关系，无疑是古代中外关系史最主要的篇章，而只有通过研究内陆欧亚史，才能真正把握之。

内陆欧亚历史文化研究既饶有学术趣味，也是加深睦邻关系，为改革开放和建设有中国特色的社会主义创造有利周边环境的需要，因而亦具有重要的现实政治意义。由此可见，我国深入开展内陆欧亚历史文化的研究责无旁贷。

为了联合全国内陆欧亚学的研究力量，更好地建设和发展内陆欧亚学这一新学科，繁荣社会主义文化，适应打造学术精品的战略要求，在深思熟虑和广泛征求意见后，我们决定编辑出版这套《欧亚历史文化文库》。

本文库所收大别为三类：一，研究专著；二，译著；三，知识性丛书。其中，研究专著旨在收辑有关诸课题的各种研究成果；译著旨在介绍国外学术界高质量的研究专著；知识性丛书收辑有关的通俗读物。不言而喻，这三类著作对于一个学科的发展都是不可或缺的。

构建和发展中国的内陆欧亚学，任重道远。衷心希望全国各族学者共同努力，一起推进内陆欧亚研究的发展。愿本文库有蓬勃的生命力，拥有越来越多的作者和读者。

最后，甘肃省新闻出版局支持这一文库编辑出版，确实需要眼光和魄力，特此致敬、致谢。

余太山

2010 年 6 月 30 日

目录

4

前　言

　　以佛教经典为本位的佛教思想史、宗派史研究,在中国大陆近代以来佛教学术史上一直处于主流地位。我们发现,站在佛教经典本位立场,汉传佛教史无疑是连续的,但从佛教信仰主体本位来看,汉传佛教史显然是不连续的,其间存在着胡、汉民族的界限,这正是我们采取民族关系史视角,重新审视汉传佛教史的出发点。基于民族关系史的视角,将西域佛教传播中原地区的过程置于汉武帝开西域以来中原国家"致远人"、"四夷伏化"的大背景下进行观察,我们很容易发现,西域佛教传播中原地区的过程,正是中原国家影响力下西域奉佛族群和受到西域奉佛族群影响的北方族群进入、融入中原社会的自然结果,并创造出了具有中原文化内涵的汉传佛教新类型。所以,本书在研究过程上,始终将佛教传播历史置于民族关系史框架内,同时尝试从政治、制度、社会,乃至地理、艺术、神话、谶纬等各个角度进行观察,并侧重于佛教信仰主体群体——奉佛族群动态的描述,以此说明西域佛教传播中原社会并形成汉传佛教的历史过程。

　　初步研究表明,汉传佛教史大致存在着两个基本段落:第一段落,是在汉武帝开西域后,在中原国家招引下,西域诸国胡人前来中原地区日渐增多,中原地区都邑渐渐出现胡人聚落;但在两汉、魏、西晋时期,由于国家一直禁止汉人奉佛,汉人奉佛亦不为汉地社会舆论所认可,所以,汉人奉佛者极少,汉人"奉佛"依附于黄老信仰或名士玄学,实为在汉地开始流行"胡风"影响下传统黄老信仰和新兴名士玄学出现佛教元素而已,故汉人"奉佛"不可能获得独立的地位。中原地区的佛教主要流传在奉佛的胡人聚落空间内,出现以胡人信众为主体的胡人佛教。第二段落,是从魏、晋以来中原国家实行"迁戎"政策,北方诸族先后入塞内迁,形成汉胡错居、"汉戎参半"的"混杂"局面。特别是

·欧·亚·历·史·文·化·文·库·

"永嘉之乱"后,"五胡"先后在中原建立政权,其中包括具有西域奉佛胡人背景的"羯胡"建立的后赵政权和奉佛"羌胡"建立的后秦政权,导致佛教在中原地区的广泛传播,不仅大量奉佛族群直接进入、融入中原社会,并且由于奉佛政权力量的"迫力",亦推动佛教跨种族传播,特别是向汉族人群的传播,最终形成以汉人信众为主体的汉人佛教。汉地佛教主体形态从胡人佛教发展到汉人佛教,不仅奉佛主体人群种族属性发生变化,佛教的文化品质亦随之发生变化,创造出了具有汉文化品质的佛教新类型。

在第一段落的胡人佛教时期,有两条脉络需要我们关注:其一是胡人聚落内的胡人佛教,不仅是两汉、魏、西晋时期的汉地佛教主体,即使在东晋以降汉人佛教成为汉地佛教主体后也一直存在;其二是魏、西晋时期是中国历史上大变革时期之一,新兴的名士文化和传统的礼俗文化都对佛教传播汉人社会过程产生了影响,名士文化影响佛教形成了般若佛学,礼俗文化影响佛教形成了礼俗佛教。在名士文化影响佛教过程中,知识汉僧进入、融入名士空间,发挥了很大作用。"永嘉之乱"后,一部分知识僧人追随名士南渡,不仅主导着江南地区佛教的传播,并且随着佛教经典的传译和教义的创造,最后导致名士玄学性质的蜕变,直接影响了南齐竟陵王萧子良集团、梁武帝集团的政治面貌。而礼俗文化包括谶纬文化,谶纬文化对佛教的影响,形成了祥瑞佛教。

在第二段落的汉人佛教时期,亦有两条脉络需要我们关注:其一是北方地区具有西域奉佛种族背景的"羯胡"群体随匈奴入塞,最初散居并州地区,后随匈奴起兵,终于建立后赵政权,导致佛教在河北地区广泛传播,"中州胡晋,略皆奉佛";其二是河西地区奉佛"羌胡"内迁,散居陇右、关中地区,佛教在西北地区开始流传,特别在奉佛羌人姚氏在关中建立后秦政权,导致佛教在中原地区进一步传播,"事佛者十室而九矣"。

由于我们采用了民族关系史的视角,故在传统的佛教经典本位叙述中被遮蔽的问题,遂凸显了出来,如佛教与汉晋时期中原国家与西域诸国之间朝贡秩序的关系,西域佛教传播汉地社会过程中的跨种族传播途径或机制,以及由此而来的汉传佛教史的分期、形态和性质等等。本书的内容,大体上是围绕上述诸问题展开的。全书共分3编12章,由12个既独立又有联系的专题统合而成。

第一编《论汉传佛教史分期》计3章,主要探讨汉传佛教史分期问题。我们从汉晋时期以中原国家为主导的东亚、中亚区域国际朝贡秩序出发,并根据"五胡乱华"变局前后佛教的不同历史处境以及所呈现的不同形态,将汉传佛教史划分为两个时期:以胡人信众为主体的胡人佛教时期和以汉人信众为主体的汉人佛教时期。

众所周知,神话是古人在特定思维方式下构建的对世界和历史的一种象征性解释系统,我们发现,汉传佛教史上出现的老子化胡神话和汉明帝梦佛神话,是与中原国家与西域诸国、北方民族的关系变化直接联系在一起的,深刻地反映着汉地佛教的发生和历史处境,并分别对应着汉传佛教史的"两大段落"——中原国家"致远人"时代的胡人佛教时期和"永嘉之乱"以后的汉人佛教时期。

第1章《"致远人"与老子化胡神话》通过分析老子化胡神话背后的历史内涵,说明汉武帝开西域以来中原国家"致远人"的国际政治秩序,是老子化胡神话形成、流行的基本环境,老子化胡神话深刻地反映了中原国家对西域国家的包容。

第2章《汉人佛教与汉明帝梦佛神话》则具体讨论了晋室南渡后,随着汉人僧团的形成,南方汉人佛教信徒根据当时西域地区流行的、以"瑞像入国"为吉的观念,重新构造汉明帝梦佛入国、遣使去西域取经像神话的过程,在表达汉人佛教信徒"依国主、法事兴"的愿望同时,也透露了汉族政权空间内佛教生存的基本境况。

第3章《从中原国家僧籍制度论胡人佛教与汉人佛教之界限》尝试从汉地国家特有的户籍制度——僧籍角度,考察汉传佛教史两大段落中佛教信众核心人群——僧人的归属性质,以此作为划分汉传佛教史的两大段落:胡人佛教和汉人佛教的依据之一。因为僧人书名于汉地国家名籍,具有臣服于汉地国家的意义,直接涉及佛教与国家关系,

·欧·亚·历·史·文·化·文·库·

以及与此相关的佛教性质问题。按常理说,直接以种族来划分胡人佛教与汉人佛教的界限,应是轻而易举的事,但由于历史文献对侨居汉地的胡人佛教状况记载材料太少,所以,对胡人佛教与汉人佛教界限进行实质性的区分,需要寻求合适的依据。当然,要从理论上构建汉传佛教史叙述框架,还有很多工作要做,本章只是非常初步的尝试。

第二编《胡人佛教》计4章,主要考察汉传佛教史"第一段落"——胡人佛教时期西域佛教传入汉地的途径,以及侨居汉地奉佛胡人佛教的状况。本编揭示西域胡人在中原国家招引下、"慕乐中国"来到汉地,形成侨居汉地的胡人聚落佛教,是本书的重心所在,它拓宽了汉传佛教史的基础。传统学术虽偶有提及,但远远没有重视这块内容,算是本书的贡献。

第4章《侍子制度、蛮夷邸与佛寺》着眼于从国家政治行为的官方角度,考察汉武帝开西域后,西域诸国遣使朝贡中原国家过程中相关制度对佛教传播中原社会的影响,揭示西域佛教传播中原社会的官方途径。

第5章《都邑的"市"、胡人聚落与佛教——以东汉、魏、西晋时期都城洛阳为实例》则从民间社会角度,考察汉武帝开西域后,西域诸国商业人群来到中原地区,从事贸易活动,乃至滞留繁衍殖民,形成胡人聚落的过程,其中不乏来自奉佛的国家,形成胡人聚落佛教。

上述2章曾分别以《侍子制度、蛮夷邸与佛寺——汉、魏、西晋时期都城佛教传播空间研究》、《都邑的"市"、胡族聚落与佛教——以东汉、魏、西晋时期都城洛阳为实例》为篇名,作为独立论文,先后发表在余太山、李锦绣主编的《丝瓷之路》(第2辑)(商务印书馆,待刊)和中国社会科学院世界宗教研究所主办的《世界宗教研究》2009年第6期上。收入本书后,由于体例要求,内容略有改动。

第6章《汉晋时期汉地月氏国、康居国侨居人口之地理分布》从侨居人口移动角度,主要考察了对汉晋时期西域佛教传播汉地社会影响较大的月氏国、康居国侨居人口分布汉地都城和区域中心城市的状况,借此呈现西域佛教传播汉地社会的基本格局。

第7章《汉晋时期汉地"阿育王像"、"阿育王塔"遗迹之地理分布》则从侨居汉地之胡人聚落佛教艺术遗物角度，考察汉晋间"阿育王像"、"阿育王塔"的地理分布，对该时期侨居汉地之胡人聚落佛教的历史面貌，作初步的勾勒。

　　第三编《汉人佛教》计5章，重点是考察汉传佛教史"第二段落"——汉人佛教的形成过程，重点描述了汉人佛教形成过程中的两条脉络：其一，汉族知识僧人进入名士空间甚至成为名士集团成员，"永嘉之乱"后，一部分知识僧人追随名士南渡，推动了佛教在南方地区的传播；其二，北方奉佛杂胡（羯胡、羌胡）内迁中原地区，先后建立后赵政权和后秦政权，导致佛教在北方地区扩散性传播。在观察方法上，则采取了两个基本角度：

　　（1）偏重于佛教与汉地社会文化环境的关系，考察西域佛教传播汉地社会后受新兴名士文化和传统谶纬文化的影响，衍生出两个基本形态：般若佛学和祥瑞佛教。第8章《魏、西晋时期汉族知识僧人与名士群体之关系——以都城洛阳及周边地区为中心》和第9章《东晋时期佛教在名士家族空间之表现——以琅邪王氏家族为实例》，即考察名士文化对佛教传播过程的影响，侨居胡人聚落佛教通过汉族知识僧人向名士空间传播，并随着晋室南渡进一步向南方地区传播的过程。前者主要从地域文化角度，通过考察魏、西晋时期都城洛阳以及陈留、颍川、陈郡等地汉族知识僧人与名士之间的关系，揭示胡人佛教通过汉族知识僧人进入、融入名士社会的过程；后者则主要从社会学角度，考察部分知识僧人追随名士集团南渡江左，并以东晋时期代表性士族琅邪王氏家族为实例，探讨佛教通过名士权力空间在南方上层社会的扩展过程。知识僧人与知识官僚的交往模式，对后世汉地佛教的面貌及政教关系等影响极为深远。

　　第10章《瑞像入国——从谶纬视角看汉地社会接受佛教之过程》主要探讨汉地社会传统礼俗文化对佛教传播过程的影响。学术界在这方面的研究相对薄弱，本章的探讨属于尝试性的。汉地传统礼俗包括谶纬文化。谶纬文化是两汉时期官方意识形态的重要组成部分，即

·欧·亚·历·史·文·化·文·库·

使魏晋时期名士文化开始引领社会生活,但谶纬文化的影响仍然非常广泛,也影响到佛教形态的演变。所以,从谶纬角度观察佛教传播过程,可能也是比较合适的角度之一。本章通过讨论佛教在汉地谶纬文化环境中的意义和功能,并以大型"丈六"佛像——被具有谶纬意识的汉族信徒视为"瑞像"在汉地大肆兴造、传播过程为个案,呈现佛教被汉族民众社会接受的过程,揭示汉人佛教形成的一个方面。

(2)偏重于佛教与地域的关系,考察北方奉佛杂胡——"羌胡"和"羯胡"内迁中原地区,先后建立政权,导致佛教在中原地区扩散性传播。第11章《汉晋时期西北地区佛教之传播——以"羌胡"群体奉佛为线索》从地缘、民族关系的角度,通过考察长期活动在西北地区(相当于西晋时期凉州、秦州、雍州)的"羌胡"奉佛情况,对该地区早期的佛教传播过程进行了探索。第12章《十六国时期华北地区佛教之扩散——以"羯胡"群体移动为线索》则通过考察十六国时期以"深目"、"高鼻"、"多须"为特征,有着西域奉佛种族背景的"羯胡"群体的动态,探讨河北地区(相当于西晋时期并州、冀州、司州)佛教的传播过程和状况,特别对后赵时期石氏奉佛情况进行了重新梳理。

自汉武帝以儒教"圣王"政治理想立国以来,中原国家为了驱逐北方匈奴,"威德四夷",致力于开西域、通南海,于是"四夷伏化"、"愿为臣妾",确立了以中原国家为主导的国际关系秩序,朝贡使者"驰命走驿,不绝于时月;商胡贩客,日款于塞下"。西域佛教传播到中原社会、并形成汉传佛教,正是在中原国家招引下,西域奉佛胡人以及受西域奉佛胡人影响而奉佛的北方民族进入、融入中原社会的文化成果。本书对汉传佛教史的前期进行了重新梳理,所呈现的汉传佛教史图景,无疑与传统学术已有很大的不同,既不同于前述以佛教经典为本位的佛教思想史、宗派史面貌,亦有别于基于人物传记传统的僧人个体行为层面叙述。汉晋以来西域佛教传播中原社会并形成汉传佛教,本质上是区域人群移动的文化成果。从西域佛教传播中原社会的历史过程中,我们不仅看清了奉佛族群进入、融入中原社会的过程,也由此看到了中原汉族构成的机制和中原文化成长的模式。事实上,中华国家历史上周边民族汇入中原社会的踪迹历历可见，辽、金、元、清诸朝尤为明显，有些民族汇入中原社会过程则不容易看出来，或者说我们未加仔细辨认吧；而奉佛族群进入、融入中原社会的过程，由于佛教表征显著，所以看起来更加清晰。西域佛教传播中原社会的过程，确实很好地反映了中亚、东亚地区人群移动过程及其文化成果。我们对以佛教传播为表征的区域人群移动及其文化成果的认识，不仅有助于增进对中华国家历史和社会性质的理解，也有助于丰富对当代全球化背景下世界范围人群移动，特别是当代中国人群走向世界过程及其文化后果的理解。

第一编　论汉传佛教史分期

1 "致远人"与老子化胡神话

老子化胡神话的形成与消解,是与汉地中原国家与西域诸国、北方民族的关系变化直接联系在一起的。汉武帝开西域以来,确立了西域诸国向中原国家朝贡的政治秩序,这是老子化胡神话形成、流行的基本环境。老子化胡神话的主题是"汉化胡",反映着中原国家文化本位立场,表达了中原国家对西域国家的包容。

最早提到老子化胡神话,是东汉桓帝延熹九年(166)襄楷所上疏文,见《后汉书》卷30《襄楷传》:

> 又闻官中立黄老、浮屠之祠。……或言老子入夷狄为浮屠。

可见老子化胡神话至迟在东汉桓帝时期已经流传。近代以来,学界对老子化胡神话的形成过程以及文本的演变,已有充分的探讨和丰富的成果,[1]这里不再复述。本文主要通过考察老子化胡神话形成、流行、消解的历史环境,从而揭示其在汉传佛教史上的意义。当我们将老子化胡神话置于当时中原国家与西域诸国关系框架内来观察,其内涵就显得非常直观和丰富:在国家关系层面,反映了当时中原国家"致远人"、西域诸国"愿为臣妾"的朝贡政治秩序;在社会宗教文化层面,表现为中原社会流行"胡风"环境中出现汉人奉佛行为及其依附于传统黄老信仰的处境;在佛教主体与中原主流社会关系层面,表现为汉族知识僧人进入、融入名士社会,并在学术上表现为对名士所倡导的新学——玄学的依附。

本章通过上述三个层面,观察老子化胡神话所反映的汉传佛教早

---

〔1〕代表性成果主要有:汤用彤《汉魏两晋南北朝佛教史》第四章《汉代佛法之流布》"《太平经》与化胡说"条,上海书店1991年据商务印书馆1938年版影印,第57—61页。〔荷〕许理和《佛教征服中国》第六章《"化胡"说:佛道冲突的早期历史》,江苏人民出版社1998年版,第491—526页。

期历史的一个侧面,说明老子化胡神话在中原国家"致远人"时期形成和在"五胡乱华"后汉族僧团形成的背景下逐渐消解的过程,从而揭示老子化胡神话所承载的汉传佛教史观丰富内涵。

1.1 中原国家"致远人"
和老子化胡神话形成

毫无疑问,老子化胡神话的形成,是以汉武帝开西域以来、中原国家对西域地区产生影响力为背景的。汉武帝为了打击北方匈奴,全力经营西域,虽经"三绝三通"之曲折,但汉朝对于西域的控制局面已基本确立。而西域葱岭以西诸国或"闻汉之饶财","欲通货市买",葱岭以东诸国或为避免匈奴等侵略,寻求庇护,皆"慕乐中国"。自此以后,或遣使奉献,或遣子入侍,或接受封册,有时"涓涓细流",有时"滔滔大河",始终与中原国家保持着联系。[1] 在东汉班超父子经营西域时期,西域"五十余国,悉纳质内属,其条支、安息诸国至于海濒四万里外,皆重译贡献"。[2] 十六国苻秦时期,中原至西域亦有过一段短暂的通达时期,"四夷宾服,凑集关中。四方种人,皆奇貌异色"。[3] 至北魏孝文帝迁都洛阳以后,形成了东西交通的盛大局面,正如《洛阳伽蓝记》卷3《城南》所描述:

> 永桥以南,圜丘以北,伊、洛之间,夹御道有四夷馆。道东有四馆。一名金陵,二名燕然,三名扶桑,四名崦嵫。道西有四里:一曰归正,二曰归德,三曰慕化,四曰慕义。……自葱岭已西,至于大秦,百国千城,莫不欢附,商胡贩客,日奔塞下,所谓尽天地之区已。乐中国土风,因而宅者,不可胜数。是以附化之民,万有馀家。门巷修整,阊阖填列,青槐荫陌,绿树垂庭,天下难得之货,咸悉在焉。别立市于洛水南,号曰四通市,民间谓永桥市。

---

〔1〕余太山:《两汉魏晋南北朝与西域关系史研究》"绪说",商务印书馆 2011 年版。
〔2〕《后汉书》卷88《西域传》,中华书局 1965 年版,第 2910 页。
〔3〕《太平御览》(四)卷 363 引车频《秦书》,上海古籍出版社 2008 年版,第 331 页下栏。

余太山先生曾对两汉魏晋南北朝中原国家与西域的关系进行了全面的梳理,将中原国家对西域的经营目的归结为"广地万里,重九译,致殊俗,威德遍于四海",[1]这充分体现了中原国家传统的"圣王"政治理念。在中原国家与西域诸国的关系上,西域诸国一直保持着朝贡关系,中原国家整体上无疑处于主导的地位上。

汉武帝开西域以来,由于中原国家威德的凌驾,中原国家文化对于西域地区的影响力是很大的,如《汉书》卷96上《西域传上》详细记载了中原文化对乌孙、龟兹的影响:

> 时乌孙公主遣女来至京师学鼓琴,汉遣侍郎乐奉送主女,过龟兹。龟兹前遣人至乌孙求公主女,未还。会女过龟兹,龟兹王留不遣,复使使报公主,主许之。后公主上书,愿令女比宗室入朝,而龟兹王绛宾亦爱其夫人,上书言得尚汉外孙为昆弟,愿与公主女俱入朝。元康元年(前65),遂来朝贺。王及夫人皆赐印绶,夫人号称公主,赐以车骑旗鼓,歌吹数十人,绮绣杂缯琦珍凡数千万。留且一年,厚赠送之。后数来朝贺,乐汉衣服制度,归其国,治宫室,作檄道周卫,出入传呼,撞钟鼓,如汉家仪。……绛宾死,其子丞德自谓汉外孙,成、哀帝时往来尤数,汉遇之亦甚亲密。

又如对莎车的影响,见于《后汉书》卷88《西域传》:

> 匈奴单于因王莽之乱,略有西域,唯莎车王延最强,不肯附属。元帝时,尝为侍子,长于京师,慕乐中国,亦复参其典法。常敕诸子,当世奉汉家,不可负也。

中原国家对西域的影响力,还表现在中原国家境内出现了大量的西域诸国胡人侨民。除了国家关系层面的朝贡使者、纳质侍子等等以外,民间的贸易往来、避难、游观等亦很频繁,甚至在中西交通线上的都邑出现了胡人聚落。其中有着奉佛习俗的胡人群体自然也带来了僧人,《高僧传》里保存了较多的材料,如:

> 昙柯迦罗,此云法时,本中天竺人。……以魏嘉平(249—

---

〔1〕余太山:《两汉魏晋南北朝与西域关系史研究·绪说》,商务印书馆2011年版。

254）中，来至洛阳。

时又有外国沙门康僧铠者，亦以嘉平之末，来至洛阳。译出《郁伽长者》等四部经。

又有安息国沙门昙帝，亦善律学，以魏正元（254—255）之中，来游洛阳，出《昙无德羯磨》。

又有沙门帛延，不知何人，亦才明有深解，以魏甘露（256—260）中，译出《无量清净平等觉经》等，凡六部经。后不知所终焉[1]

支楼迦谶，亦直云支谶，本月支人。……汉灵帝时，游于洛阳。以光和、中平之间，传译梵文，出《般若道行》、《般舟》、《首楞严》等三经。

时有天竺沙门竺佛朔，亦以汉灵之时，赍《道行经》，来适洛阳，即转梵为汉。

又有沙门支曜、康巨、康孟详等，并以汉灵、献之间，有慧学之誉，驰于京洛。……先是沙门昙果，于迦维罗卫国得梵本，孟详共竺大力译为汉文。[2]

这方面材料在佛教史籍里可以找到不少，但我们一般都将这些材料理解为西域僧人到中原地区传播佛教的材料，而忽略了西域僧人来到中原地区传播佛教，本身就是两汉以来中原文化影响西域胡族的结果，是"汉化胡"的最直接证据。"汉化胡"不仅是中原文化影响了西域诸国边地，更直接影响了侨居中原地区的胡人。

基于上面观察，我们就很容易理解，汉武帝开西域以来中原国家主导中西关系秩序的局面，正是老子化胡神话形成的环境。我们知道，在两汉时期，黄老学说一直处于国家意识形态的地位，即使东汉成帝后儒家学说开始占据统治地位，黄老学说仍然发挥着广泛的影响，《老子》仍然是魏晋新学——玄学的主题，"老子"仍然是中原文化的核心

---

〔1〕《高僧传》卷1《魏洛阳昙柯迦罗传》，中华书局1992年版，第12－13页。
〔2〕《高僧传》卷1《汉洛阳支楼迦谶传》，中华书局1992年版，第10－11页。

符号。所以,"老子化胡"只是站在中原文化立场上对中原文化影响西域地区这一事实的通俗表达;即使站在当时的西域立场上,恐怕也是西域胡人乐于接受的一种说法,就像现代中国人说中国"西化"一样,想想今天中国人疯了似的要往发达的欧美国家钻,应该不难体会当年西域胡人向往中原国家的心情。老子化胡神话的主题,是"汉化胡",是当时中原国家影响西域诸国的最通俗表达。从当时中原国家与西域诸国关系来看,老子化胡神话所表达的"汉化胡"立场,即中原国家对于西域诸国的"怀柔"立场,既是中原国家政治观念的表达,应该也是"慕乐中国"、"愿为臣妾"的"伏化远人"所乐意接受的。

1.2 汉晋时期"胡风"影响下 黄老信仰中的佛教元素

汉晋时期中原佛教存在着两个基本空间:汉人奉佛空间和胡人奉佛空间。汉人奉佛空间中的佛教形态,大多依附于传统黄老信仰;而胡人奉佛空间中的佛教形态,则流传于胡人生活空间内,作为胡人生活习俗而存在。[1]

汉人奉佛可能与汉武帝开西域以后、中原汉人社会里开始流行"胡风"有关,准确地说,是"胡风"流行的组成部分。中原地区流行"胡风",是中原国家"致远人"、西域诸国"愿为臣妾"的自然结果,并且往往与豪奢之风结合在一起。如东汉顺、桓间"威权倾朝"的大将军梁冀,便是一位既热衷"胡风"又奢侈成性的典型人物,据《后汉书》卷34《梁冀传》:

> 初,父商献美人友通期于顺帝,通期有微过,帝以归商,商不敢留而出嫁之,冀即遣客盗还通期。会商薨,冀行服,于城西私与之居。寿(引者注:梁冀妻)伺冀出,多从仓头,篡取通期归,截发刮面,笞掠之,欲上书告其事。冀大恐,顿首请于寿母,寿亦不得已而

---

〔1〕请参见本书第二编《胡人佛教》诸章。

止。冀犹复与私通,生子伯玉,匿不敢出。寿寻知之,使子胤诛灭友氏。冀虑寿害伯玉,常置复壁中。

马雍先生考证"友通期"为"支通期"之误,认为应是月氏胡女,并指出"梁氏父子与西域交往密切,故有献胡女之举"。[1] 追求"胡风"最著名的莫过于汉灵帝,据《后汉书·志第十三·五行一》记载:

灵帝好胡服、胡帐、胡床、胡坐、胡饭、胡空侯、胡笛、胡舞,京都贵戚皆竞为之。

中原地区的佛教最早应出现在西域奉佛国家朝贡人员、纳质侍子等的生活空间(如蛮夷邸)里,故最早奉佛的汉人,正是那些有条件与西域朝贡人员交往的上层贵族乃至皇帝本人。文献明确记载最早的奉佛汉人,是东汉光武帝之子楚王英,《后汉书》卷42《楚王英传》记载:

[英]晚节更喜黄老,学为浮屠,斋戒祭祀。八年(65),诏令天下死罪入缣赎,英遣郎中令奉黄缣白纨三十匹。……国相以闻,诏报曰:"楚王诵黄老之微言,尚浮屠之仁祠,洁斋三月,与神为誓,何嫌何疑,当有悔吝?其还赎,以助伊蒲塞、桑门之盛馔。"因以班示诸国中傅。英后遂大交通方士,作金龟玉鹤,刻文字以为符瑞。十三年(70),男子燕广告英与渔阳王平、颜忠等造作图书,有逆谋,事下案验。

东汉前期尚无汉人出家现象,此处"桑门"当是胡僧无疑,此"伊蒲塞"恐怕亦以胡人为主,正是楚王英"大交通方士"之具体表现也。其次是东汉桓帝,见《后汉书·志第八·祭祀中》:

桓帝即位十八年,好神仙事。延熹八年(165),初使中常侍之陈国苦县祠老子。九年(166),亲祠老子于濯龙,文罽为坛,饰淳金扣器,设华盖之坐,用郊天乐也。

延熹九年在濯龙宫"亲祠老子",在《后汉书》卷7《桓帝纪》中记为"祠

---

〔1〕马雍:《东汉后期中亚人来华考》,载《新疆大学学报》(哲学社会科学版),1984 年第2 期。

黄老于濯龙宫"，而在《后汉书》卷 30《襄楷传》所录襄楷所上疏文里又记为"宫中立黄老、浮屠之祠"，实皆为一事，只是详略不同而已。桓帝并祠黄老、浮屠，性质上是属于传统的神仙信仰，是"好神仙事"的具体表达。桓帝在祭祀仪式上"设华盖之坐"，也是特定宗教仪式所要求的，据《汉书》卷 99 下《王莽传》记载：

> 或言黄帝时建华盖以登仙，莽乃造华盖九重，高八丈一尺，金瑶羽葆，载以秘机四轮车，驾六马，力士三百人黄衣帻，车上人击鼓，挽者皆呼"登仙"。

事实上，桓帝"好神仙事"，只是汉武帝求仙活动之重演，《后汉书》卷 76《王涣传》记载：

> 延熹中，桓帝事黄老道，悉毁诸房祀，唯特诏密县存故太傅卓茂庙，洛阳留王涣祠焉。

桓帝为了"事黄老道"，而"悉毁诸房祀"，显然被用来改奉黄老的，是仿效当年汉武帝的做法，《史记》卷 12《孝武本纪》记载：

> 公孙卿候神河南，见仙人迹缑氏城上，有物若雉，往来城上。天子亲幸缑氏城视迹。……于是郡国各除道，缮治宫观名山神祠所，以望幸矣。

所以，东汉时期桓帝、楚王英等并祠黄老、浮屠的行为，从黄老信仰本位来看，还不能被视为独立的佛教信仰，而只是传统神仙信仰的扩展，增加了一位胡族神仙，或者说，传统神仙信仰染上了"胡风"。[1]

至西晋时期，中原汉人社会犹盛"胡风"，据《晋书》卷 27《五行志上》记载：

> 泰始之后，中国相尚用胡床貊槃，及为羌煮貊炙，贵人富室，必畜其器，吉享嘉会，皆以为先。太康中，又以氈为绲头及络带袴口。百姓相戏曰，中国必为胡所破。

---

〔1〕汤用彤：《汉魏两晋南北朝佛教史》第四章《汉代佛法之流布》"神鬼方术"、"楚王英为浮屠斋戒祭祀"、"桓帝并祭二氏"诸条，上海书店 1991 年版，据商务印书馆 1938 年版影印，第 51 - 57 页。〔日〕塚本善隆：《魏晋佛教的展开》二《后汉的神仙方术式佛教》，载《日本学者研究中国史论著选译》（七），中华书局 1993 年版，第 213 - 216 页。温玉成：《公元 1—3 世纪中国的仙佛模式》，载氏著《中国佛教与考古》，宗教文化出版社 2009 年版，第 73 - 94 页。

·欧·亚·历·史·文·化·文·库·

西晋时期王族成员奉佛著名例子是愍怀太子,愍怀太子身上有楚王英和汉灵帝的"叠影",不知是历史"重演",还是史家笔法使然。据《晋书》卷53《愍怀太子传》记载:

> 愍怀太子遹,字熙祖,惠帝长子,母曰谢才人。……及长,不好学,惟与左右嬉戏,不能尊敬保傅。……于是慢弛益彰,或废朝侍,恒在后园游戏。爱坤车小马,令左右驰骑,断其鞅勒,使堕地为乐。或有犯忤者,手自捶击之。性拘小忌,不许缮壁修墙,正瓦动屋。而于宫中为市,使人屠酤,手揣斤两,轻重不差。其母本屠家女也,故太子好之。又令西园卖葵菜、蓝子、鸡、面之属,而收其利。

汉灵帝亦有"列肆于后宫"之举,见《后汉书》卷8《灵帝纪》。《晋书》本传不记愍怀太子奉佛事迹,但谓其"小字"为"沙门"。愍怀太子在宫中奉佛建塔,见北魏郦道元《水经注》卷16"谷水"条:

> 谷水又南,迳白马寺东。昔汉明帝梦见大人,金色,项佩白光,以问群臣。或对曰:"西方有神,名曰佛,形如陛下所梦,得无是乎?"于是发使天竺,写致经像。始以榆欓盛经,白马负图,表之中夏,故以白马为寺名。此榆欓后移在城内愍怀太子浮图中,近世复迁此寺。

西晋贵族石崇也是属于梁冀一类人物,人品、行迹亦近,《晋书》卷33《石崇传》还记载他与王恺斗富的情节:

> 恺以饴澳釜,崇以蜡代薪。恺作紫丝步障四十里,崇作锦步障五十里以敌之。崇涂屋以椒,恺用赤石脂。崇、恺争豪如此。武帝每助恺,尝以珊瑚树赐之,高二尺许,枝柯扶疏,世所罕比。恺以示崇,崇便以铁如意击之,应手而碎。恺既惋惜,又以为嫉己之宝,声色方厉。崇曰:"不足多恨,今还卿。"乃命左右悉取珊瑚树,有高三四尺者六七枝,条干绝俗,光彩耀日,如恺比者甚众。恺惘然自失矣。

珊瑚来自海外,属于"胡物",在当时被视为宝物。已有学者指出石崇与王恺斗富实源于西域胡人风气。[1] 石崇亦有一个胡人"爱婢",见《拾遗记》卷9：

> 石季伦爱婢名翔风，魏末于胡中得之……妙别玉声，巧观金色。……珍宝奇异……皆殊方异国所得，莫有辨识其出处者。乃使翔风别其声色，悉知其处。

《晋书》本传未言其奉佛事，但见之于《弘明集》卷1《正诬论》，谓"石崇奉佛亦至，而不免族诛云云"。

汉晋间汉人奉佛行为往往与奢侈的上层贵族联系在一起，应该值得我们注意。首先，奉佛活动相关的建塔营斋供僧，是需要一定物质条件的，[2] 故奉佛作为爱好"胡风"的表现方式之一，本身就是"炫富"行为，是拥有财富的象征；其次，也许更为重要的一条，由于奉佛仪式附属于奉祀黄老仪式，那么，可能还涉及礼制对奉祀者的社会身份——品位的要求。故早期汉人奉佛者大多属于上层贵族，并且往往与奢侈行为联系在一起。当时也确实有人将奉佛行为与"奢侈"联系在一起来批评，如《弘明集》卷1《正诬论》引时人批评佛教言论云：

> [佛教]道人聚敛百姓，大构塔寺，华饰奢侈，靡费而无益云云。

通过上面论述，我们可以认为：（1）从中原国家与西域诸国关系层面来看，汉人奉佛是中原国家"致远人"的自然结果，是老子化胡神话产生的基本环境。（2）从中原贵族政治生活层面来看，贵族奉佛行为表明与胡人社会有所交往，突破了国家对贵族生活空间的限制，如果涉及商业利益，便表现出奢侈的一面。（3）从佛教立场来看，则是汉人接受佛教的早期形态之一。

显而易见，汉人奉佛依附于黄老信仰的现象，亦对汉、晋间发展起

---

[1] 王青：《汉魏六朝文学中所见的西域商贸》，载《西域研究》2003 年第 2 期，第 73－79 页。

[2] 如《后汉书》卷 73《陶谦传》描述东汉末年笮融营建佛寺及举行浴佛斋会场景："初，同郡人笮融，聚众数百，往依于谦。谦使督广陵、下邳、彭城运粮。遂断三郡委输，大起浮屠寺。上累金盘，下为重楼，又堂阁周回，可容三千许人，黄金涂像，衣以锦彩。每浴佛，辄多设饮饭，布席于路，其有就食及观者且万余人。"（中华书局 1965 年版，第 2368 页）笮融的奉佛方式，在当时应该具有一定的代表性，可见当时汉人奉佛是需要相应的物质基础的。

·欧·亚·历·史·文·化·文·库·

来的道教方面产生了直接影响,其中老子化胡神话的内容,几乎在道教如天师道、上清派、灵宝派等各个教派的重要经文里都可以看到。[1]由于汉人社会存在着根深蒂固的"汉化胡"观念环境,即使晋室南渡后,南方道教新、旧教派中,仍然保留着佛教为道教支派的说法,如刘宋时期南方天师道徒所撰的《三天内解经》即云:

> 盖三道同根而异支者,无为大道、清约大道、佛道,此三道同是太上老君之法,而教化不同,大归于真道。……太上作此三道教化,法虽殊途,终归道真,无有异也。

形成于东晋时期的灵宝派,亦有类似观念,据唐释法琳《破邪论》所引《灵宝法轮经》:

> 葛仙公生始数日,有外国沙门见仙公,两手抱持而语仙公父母曰:"此儿是西方善思菩萨。今来汉地,教化众生,当游仙道,白日升天。"仙公自语子弟云:"吾师姓波阅宗,字维那诃,西域人也。"

灵宝派经文居然依老子化胡神话模式构造了创教神话,成了佛、道"混杂"的一个教派。创教人葛玄门下,佛、道并蓄,既有道教徒,也有佛教徒,上引书又引《仙人请问众圣难经》云:

> 葛仙公告弟子曰:"吾昔与释道微、竺法开、张太、郑思远等四人,同时发愿,道微、法开等二人愿为沙门,张太、郑思远愿为道士。"

东晋时期上清派创始人之一许氏与僧人交往密切。梁朝上清派代表人物陶弘景亦曾自称"胜力菩萨",《梁书》卷51《陶弘景传》:

> 曾梦佛授其菩提记,名为胜力菩萨。乃诣鄮县阿育王塔自誓,受五大戒。

早期佛教与道教在基本面上的关系,比想象的要紧密得多。早期道教方面关于统摄佛教的观念,实皆为两汉以来汉人奉佛依附于黄老信仰

---

[1]李小荣对道教经文中的老子化胡神话内容进行了比较仔细的梳理,可参见氏著《〈弘明集〉〈广弘明集〉述论稿》第三章《化胡说再检讨》,巴蜀书社2005年版,第103—200页。

关系之遗绪。

1.3　西晋时期名士社会对佛教的包容

上面已经说到东汉至西晋时期汉人奉佛依附于传统黄老信仰的境况，也说到汉人奉佛与上层贵族阶层的关系。毫无疑问，两晋时期汉族知识僧人依附于名士群体，依黄老术语翻译、叙述佛教经文，只是其延伸而已。如最早的汉族知识僧人代表人物之一支孝龙，不仅依附于名士阶层，同时也成了名士之一，见《高僧传》卷4《晋淮阳支孝龙传》：

> 支孝龙，淮阳人。少以风姿见重，加复神彩卓荦，高论适时。常披味小品，以为心要。陈留阮瞻、颍川庾凯并结知音之交，世人呼为"八达"。时或嘲之曰："大晋龙兴，天下为家。沙门何不全发肤、去袈裟、释胡服、被绫罗？"龙曰："抱一以逍遥，唯寂以致诚。剪发毁容，改服变形。彼谓我辱，我弃彼荣。故无心于贵而愈贵，无心于足而愈足矣。"其机辩适时，皆此类也。

支孝龙在社会身份上归依于以老学为核心的玄学名士群体，在意识形态上亦以老解佛，无疑是东汉时期汉人奉佛依附于黄老传统的延续。

最早的汉族知识僧人另一个代表人物朱士行，应该也与名士阶层关系密切。《出三藏记集》卷13《朱士行传》谓其"常于洛阳讲《小品》，往往不通"，本传虽未明言听众是谁，但我们知道，朱士行所讲《小品》即般若学，是与当时名士玄学直接相呼应的。朱士行不满《小品》"译理不尽"，终于在于阗找到了胡本《放光般若》。[1] 而担任胡本《放光般若》的汉译传译人竺叔兰，虽为侨居洛阳的天竺土生胡，却与名士乐广也存在着一段"清谈"缘，见《出三藏记》卷13《竺叔兰传》：

> 竺叔兰，本天竺人也。……性嗜酒，饮至五六升方畅。尝大醉卧于路傍，仍入河南郡门唤呼，吏录送河南狱。时河南尹乐广与宾客共酣，已醉，谓兰曰："君侨客，何以学人饮酒？"叔兰曰："杜康酿

---

[1]《出三藏记集》卷13《朱士行传》，中华书局1995年版，第515－516页。

酒,天下共饮。何以侨旧?"广又曰:"饮酒可尔,何以狂乱乎?"答
曰:"民虽狂而不乱,犹府君虽醉而不狂。"广大笑。时坐客曰:"外
国人那得面白?"叔兰曰:"河南人面黑尚不疑,仆面白复何怪耶?"
于是宾主叹其机辩,遂释之。

分析当时洛阳地区社会各个阶层人群,并综合上述材料,我们可以推
断,朱士行讲《小品》的听众,应该也是和支孝龙一样交往的名士阶层。

释道安曾讲到,《放光般若》有竺叔兰译为汉文后,"大行华京,息
心居士,翕然传焉",[1] 可以推知汉族知识僧人与名士阶层交往,是有
一定规模的。又如晋室南渡后南朝僧界领袖人物竺法深,《高僧传》卷
4《晋剡东仰山竺法潜传》记其南渡前行迹云:

竺潜,字法深,姓王,琅邪人。晋丞相武昌郡公敦之弟也。年
十八(284)出家,事中州刘元真为师。元真早有才解之誉,故孙绰
赞曰:"索索虚衿,翳翳闲冲。谁其体之,在我刘公。谈能雕饰,照
足开蒙。怀抱之内,豁尔每融。"潜伏膺已后,剪削浮华,崇本务
学,微言兴化,誉洽西朝。风姿容貌,堂堂如也。至年二十四
(290),讲《法华大品》,既蕴深解,复能善说,故观风味道者,常数
盈五百。

释道安所说的"息心居士"和听竺法深讲《法华大品》的"观风味道者,
常数盈五百"的人群,究竟是什么性质的人群,我们认为理解为名士为
中心的汉族士人社会可能更为合适,也就是说,僧人讲经应该是在名
士空间内面对以名士为中心的汉族士人群体讲述佛教思想。东汉以
降,礼教渐行,政治宽和,私家讲学风气兴盛,如《后汉书》卷39《周盘
传》记载:

盘少游京师,学古文尚书、洪范五行、左氏传,好礼有行,非典
谟不言,诸儒宗之。……教授门徒常千人。

又如《后汉书》卷79下《儒林传下》记载:

蔡玄字叔陵,汝南南顿人也。学通五经,门徒常千人,其著录

---

〔1〕《出三藏记集》卷7释道安《合放光光赞略解》,中华书局1995年版,第266页。

者万六千人。征辟并不就。

类似的例子可以举出很多。魏、晋以来汉族知识僧人在名士空间聚众讲经，只是因循时风而已，由此亦可见名士文化对佛教之影响。

在魏晋时期名士社会清谈环境中，以玄学为中心的清谈是名士群体政治生活的表达方式之一。僧人附庸于名士社会，般若附庸于玄学，只是锦上添花而已。汉晋间佛教般若类经典（特别是《道行般若》、《放光般若》，俗称"小品"、"大品"），受到了特别重视而被反复传译，[1] 皆有因循名士玄学清谈之意。汉族名士谈佛学般若，只是借佛学助兴，激发话题，提升思辨，并不是为了传播佛教，与信奉佛教更存在着很长的距离。在名士社会清谈环境中，佛教没有主体地位。西晋时期支孝龙成为"八达"名士集团成员之一，晋陶潜《群辅录》曾记载：[2]

陈留董昶字仲道、琅琊王澄字平子、陈留阮瞻字千里、颍川庾凯字子高、陈留谢鲲字幼舆、太山胡毋辅之字彦国、沙门于法龙、乐安光逸字孟祖。右晋中朝八达，近世闻之故老。

东晋时期竺法深、支遁等辈长期混迹于名士空间，皆是僧人附庸于名士社会之表现。东晋名士孙绰将两晋之际七名知识僧人拟为"竹林七贤"，《出三藏记集》卷13《竺法护传》记载：

后孙兴公制《道贤论》，以天竺七僧方竹林七贤。

〔1〕《出三藏记集》卷2《新集条解异出经录第二》："《般若经》：支谶出《般若道行品经》，十卷。（又）出《古品遗日说般若》，一卷。竺佛朔出《道行经》，一卷，道行者，般若抄也。朱士行出《放光经》，二十卷，一名《旧小品》。竺法护更出《小品经》，七卷。卫士度抄《摩诃般若波罗蜜道行经》，二卷。昙摩蜱出《摩诃钵罗若波罗蜜经》，五卷，一名《长安品经》。鸠摩罗什出《新大品》，二十四卷，（又）《小品》，七卷。右一经，七人异出。"（中华书局1995年版，第65—66页）

〔2〕〔晋〕陶潜《群辅录》："陈留董昶字仲道、琅琊王澄字平子、陈留阮瞻字千里、颍川庾凯字子高、陈留谢鲲字幼舆、太山胡毋辅之字彦国、沙门于法龙、乐安光逸字孟祖。右晋中朝八达，近世闻之故老。"（收入《五朝小说大观》，中州古籍出版社1991年版，影印扫叶山房1926年石印本，第105页）

分别以帛法祖比嵇康,[1]以于法兰比阮籍,[2]以竺法护比山涛,[3]以支遁比向秀,[4]以竺法深比刘伶,[5]以于道邃比阮咸,[6]以竺法乘比王戎。[7]汉族知识僧人为了进入、融入名士社会,使用名士"玄学"套话传译佛经或叙述佛教思想(所谓"格义"),[8]正如汤用彤先生等所指出,"採《老》《庄》之言,以明佛理",[9]本身就是老子化胡的具体表现之一。

1.4 东晋时期汉族僧团形成
和老子化胡神话消解

"五胡乱华"是中国中古时期历史的大变局,"伊洛本夏,而鞠为戎墟。吴楚本夷,而翻成华邑",[10]意味着中原汉族政权国家"致远

〔1〕《高僧传》卷1《晋长安帛远传》:"孙绰《道贤论》以法祖匹嵇康。《论》云,帛祖衅起于管蕃,中散祸作于钟会。二贤并以俊迈之气,昧其图身之虑,栖心事外,经世招患,殆不异也。"(中华书局1992年版,第27页)

〔2〕《高僧传》卷4《晋剡山于法兰传》:"孙绰《道贤论》以比阮嗣宗。《论》云,兰公遗身,高尚妙迹。殆至人之流,坑步兵傲独不群,亦兰之俦也。"(中华书局1992年版,第166页)

〔3〕《高僧传》卷1《晋长安竺昙摩罗刹传》:"后孙兴公制《道贤论》,以天竺七僧方竹林七贤,以护比山巨源。其论云,护公德居物宗。巨源位登论道。二公风德高远,足为流辈。其见美后代如此。"(中华书局1992年版,第24页)

〔4〕《高僧传》卷4《晋剡沃洲山支遁传》:"孙绰《道贤论》以遁方向子期。《论》云,支遁向秀,雅尚庄老。二子异时,风好玄同矣。"(中华书局1992年版,第163页)

〔5〕《高僧传》卷4《晋剡东仰山竺法潜传》:"孙绰以深比刘伯伦。论云,深公道素渊重,有远大之量。刘伶肆意放荡,以宇宙为小。虽高栖之业,刘所不及,而旷大之体同焉。"(中华书局1992年版,第157页)

〔6〕《高僧传》卷4《晋燉煌于道邃传》:"孙绰以邃比阮咸。"(中华书局1992年版,第170页)

〔7〕《高僧传》卷4《晋燉煌竺法乘传》:"孙绰《道贤论》以乘比王浚冲。《论》云,法乘安丰,少有机悟之鉴。虽道俗殊操,阡陌可以相准。"(中华书局1992年版,第155页)

〔8〕有关"格义"的论述,可参见陈寅恪:《支愍度学说考》,载《金明馆丛稿初编》,生活·读书·新知三联书店2001年版,第159-187页。

〔9〕有关汉晋间道家经典对佛教经典传译的影响,可看:汤用彤《汉魏两晋南北朝佛教史》第六章《佛教玄学之滥觞》,上海书店1991年版,据商务印书馆1938年版影印,第121-152页。萧登福《道家道教与中土佛教初期经义发展》第十章《汉魏六朝受道家道教影响之佛经》,上海古籍出版社2003年版,第412-525页。

〔10〕《弘明集》卷14《〈弘明论〉后序》,上海古籍出版社1991年版,第97页上栏。

人"时代的暂告段落,其中最引人注目的事件是北方族群的内迁中原,[1]以及由此而来的中原地区族群结构的变化。毫无疑问,"五胡"先后在中原地区建立政权后,导致了中原地区文化面貌的显著变化,一方面固然是进入中原地区的北方诸族汉化非常明显,另一方面则是北方诸族文化对中原汉人社会产生了影响,其中最突出的现象之一,就是佛教开始在汉族人群中广泛传播。汉晋期间国家实行"迁戎"政策,北方诸族相继入塞内迁,其中不乏奉佛的族群,特别是有着西域奉佛种族背景的"羯胡"石氏建立后赵政权和业已奉佛的"羌胡"姚氏建立后秦政权,对佛教在中原地区的传播推力尤大。石赵时"中州胡晋,略皆奉佛",[2]至姚秦世,"事佛者十室而九矣"。[3]期间汉人奉佛规模有了大幅度增加,最终形成了以汉族僧人为主导、汉族信众为主体的佛教形态,我们称之为"汉人佛教",与此前以胡僧为主导、胡人信众为主体的"胡人佛教"面貌,有了根本性的区别,同时也出现了具有独立意识的汉人僧团。

以释道安为中心的汉族僧人群体的出现,是汉族僧团形成的最明确标志。其中释道安改革僧人姓氏制度,废除在此以前汉族僧人遵循胡僧师资所出、"依师(国)为姓"的旧传统,重新规定所有汉僧统一"以释命氏",[4]而胡僧姓名则直接"音译",汉族僧人群体与胡族僧人群体界限呈现了出来。这是汉族僧团形成最直观的外在标志。其他如制定"僧尼轨范"、注疏佛经、编撰经录等,[5]对"汉人佛教"内在品质的形成,无疑都起到了巨大的塑造作用。由于汉族僧人群体规模的扩大和汉族僧团的形成,除了僧名制度以外,与此相关的"僧籍"以及管理机构——僧曹等制度,亦随着逐步形成。自此以后,汉族僧团的独立意

〔1〕万绳楠整理:《陈寅恪魏晋南北朝史讲演录》,黄山书社1987年版,第74-82页。

〔2〕《高僧传》卷9《晋邺中竺佛图澄传》,中华书局1992年版,第346页。

〔3〕《晋书》卷117《姚兴载记上》,中华书局1974年版,第2985页。

〔4〕《出三藏记集》卷15《道安法师传》,中华书局1995年版,第563页。又见《高僧传》卷5《晋长安五级寺释道安传》,中华书局1992年版,第181页。

〔5〕释道安材料据《出三藏记集》卷15《道安法师传》,中华书局1995年版,第561-565页。又见《高僧传》卷5《晋长安五级寺释道安传》,中华书局1992年版,第177-185页。

识亦随之加强,如姚秦时期,当时汉族僧人已多,国家设立了僧伽管理制度,以汉僧为"僧主"。[1] 在"关中旧僧"僧䂮首任"僧主"期间,虽然此时胡僧鸠摩罗什已经入关,受到"国主"姚兴尊崇,[2] 竟然发生了汉僧"摈遣"胡僧的事件,《出三藏记集》卷12《佛驮跋陀传》记载:

> 佛驮跋陀,齐言佛贤,北天竺人也。……时伪秦主姚兴,专志经法,供养三千余僧。并往来宫阙,盛修人事。唯佛贤守静,不与众同。后语弟子云:"我昨见本乡有五舶俱发。"既而弟子传告外人,关中旧僧道恒等以为显异惑众,乃与三千僧摈遣佛贤,驱逼令去。门徒数百,并惊惧奔散,乃与弟子慧观等四十余人俱发,神志从容,初无异色。识真者咸共叹惜,白黑送者数千人。兴寻怅恨,遣使追之,佛贤谢而不还。

又如《高僧传》卷7《宋京师龙光寺竺道生传》记南方僧团摈遣北方僧人事件:

> 竺道生,本姓魏,钜鹿人。……后还都,止青园寺。……又六卷《泥洹》先至京师,生剖析经理,洞入幽微,乃说阿阐提人,皆得成佛。于时大本未传,孤明先发,独见忤众。于是旧学以为邪说,讥愤滋甚。遂显大众,摈而遣之。

这些事件在汉晋时期以胡僧为主导、胡人信众为主体的"胡人佛教"时代,根本不可能发生。上引两例是"汉人佛教"时代开始后,汉族僧团独立发挥作用的突出事例。

汉族僧团的独立意识,不仅表现在组织上,甚至也表现在意识形态上。在北方汉族僧团刚刚形成之际,汉族僧团领袖们就开始自觉地舍弃依附于名士玄学、"以老解佛"的"格义"方法,《高僧传》卷5《晋飞龙山释僧光传》:

> 值石氏之乱,隐于飞龙山,游想岩壑,得志禅慧。道安后复从之。相会欣喜,谓昔誓始从,因共披文属思,新悟尤多。安曰:"先

---

[1]《高僧传》卷6《晋长安大寺释僧䂮传》,中华书局1992年版,第240页。
[2]《出三藏记集》卷14《佛驮跋陀传》,中华书局1995年版,第541–542页。

旧格义,于理多违。"

与北方胡族政权"胡统汉"环境有所不同的是,东晋时期南方僧人主要是追随中原士族南渡而来,也延续了西晋时期僧人依附名士阶层的传统,故传统的"格义"方法仍然被继续使用,如支遁以即色义注《庄子逍遥游》、[1]释慧远讲实相义"引《庄子》义为连类",[2]都是著名的例子。但随着北方汉僧南下日多,特别是到了释慧远生活的东晋后期,佛教最终突破名士空间而向全社会蔓延,则是北方胡族政权政治力量长时段压迫南方在文化上的表现,或者说是北方政权对南方社会长时段文化迫力的结果。

在"五胡"南下中原先后建立政权的大背景下,由于汉族僧人规模的扩大和汉族僧团的形成,使得在"致远人"时代汉、胡双方皆认为理所当然的夏、夷之别,转化为汉族社会内部的汉族僧人与传统社会主流人群特别是从传统黄老信仰发展而来的道教之间的关系。毫无疑问,在中原汉族与北方民族关系发生"置换"的过程中,汉族僧人的处境和身份是非常尴尬的。早在西晋时期,汉僧支孝龙就曾经遭到社会舆论的嘲讽,见《高僧传》卷4《晋淮阳支孝龙》:

> 时或嘲之曰:"大晋龙兴,天下为家。沙门何不全发肤,去袈裟,释胡服,被绫罗?"龙曰:"抱一以逍遥,唯寂以致诚,剪发毁容,改服变形。彼谓我辱,我弃彼荣。故无心于贵而愈贵,无心于足而愈足矣。"

他只好机智地以老子的理念、以异端的姿态来消化。但到了"五胡"时期,胡、汉民族关系发生了根本性变化,佛教僧人群体的民族属性也发生了改变,使得汉、魏、西晋时期"致远人"语境中的老子化胡神话的语义发生了严重"错位",特别在南方地区,汉族僧人群体对于夏、夷问题都表现出极度的敏感,长期流传汉地社会的老子化胡神话,而今成了

---

〔1〕《高僧传》卷4《晋剡沃洲山支遁传》,中华书局1992年版,第160页。

〔2〕《高僧传》卷6《晋庐山释慧远传》:"年二十四,便就讲说。尝有客听讲,难实相义,往复移时,弥增疑昧。远乃引庄子义为连类,于是惑者晓然。是后安公特听慧远不废俗书。"(中华书局1992年版,第212页)

伤害汉族僧人群体感情的敏感话题。

我们从两个方面来观察。先看汉族僧人群体与汉族国家权力阶层的关系，如东晋一朝，虽然汉僧支遁、竺法深、释慧远等对名士集团具有相当大的影响力，但在庾冰执政时期和桓玄执政时期，国家仍两度要求汉僧"敬王"、"属籍"，直接涉及汉僧身份归属问题，最终分别被汉僧竺道壹、释慧远等拒绝；[1]又如刘宋初期范泰就"踞食"问题进行探讨时，又涉及汉僧礼仪上的华、夷问题，受到了汉僧释慧义、释慧观为代表的祇洹寺僧团的反驳。[2]

我们再看汉族僧人群体对汉族道教群体的关系，则表现得更为尖锐。早在东晋前期，已有"异人"（应该来自道教空间）引用老子化胡神话"诬佛"，见《弘明集》卷1《正诬论》，开篇就引述了老子化胡神话的内容，表现出"怜愍"佛教的立场：

> 尹文子有神通者，愍彼胡狄父子聚麀，贪婪忍害，昧利无耻，侵害不厌，屠裂群生，不可逊让厉，不可谈议喻，故具诸事云云。又令得道弟子变化云云。又禁其杀生，断其婚姻，使无子孙，伐胡之术，孰良于此云云。

宋、齐间道士顾欢作《夏夷论》，亦引道经《玄妙内篇》中老子化胡神话，以排斥汉族僧人，见《弘明集》卷6明僧绍《正二教论》：

> 老子入关，之于天竺维卫国。国王夫人名曰清妙，老子因其昼寝。乘日之精，入清妙口中。后年四月八日夜半时，剖右腋而生，堕地即行七步，举手指天曰："天上天下，唯我为尊。三界皆苦，何可乐者。"于是佛道兴焉。[3]

顾欢《夏夷论》刚出世，几乎立即遭到了汉僧释道恒、谢镇之等僧俗的

---

〔1〕参见《弘明集》卷5《远法师沙门不敬王者论》，卷12《晋尚书令何充等执沙门不应敬王者》、《桓玄与八座书论道人敬王事》、《桓玄与王令书论敬王事》、《庐山慧远法师答桓玄论沙门不应敬王者》、《桓玄诏沙门不复敬天子》诸篇，上海古籍出版社1991年版，第30页下栏－33页上栏，第80页下栏－86页上栏。

〔2〕参见《弘明集》卷12《郑道子与禅师书论踞食》、《范伯伦书与王司徒论踞食》、《释慧义答范伯伦书》、《范伯伦与生、观二法师书》、《范伯伦据食表并诏》诸篇，上海古籍出版社1991年版，第78页下栏－80页中栏。

〔3〕亦见于《南齐书》卷54《顾欢传》（中华书局1972年版，第931页），文字稍异。

围攻。[1]

可以说,汉族僧人群体就是在华、夷舆论的抗争过程中成长壮大起来的。由于汉族僧人群体的不懈抗争,我们也明显看到了汉族主流社会舆论(包括道教)对佛教态度的戏剧性变化,如言"周孔即佛,佛即周孔"[2]孙绰者有之,言"道则佛也,佛则道也"[3]顾欢者有之,尽管各人身份以及对待佛教的立场有所不同,但都表达了汉族主流社会舆论对新兴佛教力量的妥协,不再是过去完全单边的"汉化胡"关系,而是走向"汉、胡合一"了。这大概也真实地反映了当时南方汉族政权和北方胡族政权在全局上趋向汉、胡"交错混杂"的现实吧。在此大环境下,形成于中原汉族国家"致远人"时代的老子化胡神话被消解,是必然的。特别是汉族僧人群体形成以及汉族僧团独立意识成长过程中对传统"汉化胡"舆论环境的不懈抗争,加速了老子化胡神话的消解。相对于南方汉族政权舆论环境,北方胡族政权空间内老子化胡神话的消解过程,应该更加容易。

老子化胡神话从汉武帝开西域、"致远人"时代形成,到"五胡乱华"时代被消解,从代表着中原国家与西域国家之间的朝贡秩序,变质为汉族社会内部两个宗教团体之间的纷争,在国家命运层面,我们由此看到了中华国家兴衰及其文化面貌变化的一个完整周期;而在佛教史层面,我们由此看到了汉传佛教史从以胡族信众为主体的"胡人佛教"形态向以汉族信众为主体的"汉人佛教"形态转变的具体过程。

在"致远人"时代向"五胡乱华"时代转变过程中,与"致远人"时代精神相应的老子化胡神话被消解,而与"五胡乱华"时代精神相应的汉明帝梦佛神话则应机显现。

---

〔1〕参见《弘明集》卷6明僧绍《正二教论》、谢镇之《析夷夏论》及卷7朱昭之《难夷夏论》、朱广之《咨夷夏论》、慧通法师《驳夷夏论》、僧愍法师《戎华论》诸篇,上海古籍出版社1991年版,第38页上栏-39页上栏,第42页上栏-43页中栏,第44页上栏-48页下栏。

〔2〕《弘明集》卷2《喻道论》,上海古籍出版社1991年版,第17页下栏。

〔3〕《弘明集》卷6明僧绍《正二教论》,上海古籍出版社1991年版,第38页中栏。

2 汉人佛教与汉明帝梦佛神话

与老子化胡神话所显示的中原国家汉族文化本位立场不同,汉明帝梦佛神话则是东晋以来汉人佛教信徒基于当时西域地区流行的以"瑞像入国"为吉的观念,构造了汉明帝梦佛入国、遣使去西域取经像的神话,具有非常明显的汉人佛教信徒本位立场。将汉明帝梦佛神话作为汉地佛教史起点叙述,事实上只是汉人佛教形成过程的反映。

由于汉明帝梦佛神话形成于晋室南渡后,主要流传于南方汉族政权境内,那么,佛教信徒将汉朝"致远人"、胡人将佛教带到中原的历史,重新描述成由中原国家皇帝梦佛、遣使将佛教经像请来汉地,是汉人佛教信徒对汉地佛教历史的一种追述,其中显然包含了希望汉族国家皇帝保护佛教的愿望。而在北方地区的胡族政权空间内,佛教本由奉佛胡族统治者倡导而广泛传播,不存在南方汉族政权空间内"不依国主、法事难立"的忧虑。汉明帝梦佛神话的核心是汉族民众成为汉族地区奉佛主体后的政、教关系,直接反映了汉人佛教信徒"依国主、法事兴"的愿望,也反映了汉族政权空间内佛教生存的基本境况。

近代以来,学者对汉明帝梦佛神话探讨已多,代表性成果主要有法国马伯乐《汉明帝感梦遣使求经事考证》、汤用彤《汉魏两晋南北朝佛教史》第二章《永平求法传说之考证》、吴焯《汉明帝与佛教初传》等,[1]但大多局限在佛教初传中原史事真伪层面来考察,而透过神话

---

〔1〕马伯乐(旧译为"马司帛洛"):《汉明帝感梦遣使求经事考证》,载冯承钧《西域南海史地考证译丛》第四编,商务印书馆1995年版,据1962年版影印,第17-47页。汤用彤:《汉魏两晋南北朝佛教史》第二章《永平求法传说之考证》,上海书店1991年版,据商务印书馆1938年版影印,第16-30页。吴焯:《汉明帝与佛教初传》,载《传统文化与现代化》,1995年第5期,第55-62页。其中马伯乐《汉明帝感梦遣使求经事考证》非常仔细,可惜没有检出陶弘景《真诰》卷9《协昌期第一》所录东晋兴宁年间(363—365)杨羲遗书中汉明帝梦佛神话版本,直接影响了对汉明帝梦佛神话版本"源头"的判断和相关分析。

背后探讨其意义的文章还没有见到。本章尝试从佛教史叙述层面,重新探讨东晋以来主要流传于南方汉族政权环境中的汉明帝梦佛神话的变迁过程,并重点揭示以汉明帝梦佛神话为中心的汉人佛教史叙述传统的创造、流传及其固化的过程。

2.1 西域梦佛神话之东传

汉明帝梦佛神话源于西域地区,是显而易见的。让我们先看看中原汉地佛教的上游——西域地区流传的有关佛像空中飞行的神话,《晋书》卷 122《吕光载记》:

> 龟兹王帛纯距光,光军其城南,五里为一营。……(光)又进攻龟兹城,夜梦金象飞越城外。光曰:"此谓佛神去之,胡必亡矣。"……战于城西,大败之,斩万余级。帛纯收其珍宝而走,王侯降者三十余国。

此条材料明确告诉我们,梦见佛像从龟兹城飞去直接与龟兹国败亡有关。据此反推,梦见佛像飞来自然意味着福祥降临。可见,佛像具有卫护功能,梦见佛像飞来飞去与凶吉相关,这应该是当时流行的观念。事实上,佛像空中飞行神话在西域地区一直非常流行,早期佛经《大方等大集经》卷 45《日藏分护塔品第十三》即记载佛自印度腾空飞来于阗、卫护于阗国土的神话,这是汉文佛经所见,如果存在胡本佛经,则年代应该更早,张广达先生对于阗瑞像有专题研究,请参看。[1]《洛阳伽蓝记》卷 5 所录慧生西行文字中亦提到了佛像"从南方腾空而来"飞到于阗国的神话:

> 从末城西行二十二里,至捍𪏮城。南十五里,有一大寺,三百馀众僧。有金像一躯,举高丈六,仪容超绝,相好炳然,面恒东立,不肯西顾。父老传云:"此像本从南方腾空而来,于阗国王亲见礼拜,载像归。中路夜宿,忽然不见。遣人寻之,还来本处。即起塔,

---

[1]张广达:《敦煌"瑞像记"、瑞像图及其反映的于阗》,载氏著《于阗史丛考》,中国人民大学出版社 2008 年版,第 166 – 223 页。

·欧·亚·历·史·文·化·文·库·

封四百户,供洒扫户。人有患,以金箔贴像所患处,即得阴愈。后人于像边,造丈六像者,及诸宫塔,乃至数千。"

相信"丈六像"还有神奇的治病效果,所以人们"造丈六像者","乃至数千",应是当地的风俗吧,由此亦可见"丈六像"崇拜之流行。佛像"丈六",是当时流行的标准尺度,其依据当是印度本土阿育王所造的"丈六立像",据《法显传》:

> 从此东南行十八由延,有国名僧迦施。佛上忉利天三月,为母说法来下处。……后阿育王欲知其根际,遣人掘看,下至黄泉,根犹不尽。王益敬信,即于阶上起精舍,当中阶作丈六立像。精舍后立石柱,高二十肘,上作师子。柱内四边有佛像,内外映彻,净若琉璃。

汉地最有名的梦佛飞行例子,莫过于汉明帝梦佛神话。汉明帝梦佛神话版本很多,其中最接近西域"丈六"金像飞行入国模式的版本,是梁陶弘景编录在《真诰》卷9《协昌期第一》的东晋兴宁年间(363—365)杨羲遗书:

> 汉孝明皇帝梦见神人,身长丈六,项生圆光,飞在殿前,欣然悦之。遍问朝廷,通人傅毅对曰:"臣前天竺国有得道者,号曰佛,传闻能飞行,身有白光,殆其神乎!"帝乃悟,即遣使者张骞、羽林郎秦景、博士王遵等十四人之大月氏国,采写佛经《四十二章》,秘兰台石室第十四。即时起洛阳城西门外道北立佛寺,又于南宫清凉台作佛形像及鬼子母图。帝感非常,先造寿陵,亦于殿上作佛象。是时国丰民安,远夷慕化,愿为臣妾。佛像来中国,始自明帝时耳。

此版本对汉明帝梦见的"神人"究竟是佛陀活人形象还是佛像的描述,显得有些犹豫,通过对照前举诸例,我们不难看出这里"身长丈六"的"神人"应指"丈六"佛像,但从汉明帝梦佛神话版本分化为"丈六”金像和“飞行神人”两大系统来看，[1]似乎已表现出汉族民众常识“理性”对于“丈六”金像飞行的怀疑态度。

汉明帝梦佛神话与老子化胡神话一样，也存在着构建过程。汉明帝梦佛神话显然是将西域梦佛神话与汉地的“汉明帝梦先帝太后”、“汉哀帝元寿元年（前2年）博士弟子景卢受大月氏王使伊存口受《浮屠经》”[2]等史事材料进行糅合、敷衍而成。“汉明帝梦先帝太后”史事见《后汉书》卷10《阴皇后纪》：

> ［永平］十七年正月，当谒原陵，明帝夜梦先帝太后，如平生欢。既寤，悲不能寐，即案历明。旦日吉，率百官、胡客上陵。其日，降甘露于陵树，帝令百官采取以荐。会毕，帝从席前伏御床，视太后镜奁中物，感动悲涕，令易脂泽装具。左右皆泣，莫能仰视焉。[3]

不难看出，“汉明帝梦先帝太后”与“汉明帝梦佛”的叙事元素和框架都基本类似。在这里，我们可以看出“胡型”的梦佛神话情节结构向“汉型”的梦佛神话情节结构的演变过程。

由于梦佛神话的元素和情节的改变，梦佛神话的意义亦随之发生变化。根据我们观察，汉明帝梦佛神话主要流传于东晋、宋、齐、梁等南方汉族政权空间（见下节），由此我们可以大致判定，汉明帝梦佛神话的中心主题是汉族帝王奉佛，意在表现汉族政权空间内政、教关系，即汉族僧人最关切的佛教生存问题。佛教在汉族政权空间生存问题，早在汉人佛教刚刚形成时期就已经提出，《高僧传》卷5《晋长安五级寺释

---

〔1〕在西域于阗等地，关于金像腾空飞行的神话本是很正常的形态。金像飞行神话传到中原汉族地区后，由于不符合民众的日常“理性”，金像飞行神话形态遂发生了变化。东晋南北朝时期相关文献在描述汉明帝梦佛神话形态时，分化为三种情形：要么只说“丈六”，不言飞行；要么只言飞行，不说“丈六”；有的甚至“丈六”、飞行皆不说。在本人收集的东晋南北朝时期18个汉明帝梦佛神话版本中，只有1个版本保留了“丈六”金像飞行，其他三种情形分别是：只说“丈六”、不言飞行的版本7个，只言飞行、不说“丈六”的版本5个，未及“丈六”、飞行的版本6个。

〔2〕《三国志》卷30《魏书》裴松之注引鱼豢《魏略·西戎传》，中华书局1959年版，第859页。

〔3〕“汉明帝梦先帝太后”史事又见《宋书》卷28《符瑞中》：“汉明帝永平十七年正月戊子夜，帝梦见光武帝、光烈皇后，梦中喜觉，悲不能寐。明旦上陵，百官、胡客悉会。太常丞上言，其日陵树叶有甘露。帝令百官采甘露。帝自伏御床，视太后庄器奁中物，流涕，敕易奁中脂泽之具。”（中华书局1974年版，第814页）

道安传》记载：

> 安以石氏之末，国运将危，乃西适牵口山。迄冉闵之乱，人情
> 萧素。安乃谓其众曰："今天灾旱蝗，寇贼纵横。聚则不立，散则
> 不可。"遂复率众，入王屋女休山。顷之，复渡河，依陆浑山，木食
> 修学。俄而，慕容俊逼陆浑，遂南投襄阳，行至新野。谓徒众曰：
> "今遭凶年，不依国主，则法事难立。又教化之体，宜令广布。"

释道安僧团是汉传佛教史上最早一批汉族僧团的重要代表，标志着汉族僧人为主导、汉族信众为主体的汉人佛教形成。释道安提出的"不依国主"、"法事难立"问题，虽然产生于当时战乱的特殊环境，却代表了汉人佛教在汉族政权环境中谋求生存的长期问题。正是因为汉明帝梦佛神话包含着汉人佛教生存的根本问题以及汉族僧人对汉族帝王奉佛的期望，所以才成为汉人佛教成立以来的新基点，也成为汉人佛教史叙述的新"起点"。

由此我们清楚地看到，汉明帝梦佛神话实为汉人佛教梦想的凝结。在"胡型"的梦佛神话里，由于西域诸国大多为小国，易受到外族攻击，故希冀佛像能够庇护国家和人民。但在"汉型"的汉明帝梦佛神话里，由于佛教所处生存环境的变化，所以神话主题方向发生了偏转，变成了汉族僧人祈望汉族帝王能够保护佛教。

有趣的是，汉传佛教史籍上亦载有梁武帝梦佛神话，据唐释道宣《广弘明集》卷3《佛像瑞集》：

> 荆州大明寺檀优填王像者，梁武帝以天监元年（502）梦见檀
> 像入国，乃诏募得八十人，往天竺。至天监十年（511），方还。及
> 帝崩，元帝于江陵即位，遣迎至荆都。后静陵侧立寺，因以

安之。[1]

天监元年为梁武帝登基立国之年,梁武帝在这样特别之年"梦见檀像入国",应属于很重要的国家祥瑞事件,但《梁史》、《出三藏记集》、《高僧传》等史籍均未载,故释道宣的记载非常可疑。"梁武帝梦佛神话"作为发生在梁代的历史事件虽不可信,但释道宣的说法所表达的观念无疑是真实的。毫无疑问,有"佛心天子"、"菩萨皇帝"之称的梁武帝,应是汉传佛教史上最符合汉族僧人理想的皇帝。释道宣记载梁武帝梦佛神话,不仅赞扬了心目中伟大的"法王",也借此表达了僧人对于帝王保护佛教的愿望。

现在,我们再来看在中原汉地流传的其他梦佛飞行例子,《名僧传抄》所录《宋瓦官寺释僧供传》(亦被《高僧传》所采录):

> 僧供,豫州人也。……住瓦官寺,后招率同志,造丈六金像。铸始毕,未出模,未知美恶。值义熙十二年(416)铜禁甚严,有犯入死,供为官所录。在湘府判奸,锁械坚重,无复生冀,一心念观世音,兼昼夜诵经。一月许日,梦见其所铸像,来至狱中,以手摩供头,问曰:"汝怖不?"供启言:"恐必死。"像曰:"无所忧。"供观像相貌,见胸前方一尺许,铜色燋沸。罗辟既定,至刑日,参军应来监杀,当驾车而牛不肯入。既入便奔,车即坏败。遂更克日,乃有敕至彭城,若未杀僧,供者可原,遂获勉济。还,见所铸像,胸前果有燋沸。供既瑞验,清答日勤,以至舍命。

值得我们注意的是,僧供梦见"丈六"铸像来到狱中的场景,与西域地

---

[1]梁武帝梦佛神话亦见于《法苑珠林》卷14:"梁武帝以天监元年正月八日梦檀像入国,因发诏募往迎。……帝欲迎请此像,时决胜将军郝骞、谢文华等八十人应募往达,具状祈请。舍卫王曰:此中天正像,不可适边,乃令三十二匠,更刻紫檀人图一相,卯时便手,至午便就。相好具足,而像顶放光,降微细雨,并有异香。……骞等负第二像,行数万里,……又渡大海,冒涉风波,随浪至山,粮食又尽,所将人众及传送者身多亡殒。逢诸猛兽,一心念佛,乃见像后有甲胄声。又闻钟声,岩侧有僧端坐树下,骞登负像下置其前。僧起礼像,骞等礼僧。僧授澡罐令饮,并得饱满。僧曰:此像名三藐三佛陀金毗罗王,自从至彼,大作佛事。语顷失之。尔夜金梦见神,晓共图之。至天监十年四月五日,骞等达于扬都。帝与百僚徒行四十里,迎还太极殿。……湘东王在江陵即位,遣人从扬都迎上至荆都承光殿供养。后梁大定八年,于城北静陵造大明寺,以像归之。今现在,多有传写,流被京国云。"(中华书局2003年版,第476页)

·欧·亚·历·史·文·化·文·库·

区梦佛神话情节非常接近,同时也继承了西域地区梦佛神话中的佛像卫护功能。这说明在西域神话传播到中原汉地早期,还是可以看到比较完整的梦佛神话。

上面引述诸多梦佛神话材料,目的是为了揭示梦佛神话作为当时叙事模式广泛存在的史实,由此呈现汉明帝梦佛神话产生和流传的社会环境和语境。

2.2 汉明帝梦佛神话之流传

汉明帝梦佛神话在东晋时期已经形成是肯定的。目前,我们看到汉明帝梦佛神话比较可靠的早期材料,是前引梁陶弘景《真诰》卷9《协昌期第一》所录东晋兴宁年间(363—365)的杨羲遗书。作为道教上清派道士杨羲不可能编造汉明帝梦佛神话,必定采自当时的传说。此传说亦被东晋袁宏《后汉纪》略缩后所采录,[1]并删去汉明帝遣使张骞的明显错误,同时还将遣使目的地"大月氏"改为了"天竺":

> 初,明帝梦见金人,长大,顶有日月光,以问群臣。或曰:"西方有神,其名曰佛。陛下所梦,得无是乎?"于是遣使天竺,问其道术,[遂于中国]而图其形象焉。

袁宏卒于晋太元元年(376),与杨羲是同代人,可见此时汉明帝梦佛神话流传已广。这一点,亦被不久之后的《法显传》所证实:

> 度岭已到北天竺,始入其境,有一小国,名陀历,亦有众僧,皆小乘学。……众僧问法显:"佛法东过,其始可知耶?"显云:"访问彼土人,皆云古老相传:自立弥勒菩萨像,后便有天竺沙门,赍经律过此河者。像立在佛泥洹后三百许年,计于周氏平王时。由兹而言,大教宣流,始自此像,非夫弥勒大士继轨释迦,孰能令三宝宣通,边人识法?固知冥运之开,本非人事,则汉明帝之梦,有由而然矣。"

---

〔1〕《后汉书》卷42《光武十王(楚王英)列传》李贤注引,中华书局 1965 年版,第 1429 页。

《法显传》的成书时间,大约在晋义熙十二年(412)释法显回到建康后,应僧众询问而述作。

晋宋之交,宗炳在《明佛论》中也隐晦地提到了汉明帝梦佛神话:

> 东方朔对汉武劫烧之说,刘向《列仙》叙七十四人在佛经。学者之管窥于斯,又非汉明而始也。[1]

入宋后,汉明帝梦佛神话继续被范晔《后汉书》所采录:

> 世传明帝梦见金人,长大,顶有光明,以问群臣。或曰:"西方有神,名曰佛,其形长丈六尺,而黄金色。"帝于是遣使天竺,问佛道法,遂于中国图画形象焉。

又,徐道士《三天内解经》亦有引述:

> 光武之子汉明帝者,自言梦见大人,长一丈余,体作金色。群臣解梦,言是佛真,而遣人入西国,写取佛经,因作佛图塔寺,遂布流中国。

南齐时期,还见于王琰《冥祥记》:

> 汉明帝梦见神人,形垂二丈,身黄金色,项佩日光,以问群臣。或对曰:"西方有神,其号曰佛,形如陛下所梦,得无是乎?"于是发使天竺,写致经像,表之中夏。自天子王侯,咸敬事之。闻人死精神不灭,莫不惧然自失。初,使者蔡愔,将西域沙门迦叶摩腾等,赍优填王画释迦佛像。帝重之,如梦所见也。乃遣画工,图之数本,于南宫清凉台及高阳门、显节寿陵上供养。又于白马寺壁,画千乘万骑,绕塔三匝之像。如诸《传》备载。[2]

在上引有限的材料中,我们看到一个现象,即自东晋袁宏《后汉纪》后,宋、齐文献叙述汉明帝梦佛神话,大多也删去了汉明帝遣使张

---

[1]《弘明集》卷2宗炳《明佛论》,上海古籍出版社1991年版,第13页上栏。

[2]见《法苑珠林》卷13,其所引南齐王琰《冥祥记》汉明帝梦佛神话后面还有一段文字:"初,使者蔡愔,将西域沙门迦叶摩腾等,赍优填王画释迦佛像。帝重之,如梦所见也。乃遣画工,图之数本,于南宫清凉台及高阳门、显节寿陵上供养。又于白马寺壁,画千乘万骑,绕塔三匝之像,如诸传备载。"(《乾隆大藏经》第125册,第668页上栏)这一段文字非《冥祥记》原文,应是释道世按语。因为将"使者蔡愔,将西域沙门迦叶摩腾"结合到汉明帝梦佛神话中,发生在释僧佑《出三藏记集》之后,"如诸传备载",应指《高僧传》之类僧传也。

骞的错误情节,我们可以把它们视为一个系统。这些文献基本上属于非佛教文献,我们可以称之为"外书"系统。特别是作为史书,史料采用范围应自有一套标准。我们还注意到,东晋以来汉明帝梦佛神话的流传,存在着保留汉明帝遣使张骞错误情节的老系统,由于主要流传于佛教内部,我们称之为"内书"系统。最著名的就是《出三藏记集》卷6 之首篇《四十二章经序第一》:

> 昔汉孝明皇帝夜梦见神人,身体有金色,项有日光,飞在殿前,意中欣然,甚悦之。明日,问群臣:"此为何神也?"有通人传教曰:"臣闻天竺有得道者,号曰佛,轻举能飞,殆将其神也。"于是上悟,即遣使者张骞、羽林中郎将秦景、博士弟子王遵等十二人,至大月支国,写取佛经《四十二章》,在十四石函中,登起立塔寺。于是道法流布,处处修立佛寺。远人伏化,愿为臣妾者,不可称数。国内清宁,含识之类,蒙恩受赖,于今不绝也。

《四十二章经》序文汉明帝梦佛神话版本与收录在《真诰》卷9《协昌期第一》里杨羲遗书版本之接近,是显而易见的。故《四十二章经》属于"古经"应该没有问题,释僧佑在《出三藏记集》卷2《新集撰出经律论录第一》又记:

> 《四十二章经》,一卷。《旧录》云:《孝明皇帝四十二章》。安法师所撰录,阙此经。

据释僧佑记文可知,《四十二章经》源于《旧录》,而释道安《经录》中则无《四十二章经》。释僧佑在上引书同卷《序》中又说:

> 祐检阅三藏,访核遗源,古经现在,莫先于《四十二章》;传译所始,靡逾张骞之使。

我们应该相信释僧佑对"古经"判断的基本眼力,尽管"传译所始,靡逾张骞之使"说法过于"宽泛"。吕澂先生将《四十二章经》的源头追溯到

《法句经》，认为《四十二章经》流行于南方地区，[1]我们认为这是可以接受的。事实上，我们可以进一步将《四十二章经》序文与正文分开来考虑，序文是序文，正文是正文，两者来源可能不同。可以设想，在《四十二章经》序文与正文结合之前，汉明帝梦佛神话中可能还没有《四十二章经》经名。只有在序文与正文结合之后，汉明帝梦佛神话中才会出现《四十二章经》经名，才会有"《旧录》云：《孝明皇帝四十二章》"的说法。汤用彤先生曾认为《旧录》即是支愍度的《经录》，[2]那么，在东晋前期，《四十二章经》的序文与正文可能结合在一起了。

同样保留着汉明帝遣使张骞错误的著名版本，还有牟子《理惑论》：

> 昔孝明皇帝梦见神人，身有日光，飞在殿前，欣然悦之。明日，博问群臣："此为何神？"有通人傅毅曰："臣闻天竺有得道者，号曰佛。飞行虚空，身有日光，殆将其神也。"于是上寤，遣使者张骞、羽林郎中秦景、博士弟子王遵等十八人，于大月支写佛经《四十二章》，藏在兰台石室第十四间。时于洛阳城西雍门外起佛寺，于其壁画，千乘万骑，绕塔三匝。又于南宫清凉台及开阳城门上，作佛像。明帝时，豫修造寿陵，曰"显节"，亦于其上作佛图像。时国丰

---

〔1〕见《吕澂佛学论著选集》附录《四十二章经抄出的年代》（齐鲁书社1996年版，第2857－2867页）。吕澂先生在文章中还征引北周甄鸾《笑道论》所引《化胡经》中汉明帝梦佛神话版本："至汉明永平七年甲子岁，星昼现西方夜，明帝梦神人长一丈六尺，项有日光。旦问群臣，傅毅曰：西方胡王太子成道佛，号佛。明帝即遣张骞等，穷河源，经三十六国，至舍卫，佛已涅槃。写经六十万五千言。至永平十八年，乃还。"并结合《高僧传》卷1《晋长安帛远传》提及的《化胡经》经名，认为《四十二章经》出世"最上的年限不能超过惠帝末年"。但《化胡经》的文本却存在着演绎过程，我们目前还无法判断汉明帝梦佛神话究竟何时与《化胡经》发生联系。汤用彤先生认为《四十二章经》"远出桓帝以前"（见氏著《汉魏两晋南北朝佛教史》第三章《四十二章经考证》之"四十二章经之叠经窜改"条，上海书店1991年版，据商务印书馆1938年版影印，第44页）。《四十二章经》的出世年代，还需要做进一步的研究。

〔2〕汤用彤：《汉魏两晋南北朝佛教史》第三章《四十二章经考证》，上海书店1991年版，据商务印书馆1938年版影印，第35页。

民宁,远夷慕义,学者由此而滋。[1]

我们知道,《理惑论》在收录释僧佑《弘明集》之前,已见录于刘宋时期陆澄《法论》,[2]说明《理惑论》出世的下限在刘宋时代。

综上所述,首先,我们可以设想东晋时期存在一个"原始"版本,与《真诰》保留的"丈六"金人"飞行"的版本非常接近,是《真诰》、《四十二章经》和《理惑论》里各个版本的"源头"。其次,保存在《真诰》、《四十二章经》和《理惑论》里各个版本的基本情节和使用词汇,都是非常接近的,说明这三部著作流传的空间也非常接近,主要流传于南方地区。第三,将张骞系于汉明帝时代,是明显的知识性错误。这个比较低级的错误,说明这三部著作主要流传于具有宗教信仰的人群内部。与此对照的是,前引删去汉明帝遣使张骞错误的文本,则应该属于历史知识修养相对更高的主流社会知识阶层。

但是最让我们惊奇的是,释僧佑对于这个明显的错误,竟然不但没有"觉察",反而在《出三藏记集》中反复表述多达4次,[3]甚至将张骞列为《四十二章经》的译人,见《出三藏记集》卷2《新集撰出经律

〔1〕《理惑论》汉明帝梦佛神话还有一个为学界所熟知的版本,即《世说新语·文学第四》刘孝标注文所引:"汉明帝夜梦神人,身有日光。明日,博问群臣,通人傅毅对曰:臣闻天竺有道者,号曰佛。轻举能飞,殆将其神也。于是遣羽林郎中秦景、博士弟子王遵等十二人,之大月支国写取经佛经四十二部,在兰台石室。"(上海古籍出版社1993年版,第213–214页)刘孝标卒于521年,与释僧佑(卒于518年)是同时代人,又都生活在建康。刘孝标注文所引《理惑论》版本应该与释僧佑《出三藏记集》中《四十二章经》序文版本不会相差太远,其文字显得简略,应是缩略而成,同时还删去了"使者张骞"这一明显错误。

〔2〕《出三藏记集》卷12《宋明帝敕中书侍郎陆澄撰〈法论〉目录序第一》,中华书局1995年版,第445页。

〔3〕释僧佑在《出三藏记集》中表述张骞系于汉明帝时代的错误至少有四处:(1)卷2《序》:"逮孝明感梦,张骞远使,西于月支写经《四十二章》,韬藏兰台,帝王所印,于是妙像丽于城闉,金刹曜乎京洛。慧教发挥,震照区寓矣。"(2)卷2《序》:"佑检阅三藏,访核遗源,古经现在,莫先于《四十二章》。传译所始,靡逾张骞之使。泊章、和以降,经出盖阙。"(《出三藏记集》,中华书局1995年版,第22页)(3)卷2《新集撰出经律论录》:"《四十二章经》,一卷。……右一部,凡一卷。汉孝明帝梦见金人,诏遣使者张骞、羽林中郎将秦景到西域,始于月支国遇沙门竺摩腾,译写此经还洛阳,藏在兰台石室第十四间中。其经今传于世。"(《出三藏记集》,中华书局1995年版,第23页)(4)卷2《新集撰出经律论录》:"自安世高以下至法立以上,凡十七家,并安公《录》所载。其张骞、秦景、竺朔佛、维只难、竺将炎、白延、帛法祖,凡七人,是佑校众录新获所附入。"(《出三藏记集》,中华书局1995年版,第44–45页)

论录》：

> 自安世高以下至法立以上，凡十七家，并安公《录》所载。其
> 张骞、秦景、竺朔佛、维只难、竺将炎、白延、帛法祖，凡七人，是祐校
> 众录新获所附入。

将《四十二章经》置于汉地出经之首，并直接视张骞为译人，应是释僧
佑"校众录新获"的结果，其中显然包含了释僧佑的个人意志。释僧佑
撰述是以"使人抄撰"的集体工作方式进行的，《高僧传》卷11《梁京师
建初寺释僧佑传》：

> 初，佑集经藏既成，使人抄撰要事，为《三藏记》、《法苑记》、
> 《世界记》、《释迦谱》及《弘明集》等，皆行于世。

按理说，这种将张骞系于汉明帝时代的低级错误不应该发生的，以至
于我们对释僧佑的历史知识修养产生怀疑。陶弘景与释僧佑一样，亦
曾经宠信于梁武帝，[1]陶弘景编辑《真诰》时注意到了杨羲遗文中汉明
帝梦佛神话存在的错误，"按张骞非前汉者，或姓名同耳"，[2]体会陶弘
景如此"宽容"的语气，大概是有碍于释僧佑正处于梁武帝"深相礼遇"
的地位吧。我们知道，梁武帝登基后崇奉佛教，还轰轰烈烈地发动了
"以拟时要"的佛教文化工程，释僧佑编纂的由《释迦谱》、《世界记》、
《出三藏记》、《萨婆多部相承传》、《法苑集》、《弘明集》、《十诵义记》、
《法集杂记传铭》构成的《法集》丛书，[3]是该文化工程的核心部分。
我们认为，释僧佑将一部来源不明但明确描述汉族帝王奉佛主题以及
"国丰民宁"、"远夷慕义"内容的"古经"置于汉地出经首位，是具有迎
合梁武帝奉佛时代意图的。

南方地区汉明帝梦佛神话形态发展的第二个阶段，是使者名字组
合从"使者张骞、羽林郎中秦景、博士弟子王遵"渐渐演变为"羽林郎中

---

[1]《梁书》卷51《陶弘景传》，中华书局1973年版，第742－743页。又，《高僧传》卷11《梁
京师建初寺释僧佑传》："今上（指梁武帝）深相礼遇，凡僧事硕疑，皆敕就审决。年衰脚疾，敕听
乘舆入内殿，为六宫受戒，其见重如此。"（中华书局1992年版，第440页）

[2][日]吉川忠夫，麦谷邦夫：《真诰校注》，中国社会科学出版社2006年版，第298－299
页。

[3]《出三藏记集》卷12《释僧佑法集总目录序第三》，中华书局1995年版，页457－459。

蔡愔、博士弟子秦景、沙门竺摩腾",而目的地则从"大月氏"统一为"天竺"。我们发现,当时除了流传汉明帝遣"使者张骞、羽林郎中秦景、博士弟子王遵"去大月氏神话之外,还流传着汉明帝遣"羽林郎中蔡愔、博士弟子秦景"去天竺后带回沙门竺摩腾的故事,两者是并行的。在上引南齐王琰《冥祥记》里,汉明帝梦佛神话与蔡愔带回竺释迦摩腾故事还是分开的,陶弘景在解释杨羲遗文中汉明帝梦佛神话时也提到:

> 外书《记》亦云:遣侍中张堪或云郎中张愔,并往天竺,写致经象,并沙门来至。

"张愔"当是陶弘景误记,应作"蔡愔"。此处"外书《记》"不必指释僧佑《出三藏记集》,因为当时佛教类书数量非常可观,[1]可见在陶弘景这里也是分开的。而将上述两个本来分开的故事捏合在一起,却已见于释僧佑《出三藏记集》卷2《新集撰出经律论录第一》:

> 《四十二章经》,一卷。……右一部,凡一卷。汉孝明帝梦见金人,诏遣使者张骞、羽林中郎将秦景到西域,始于月支国遇沙门竺摩腾,译写此经还洛阳,藏在兰台石室第十四间中。其经今传于世。

经释僧佑捏合后形成的"使者张骞、羽林中郎将秦景、沙门竺摩腾"这一新组合的序列结构,无疑是后来释慧皎《高僧传》"郎中蔡愔、博士弟子秦景、沙门竺摩腾"序列结构的基础。[2]可惜释宝唱《名僧传》的《汉洛阳兰台寺竺迦摄摩腾一》、《汉洛阳兰台寺竺法兰二》两传文俱佚。从两传文名目来看,为了消除张骞与汉明帝时代关系的错误,汉明帝梦佛神话与蔡愔、竺摩腾事迹的进一步糅合,应该在释宝唱《名僧传》里完成,并被释慧皎《高僧传》所沿袭。随着《高僧传》的流传,汉明帝梦佛神话遂以"郎中蔡愔、博士弟子秦景、沙门竺摩腾"新组合的形态,成为后世最流行、最通俗的版本。

---

〔1〕参见《续高僧传》卷1《梁扬都庄严寺金陵沙门释宝唱传》(《乾隆大藏经》第113册,第171页上栏-下栏)等及《出三藏记集》卷12所收诸录。

〔2〕《高僧传》卷1《汉洛阳白马寺摄摩腾传》和《汉洛阳白马寺竺法兰传》,中华书局1992年版,第1-3页。

北方地区十六国时期至北魏平城时期的汉明帝梦佛神话流传情况不明。至北魏孝文帝迁洛、大力推行汉化政策以后，北方地区的汉明帝梦佛神话形态受南方的影响是显然的。我们目前看到的北方地区汉明帝梦佛神话的最早版本，应是北魏郦道元《水经注》卷16"谷水"条：

> 谷水又南，迳白马寺东。昔汉明帝梦见大人，金色，项佩白光，以问群臣。或对曰："西方有神，名曰佛，形如陛下所梦，得无是乎？"于是发使天竺，写致经像。始以榆欓盛经，白马负图，表之中夏，故以白马为寺名。此榆欓后移在城内愍怀太子浮图中，近世复迁此寺。[1] 然金光流照，法轮东转，创自此矣。

比较前引南齐王琰《冥祥记》中"发使天竺"、"写致经像"、"表之中夏"用字，容易看出两者之间非常密切的关系，《水经注》引录了《冥祥记》是肯定的。但《水经注》版本又糅合了"白马驮经"的情节，应是当时北魏都城洛阳地区流行的说法，也见于稍后的杨衒之《洛阳伽蓝记》卷4《城西》：

> 白马寺，汉明帝所立也，佛入中国之始。寺在西阳门外三里御道南。帝梦金神，长丈六，项背日月光明，胡人号曰佛。遣使向西域求之，乃得经像焉。时白马负经而来，因以为名。明帝崩，起祇洹于陵上。自此以后，百姓冢上，或作浮图焉。寺上经函至今犹存。常烧香供养之，经函时放光明，耀于堂宇，是以道俗礼敬之，如仰真容。

由此，我们看到了汉明帝梦佛神话亦流传于北方的事实。同时我们也看到，北方地区的汉明帝梦佛神话并没有南方那样具有汉族国家传统的"国丰民宁、远夷慕义"的政治理想内涵，究其原因，显然与当时北方地区胡族主导政权有关。

相映成趣的是，不知是否受到了北方版本的影响，南方地区也出

---

〔1〕《北齐书》卷19《韩贤传》明记传主毁坏经函事："昔汉明帝时，西域以白马负佛经送洛，因立白马寺，其经函传在此寺，形制淳朴，世以为古物，历代藏宝。贤无故斫破之，未几而死，论者或谓贤因此致祸。"（中华书局1972年版，第248页）

现了进一步将洛阳"白马寺"糅进汉明帝梦佛神话的努力，但说法有所不同。《高僧传》卷1《汉洛阳白马寺摄摩腾传》记载：

> 汉永平中，明皇帝夜梦金人，飞空而至。乃大集群臣，以占所梦，通人傅毅奉答："臣闻西域有神，其名曰佛。陛下所梦，将必是乎。"帝以为然，即遣郎中蔡愔、博士弟子秦景等，使往天竺，寻访佛法。愔等于彼遇见摩腾，乃要还汉地。腾誓志弘通，不惮疲苦，冒涉流沙，至乎洛邑。明帝甚加赏接。于城西门外，立精舍以处之。汉地有沙门之始也。但大法初传，未有归信。故蕴其深解，无所宣述。后少时，卒于洛阳。

> 有《记》云：腾译《四十二章经》一卷。初，缄在兰台石室第十四间中，腾所住处，今洛阳城西雍门外白马寺是也。相传云：外国国王尝毁破诸寺，唯招提寺，未及毁坏。夜有一白马，绕塔悲鸣，即以启王。王即停坏诸寺。因改招提以为白马，故诸寺立名，多取则焉。

释慧皎的汉明帝梦佛神话版本无疑沿袭了释僧佑、释宝唱系统，同时也结合了齐王琰《冥祥记》的说法，将竺摩腾的居所坐实为白马寺。但释慧皎所引"相传云"关于白马寺的白马"绕塔悲鸣"说法，似乎是针对北方"白马驮经"而发的，但终不及北方"白马驮经"的说法广为流传，甚至成为千年后通俗话本《西游记》的主要角色之一。

我们注意到，经释慧皎"完善"的汉明帝梦佛神话版本，再一次影响了北方。北齐魏收《魏书》卷114《释老志》中汉明帝梦佛神话采用了释慧皎的版本是显而易见的：

> 后孝明帝夜梦金人，项有日光，飞行殿庭，乃访群臣，傅毅始以佛对。帝遣郎中蔡愔、博士弟子秦景等，使于天竺，写浮屠遗范。愔仍与沙门摄摩腾、竺法兰东还洛阳。中国有沙门及跪拜之法，自此始也。愔又得佛经《四十二章》及释迦立像。明帝令画工图佛像，置清凉台及显节陵上，经缄于兰台石室。愔之还也，以白马负经而至汉，因立白马寺于洛城雍关西。摩腾、法兰咸卒于此寺。

隋唐以降，佛教信徒在论及汉地佛教起点时，大多沿袭了汉明帝梦佛神话史观,盖与教内信徒尊奉内典的态度有关吧。

汉明帝梦佛神话流传的过程,应该正是以汉族僧人为主导、汉族信众为主体的汉人佛教成立的过程。

2.3 作为汉人佛教史叙述起点之
汉明帝梦佛神话

将汉明帝梦佛神话作为汉传佛教历史叙述起点,并不是西域佛教传播中原汉族社会的信史,事实上只是汉人佛教历史形成过程的反映,同时也是汉人信徒渴望帝王保护佛教心态的反映。

汉明帝梦佛神话在东晋时已经形成,已如前所述。但当时的名士社会好像还没有将汉明帝梦佛神话直接作为汉传佛教史叙述的起点,如咸康六年(340)尚书令何充等上《沙门不应敬王者奏文》:

> 且兴自汉世,迄于今日。虽法有隆衰,而弊无妖妄,神道经久,未有其比也。[1]

又,兴宁三年(365)襄阳名士习凿齿《与释道安书》:

> 且夫自大教东流,四百余年矣。虽藩王居士,时有奉者[2]

大享二年(403)中书令王谧《答桓玄书》:

> 寻大法宣流,为日谅久。年逾四百,历代有三。[3]

我们不妨进行简单的推算,可以得知晋人将佛教传入汉地的时间,大致定在西汉末、王莽新朝前,大概仍依鱼豢《魏略·西戎传》所记"汉哀帝元寿元年(前 2 年)博士弟子景卢受大月氏王使伊存口受《浮屠经》"[4]为准。

晋、宋之际,始有人将汉明帝梦佛神话作为汉传佛教史叙述的起

---

〔1〕《弘明集》卷 12《晋尚书令何充等执沙门不应敬王者奏文》,上海古籍出版社 1991 年版,第 81 页上栏。

〔2〕《弘明集》卷 12 习凿齿《与释道安书》,上海古籍出版社 1991 年版,第 78 页中栏。

〔3〕《弘明集》卷 12《王谧答桓玄书论道人应敬王事》,上海古籍出版社 1991 年版,第 82 页上栏。

〔4〕《三国志》卷 30《魏书》裴松之注引鱼豢《魏略·西戎传》,中华书局 1959 年版,第 859 页。

·欧·亚·历·史·文·化·文·库·

点,如《出三藏记集》卷5释慧睿《喻疑第六》:

> 昔汉室中兴,孝明之世,无尽之照,始得辉光此壤于二五之照,
> 当是像法之初。[1]

又,《弘明集》卷11《明法师答李交州淼难佛不见形事》:

> 如汉明因梦以感圣,大法于是而来游。

但是,将汉明帝梦佛神话作为汉传佛教史叙述起点的观点,还没有被普遍接受。从南齐间围绕道士顾欢《华夷论》发生辩论的情境看,说明此前传统的老子化胡神话史观影响依然很大。自晋、宋之交的宗炳到齐、梁间梁释僧佑,佛教界一直存在着将汉传佛教史起点尽量提前的努力,宗炳在《明佛论》中提到了"殊域何感汉明,何德而独昭灵彩",却不同意将汉明帝梦佛神话视为汉地佛教起始点:

> 东方朔对汉武劫烧之说,刘向《列仙》叙七十四人在佛经。学
> 者之管窥于斯,又非汉明而始也。

释僧佑不仅否定起点在汉世的说法,甚至将起点提前到了周初,见释僧佑《弘明集》卷14《弘明论后序》:

> 若疑古无佛教,近出汉世者,夫神化隐显,孰测始终哉?寻羲
> 皇缅邈,政绩犹湮;彼有法教,亦安得闻之。昔佛图澄知临淄伏石,
> 有旧像露盘,犍陀勒见盘鸱山中,有古寺基塸,众人试掘,并如其
> 言。此万代之遗征,晋世之显验,谁判上古,必无佛乎?《列子》称
> 周穆王时,西极有化人来,入水火,贯金石,反山川,移城邑,乘虚不
> 坠,触实不碍,千变万化,不可穷极。既能变人之形,又且易人之
> 虑。穆王敬之若神,事之若君。观其灵迹,乃开士之化。大法萌
> 兆,已见周初。感应之渐,非起汉世。

"大法萌兆,已见周初",显然是释僧佑根据阿育王时代相当于周初而臆断的。[2] 从现存的佛教史籍看,真正将汉明帝梦佛神话作为汉传佛

---

[1]《出三藏记集》卷5《长安睿法师喻疑第六》,中华书局1995年版,第234页。

[2]《广弘明集》卷15《佛像瑞集》:"余以佛化堤封,三千围内,近对小识,且局南洲。斯则通计神州,咸蒙声教,神踪遗迹,闭在姬初。……已前诸教,并是姬周初,有大轮王,名为阿育,此曰无忧,统临此洲,万有余国。役使鬼神,一日而造八万四千塔,此土有之。每发神瑞,广如感应传。"(上海古籍出版社1991年版,第208页下栏,第209页中栏)

教史叙述起点并以严格的史籍体例加以呈现的,一是梁沈约的《宋书》,二是梁释宝唱的《名僧传》。《宋书》卷 97《夷蛮传》云:

> 佛道自后汉明帝,法始东流,自此以来,其教稍广,自帝王至于民庶,莫不归心。经诰充积,训义深远,别为一家之学焉。

《名僧传》一书虽佚,但从保存下来的目录《汉洛阳兰台寺竺迦摄摩腾一》《汉洛阳兰台寺竺法兰二》名目来看,[1]同时结合与《名僧传》有继承关系的梁释慧皎《高僧传》相关内容,我们不难判断,《名僧传》作为传记体汉传佛教史籍,肯定是从汉明帝梦佛神话开始的。释慧皎《高僧传》后来居上,不仅在史观上完全继承了释宝唱的《名僧传》并且在著述体例、僧人传记材料方面也是大部分承袭了《名僧传》。由于释慧皎《高僧传》从"实"弃"名"的选僧标准[2]比释宝唱《名僧传》更为佛教界所接受,因而流行更广,对后世影响也更大。唐释道宣《续高僧传》、宋释赞宁《宋高僧传》、明释明河《明高僧传》等等,从史观、体例到选僧标准,都是直接延续梁释慧皎《高僧传》而来。可以说,汉明帝梦佛神话作为汉传佛教史观,确立于释宝唱的《名僧传》和沈约《宋书·夷蛮传》,而固化并成为汉传佛教史观的传统,则归功于释慧皎的《高僧传》。我们也由此可以直观地感受到,在具有尊崇文本经典传统的中原汉族社会环境里,佛教史观一旦形成具有叙述模式的文本后,就会产生"权威"的、"传统"的力量,进而塑造后世的"权威"和"传统"。从唐、宋以来僧传认可、延续释慧皎《高僧传》的过程中,我们清楚地看到,形成于梁代武帝奉佛特殊环境中的佛教史观对后世发生了深远的影响。

我们要充分重视东晋、宋、齐、梁四朝中原士族政权"流寓"江南的特殊境况,对于当时南方以汉明帝梦佛神话为核心的佛教史观以及诸

---

〔1〕〔梁〕释宝唱《名僧传抄》,金陵刻经处 1937 年版,第 1 页。
〔2〕《高僧传》卷 16《序录》,中华书局 1992 年版,第 525 页。

·欧·亚·历·史·文·化·文·库·

如释僧佑《出三藏记集》、释宝唱《名僧传》及释慧皎《高僧传》等[1]史籍所带来的深刻影响。上述四朝皆以收复中原为号召，最终也都是满足于"保境安民"而已，尤以梁武帝时代为代表。梁武帝是在以奉佛著称的南齐竟陵王萧子良权力集团空间中起家的，为"竟陵八友"之一。[2] 从某种意义上说，梁武帝的事业是萧子良理想的实现，故梁武帝奉佛只是萧子良奉佛的扩展。梁武帝登基后，崇奉佛教，标志着汉族帝王首次在国家政策层面崇奉佛教，也标志着汉人佛教在汉族社会传播全面展开，"五十许年，江表无事，兆民荷赖，缘斯力也"。[3]《梁书》卷3《武帝纪》盛赞武帝云：

> 高祖英武睿哲，义起樊、邓，仗旗建号，濡足救焚，总苍兕之师，翼龙豹之阵，云骧雷骇，剪暴夷凶，万邦乐推，三灵改卜。于是御凤历，握龙图，辟四门，弘招贤之路，纳十乱，引谅直之。兴文学，修郊祀，治五礼，定六律，四聪既达，万机斯理，治定功成，远安迩肃。加以天祥地瑞，无绝岁时。征赋所及之乡，文轨傍通之地，南超万里，西拓五千。其中瑰财重宝，千夫百族，莫不充牣王府，蹶角阙庭。

---

〔1〕东晋、宋、齐、梁间南朝佛教史籍情况，见梁释慧皎《高僧传》卷16《序录》："自汉之梁，纪历弥远，世涉六代，年将五百。此土桑门，含章秀起。群英间出，迭有其人。众家记录，叙载各异。沙门法济偏叙高逸一迹，沙门法安但列志节一行，沙门僧宝止命游方一科，沙门法进乃通撰传论。而辞事阙略，并皆互有繁简，出没成异，考之行事，未见其归。宋临川康王义庆《宣验记》及《幽明录》，大原王琰《冥祥记》，彭城刘俊《益都寺记》，沙门昙宗《京师寺记》，太原王延秀《感应传》，朱君台《征应传》，陶渊明《搜神录》，并傍出诸僧，叙其风素，而皆是附见，亟多疏阙。齐竟陵文宣王《三宝记传》，或称佛史，或号僧录，既三宝共叙，辞旨相关，混滥难求，更为芜昧。琅邪王巾所撰《僧史》意似该综，而文体未足。沙门僧佑撰《三藏记》，止有三十余僧，所无甚众。中书郎郄景兴《东山僧传》，治中张孝秀《庐山僧传》，中书陆明霞《沙门传》，各竞举一方，不通今古，务存一善，不及余行。逮乎即时，亦继有作者，然或褒赞之下，过相揄扬，或叙事之中，空列辞费。求之实理，无的可称。或复嫌以繁广，删减其事。而抗迹之奇，多所遗削。"（中华书局1992年版，第523－524页）

〔2〕《梁书》卷1《武帝纪》，中华书局1973年版，第2页。

〔3〕《续高僧传》卷1《梁扬都庄严寺金陵沙门释宝唱传》："天监四年（505），便还都下，乃敕为新安寺主。帝以时会云雷，远近清晏，风雨调畅，百谷年登，岂非上资三宝，中赖四天，下藉神龙，幽灵协赞，方乃福被黔黎，歆兹厚德。但文散群部，难用备寻，下敕，令唱总撰《集录》，以拟时要，或建福禳灾，或礼忏除障，或飨接神鬼，或祭祀龙王，部类区分，近将百卷。八部神名，以为三卷，包括幽奥，详略古今。故诸所祈求，帝必亲览，指事祠祷，多感威灵。所以五十许年，江表无事，兆民荷赖，缘斯力也。"（《乾隆大藏经》第113册，第171页上栏－下栏）

三四十年,斯为盛矣。自魏、晋以降,未或有焉。

梁武帝时代俨然是东晋、南朝的"盛世",同时也是汉传佛教史的黄金时期。梁武帝集"孝子皇帝"(汉明帝形象)和"转轮皇帝"(阿育王形象)于一身,不仅以奉佛著称,被臣下尊为"皇帝菩萨";而且由于梁武帝很大部分的佛教行事,是服务于孝道的,故亦获"孝子"时誉,"及居帝位,即于钟山造大爱敬寺,青溪边造智度寺",分别为父母的功德寺。[1] 在当时及后世的佛教信徒心目中,梁武帝无疑是汉族帝王奉佛的典范,后人曾依汉明帝梦佛神话虚构了梁武帝梦佛神话(见前引),不仅指示了汉明帝梦佛神话流传的语境,同时也丰富了汉明帝梦佛神话的内涵,更充分表达了佛教信徒对最高统治者的期望。在汉族政权空间里,佛教与帝王的关系,是决定佛教兴衰的最主要因素。从汉人佛教成立之日起,"不依国主,法事难立",一直是所有汉地佛教信徒的焦虑所在。故从信徒立场来看,梁武帝时代僧人撰述佛教史籍时将汉明帝梦佛神话作为汉地佛教历史的基点,应该是对当代"佛心天子"的赞美;而对于后世信徒来说,则是他们愿望的最直接表达,这是汉明帝梦佛神话最终成为汉人佛教历史起点的最主要原因。

我们在释僧佑《出三藏记集》所收录的十六国时期北方僧人著述中,还没有发现提到汉明帝梦佛神话。但释慧皎《高僧传》卷9《晋邺中竺佛图澄传》中所引中书著作郎王度奏文提到了汉明帝梦佛神话:

> 往汉明感梦,初传其道,唯听西域人得立寺都邑,以奉其神。
> 其汉人皆不得出家。魏承汉制,亦修前轨。

唐修《晋书》卷95《佛图澄传》显然采用了与释慧皎《高僧传》同源的材料,但所引王度奏文稍异:

> 汉代初传其道,惟听西域人得立寺都邑,以奉其神。汉人皆不
> 出家。魏承汉制,亦循前轨。

"往汉明感梦,初传其道",作"汉代初传其道",疑释慧皎所引王度奏文可能不是后赵时代旧文。按理说,"五胡入华"后,北方佛教大多由奉

---

〔1〕《梁书》卷3《武帝纪》,中华书局1973年版,第96页。

佛胡族统治者倡导,不会出现南方僧人担忧的帝王不奉佛问题,所以也不存在借汉明帝梦佛神话表达期望帝王奉佛的环境,更不会形成以汉明帝梦佛神话为基点的佛教史观。当然,我们并不绝对排除北方中原汉族空间内流传汉明帝梦佛神话的可能。

到了北魏迁洛以后,由于南、北政权开始交通,似乎受到了南方的影响,亦大多视汉明帝梦佛神话为汉传佛教史起点,如北魏郦道元《水经注》卷16"谷水"条:

> 谷水又南,迳白马寺东。昔汉明帝梦见大人……法轮东转,创自此矣。

又如北魏杨衒之《洛阳伽蓝记》卷4《城西》:

> 白马寺,汉明帝所立也,佛入中国之始。

但在北齐魏收《魏书》卷114《释老志》中,却出现了另一番叙述:

> 案汉武元狩中,遣霍去病讨匈奴,至皋兰,过居延,斩首大获。昆邪王杀休屠王,将其众五万来降。获其金人,帝以为大神,列于甘泉宫。金人率长丈余,不祭祀,但烧香礼拜而已。此则佛道流通之渐也。及开西域,遣张骞使大夏还,传其旁有身毒国,一名天竺,始闻有浮屠之教。哀帝元寿元年,博士弟子秦景宪受大月氏王使伊存口授《浮屠经》。中土闻之,未之信了也。后孝明帝夜梦金人,项有日光,飞行殿庭,乃访群臣,傅毅始以佛对。[1]

显而易见,魏收的汉传佛教史观是对前朝与汉明帝梦佛神话相关材料进行排比、平衡的结果,说明北齐境内佛教信徒并没有完全接受南方流行的佛教史观,可能与北魏后期鲜卑旧贵族复辟、转向胡化的大环境有关,可能也表明北方民族政权空间内的佛教史观叙述自有传统。

最后值得一提的是,当时南北政权关于"中国正统"观点,对于佛教史观传统的形成、继承,也起到了重要作用。我们知道,晋室南渡后,"流寓"江南的东晋、南朝政权始终以"中国正统"自居,并且也被北方民众所承认,如《南齐书》卷18《祥瑞志》记载:

---

〔1〕《魏书》卷114《释老志》,中华书局1974年版,第3025页。

[永明]十一月,虏国民齐详归入灵丘关,闻殷然有声,仰视之,见山侧有紫气如云,众鸟回翔其间。详往气所,获玺方寸四分,兽钮,文曰:"坤维圣帝永昌"。送与虏太后师道人惠度,欲献虏主。惠度睹其文,窃谓"当今衣冠正朔,在于齐国"。遂附道人惠藏送京师,因羽林监崔士亮献之。

陈垣先生曾从民族主义立场敏感地指出,隋费长房《历代三宝记》"纪年乃尊齐、梁而黜北魏","其意以为隋承周,周承梁,实得中国正统","实当时之一般心理耳"[1] 事实上,北方民族统治者还是存在争"中国正统"心理的,如上引"虏太后"(北魏冯太后)切责僧惠度将玺印私送南朝导致惠度暴亡事件,[2]就是明证。南北朝间所谓"中国正统"传承观念很重要,指示了在南方政权空间内形成的以汉明帝梦佛神话为核心的佛教史叙述传统在梁武帝以后经由北周到隋、唐传播的文化"通道"。

---

〔1〕陈垣:《中国佛教史籍概论》,上海书店出版社 1999 年版,第 6 页。
〔2〕据田余庆:《彭城刘氏与佛学成实论的传播》,载氏著《秦汉魏晋史探微》,中华书局 2011 年版,第 394 - 397 页。

·欧·亚·历·史·文·化·文·库·

3　从中原国家僧籍制度
论胡人佛教与汉人佛教之界限

名籍制度是中原国家制度最重大的发明之一。名籍制度源于周代国家分封贵族"胙土命氏"制度,是国家控制境内人力资源和土地资源的有效手段。在春秋战国时期,由于列国对土地资源的渴望而频繁发动战争,由此产生了对人力资源的迫切需求,贵族军人职业化传统被打破,于是列国纷纷"料民",名籍制度遂扩展到了庶民阶层。秦朝统一国家建立后,已经形成了完备的名籍制度,并为后世所取则。[1]

秦汉以来,国家名籍制度以户籍为主体,并辅以职业性质或其他身份性质的名籍,构成完备的名籍体系。具体地说,国家编民即指在国家户籍书名的人民,如果编民从事某种职业,除了在户籍上加注,还另有职业姓名籍(如吏籍、市籍、僧籍等)。其中户籍是汉地国家行政、管理国民之基础性名籍,"民数周,为国之本也"[2]其内容大致包括户主和成员的姓名、籍贯、人事注记等。从户籍申办过程看,国家要求人民必须自觉申报人口,书名于官府,才能获得接受国家土地的资格,并承担相应的赋役。其他名籍作为国家名籍体系的"另册",使国家行政管理更加严密、细化。如果人民不书名于国家,即为"亡命(名)之徒",为国法所禁止。[3]所以,人民书名于国家的过程,也是臣服于国家、成

---

〔1〕户籍制度演变历史的叙述,主要吸取了张金光《秦制研究》第十二章《户籍制度》(上海古籍出版社 2004 年版)的研究成果,同时也参考了王毓铨《"民数"与汉代封建政权》(载《王毓铨史论集》上,中华书局 2005 年版)、杜正胜《"编户齐民论"的剖析》(载王健文主编《政治与权力》,中国大百科全书出版社 2005 年版)、宋昌斌《中国古代户籍制度史稿》(三秦出版社 1991 年版)等相关论述,加以综合而成。

〔2〕〔汉〕徐幹:《中论·民数》,见《汉魏丛书》,吉林大学出版社 1992 年版,第 580 页中栏。

〔3〕张家山汉简《奏谳书》:"令曰:诸无名数者,皆令自占书名数,令到县道官,盈卅日,不自占书名数,皆耐为隶臣妾,锢,勿令以爵、赏免,舍匿者与同罪。"

为国家国民的过程。[1] 从国家立场来看,人民书名于国家,实为人民臣服国家、成为国家国民的礼仪。

在秦汉时期人民附籍过程中,同时也包含着"庶民得姓"过程。[2]西周国家实行"胙土命氏"分封制度,姓氏是与贵族血统和领土联系在一起的,只有领有采邑的贵族才有姓有氏。"胙土"不及庶民,庶民只是作为贵族的财产要素,故无姓氏。庶民获得姓氏与其书名于国家、获得接受国家土地的资格有关,与汉地国家国民身份存在着内在联系的。侯旭东先生在探讨汉魏六朝时期村落民众父系意识成长与"宗族"观念的关系时,看到了民众从"妄变姓氏"到"子从父姓"过程,[3]这实际上反映了两汉以来国家及其国民意识的成长过程。

我们注意到,自秦汉普及名籍制度以来,以姓氏变化为表征的汉地国家及其国民意识成长过程,也正是西域佛教传入汉地的基本背景。汉地国家户籍制度以及相关的姓氏问题,直接触及外来佛教的僧人身份乃至佛教性质问题。佛教僧人名籍是汉地国家名籍制度的有机组成部分,是汉族僧人书名于汉地国家的名籍,具有臣服于汉地国家的意义。

本章尝试从汉地国家名籍制度角度,审视佛教"僧籍"的形成、僧人姓氏的变化及其意义,由此确立胡人佛教与汉人佛教之界限,从而达到构建中国汉地佛教史叙述框架的目的。

3.1 问题的提出

汉武帝开西域以来,西域诸国胡人前来汉地渐多。侨居汉地的胡人应不书名于汉地国家编民户籍,故《后汉书》卷49《仲长统传》录传

〔1〕池田温:《中国古代籍帐研究》,中华书局 2007 年版,第 7 - 10 页。侯旭东:《中国古代人"名"的使用及其意义——尊卑、统属与责任》,载《历史研究》2005 年第 5 期,第 3 - 21 页。

〔2〕尾形勇:《中国古代的"家"与国家》第一章《古代姓氏制的展开和"家"的建立》,中华书局 2010 年版,第 73 - 82 页。

〔3〕侯旭东:《汉魏六朝父系意识的成长与"宗族"》,载氏著《北朝村民的生活世界》,商务印书馆 2005 年版,第 86 - 95 页。

主所作《损益篇》云：

> 向者，天下户过千万，除其老弱，但户一丁壮，则千万人也。遗漏既多，又蛮夷戎狄居汉地者，尚不在焉。

汉、魏、西晋时期，佛教初传汉地社会，主要流传于奉佛胡人生活空间内。[1] 按常理推想，奉佛胡人在汉地社会生活，由于宗教生活的需要，一般也会有胡族僧人随从。毫无疑问，在侨居汉地的奉佛胡人生活空间内部，胡族僧人作为服务性角色，处于非主体地位，尽管在日常宗教生活中具有指导作用。所以，汉地国家行政机构对侨居胡人群体进行人口管理时，不会对从属于胡人群体的胡族僧人单独登记，胡族僧人姓名肯定随胡人群体登记或入籍。佛教初传汉地时期的胡族僧人，各从本国姓氏，从属于不同国家的胡人群体，尚不具备形成统一僧团的条件，故以僧团形成为前提的"僧籍"是不可能存在的。反过来说，既然胡族僧人侨居汉地不可能形成独立的僧籍，那么，胡族僧人在汉地也就不可能形成僧团组织。

胡族僧人附籍于所从属胡人群体的模式，应该也表现于早期汉族僧人身上，即汉人出家后仍然附籍于俗家。特别是晋室南渡以后，中原地区大量人口流寓大江南北，社会上离籍流人非常普遍。毫无疑问，进入东晋境内的北来僧人，亦在流寓群体之中。时局甫定，国家在建立了土著编民的"黄籍"同时，还建立了侨居编民的"白籍"，但由于佛教源于胡族文化空间，而僧人也自认为是"殊域之人"的门徒，所以不愿意属籍，《高僧传》卷5《晋吴虎丘东寺竺道壹传》记载：

> 竺道壹，姓陆，吴人也。……及帝崩汰（引者注：指竺法汰）死，壹乃还东，止虎丘山。学徒苦留不止，乃令丹阳尹移壹还都。壹答移曰："盖闻大道之行，嘉遁得肆其志。唐虞之盛，逸民不夺其性。弘方由于有外，致远待而不践。大晋光熙，德被无外。崇礼佛法，弘长弥大。是以殊域之人，不远万里，被褐振锡，洋溢天邑。

---

〔1〕请参见本书第5章《都邑的"市"、胡人聚落与佛教——以东汉、魏、西晋时期都城洛阳为实例》。

皆割爱弃欲,洗心清玄,遐期旷世。故道深常隐,志存慈救。故游不滞方,自东徂西,唯道是务。虽万物惑其日计,而识者悟其岁功。今若责其属籍,同役编户。恐游方之士,望崖于圣世。轻举之徒,长往而不反。亏盛明之风,谬主相之旨。且荒服之宾,无关天台。幽薮之人,不书王府。幸以时审翔而后集也。"壹于是闲居幽阜,晦影穷谷。

在此以前,东晋朝廷至少在咸康七年(341)、兴宁二年(364)进行过两次"土断",[1]僧人依然拒绝属籍。这一方面反映了僧人身为"浮客"荫附士族权力空间的事实,另一方面也应该是佛教传入汉地社会以来传统观念的延续。这里需要讨论的是,上引材料中"属籍"的"籍"的确切含义究竟是什么?是僧人俗家户籍,还是僧籍?从"属籍"与"同役编户"相连来看,我们认为是指僧人俗家户籍。

所谓"责其属籍",是要求汉族僧人像普通编民一样在"王府"建立户籍,并与编民"同役",故遭到了汉族僧人的拒绝。"责其属籍"只是针对汉族僧人来说的,应是胡族僧人附籍于所从属的胡人群体传统的延续。胡族僧人分散于各西域胡族聚落内,应该附籍于所从属的胡族群体,可惜没有找到实证材料。王谧《答桓太尉》书中亦提到汉族编民出家与户籍的关系:

故王者恭己,不悢悢于缺户[2]

王谧显然是站在官府本位,说国家不要在乎因编民出家而户口减少。仔细体会文句,似有从编民户籍"逃籍"之意味。而以僧团形成为基础、在"王府"户籍系统中独立的僧籍,应是汉族僧人群体规模扩大后的产物。在胡族僧人、胡族信众仍为汉地佛教主体时期,汉族编民依胡僧出家属于个别行为,没有必要也不会形成独立的僧籍,但是否会在出家的汉族编民原有的户籍上加注,尚是一个有待研究的问题。

从僧籍的形式来看,僧籍源于汉地国家户籍制度,是汉地国家户

---

〔1〕《晋书》卷7《成帝纪》,中华书局1974年版,第183页。同书卷8《哀帝纪》,第208页。

〔2〕《弘明集》卷12,上海古籍出版社1991年版,第82页。

籍制度的有机组成部分,是汉族僧人书名于汉地国家的名籍,具有臣服于汉地国家的意义。僧籍本质上是汉地国家户籍制度框架内编民的"另册",所以,僧籍不可能出现在胡族社会环境中。我们将僧籍置于汉族国家名籍制度框架内进行探讨,可能更贴近问题的实质,也就是说,僧籍只是作为汉族政权名籍制度的构成部分,只存在于汉族政权空间,不管是汉族政权还是胡族主导的政权。僧籍主要适用于汉族僧人,如果包括胡族僧人,也是属于出身于已经"归化"的编户胡族家庭,如"部落离散、同于编户"的胡族聚落。理论上说,僧籍主体是汉族僧人,但不包括汉族政权以外的僧人,这是我们探讨僧籍问题的重要界限。由此可以推论,汉族政权空间内汉族僧人群体的形成,并由此自然形成汉僧主导的佛教局面,是产生僧籍的必要条件。所以,只有在汉族社会环境中,才能形成汉族僧人群体,并形成汉僧主导的局面;只有具备汉族政权名籍制度背景,才会促成僧籍产生。

从僧籍的内涵来看,僧籍主体又是一个胡化的人群。在汉地社会环境认可一个胡化的汉族人群,并纳入国家行政体系,胡族君主权威亦是必要的条件。

基于上述认识,我们容易观察到,在4世纪汉地社会民族移动及其文化面貌变化相对复杂的环境中,从西域传入汉地社会的佛教形态发生的重大转型、僧籍的形成过程等,正是其显著的表征之一。

3.2 出家与"避役"

汉族编民奉佛从个体行为发展为社会性行为,发生在十六国后赵政权时期殆无疑问,这一点非常值得我们重视,这是标志着胡人佛教形态向汉人佛教形态转化的最重要环节之一。中原地区在国家层面奉佛,始于以具有西域奉佛种族背景的"羯胡"为主导的后赵政权[1]石勒奉佛不仅有来自石氏族源上的传统习俗之影响,大概亦有因循所

---

〔1〕请参见本书第12章《十六国时期华北地区佛教之扩散——以"羯胡"群体移动为线索》。

倚重的奉佛胡族部属习俗的因素，《高僧传》卷9《晋邺中竺佛图澄传》记载：

> 时石勒屯兵葛陂，专以杀戮为威，沙门遇害者甚众。澄悯念苍生，欲以道化勒，于是杖策到军门。勒大将军郭黑略素奉法，澄即投止略家。略从受五戒，崇弟子之礼。略后从勒征伐，辄预克胜负。……[勒]召澄，甚悦之。凡应被诛余残，蒙其益者，十有八九。于是中州胡晋，略皆奉佛。

到了石虎时期，"澄道化既行，民多奉佛，皆营造寺庙，相竞出家，真伪混淆，多生愆过"，开始出现了编民为"避役"而出家的现象：[1]

> 虎下书，问中书曰："佛号世尊，国家所奉。里闾小人，无爵秩者，为应得事佛与不？又沙门皆应高洁贞正，行能精进，然后可为道士。今沙门甚众，或有奸宄避役，多非其人，可料简详议。"伪中书著作郎王度奏曰："夫王者郊祀天地，祭奉百神，载在祀典，礼有尝飨。佛出西域，外国之神，功不施民，非天子诸华所应祠奉。往汉明感梦，初传其道，唯听西域人得立寺都邑，以奉其神。其汉人皆不得出家。魏承汉制，亦修前轨。今大赵受命，率由旧章，华戎制异，人神流别。外不同内，飨祭殊礼。荒夏服祀，不宜杂错。国家可断赵人悉不听诣寺烧香礼拜，以遵典礼。其百辟卿士，下逮众隶，例皆禁之。其有犯者，与淫祀同罪。其赵人为沙门者，还从四民之服。"伪中书令王波同度所奏。

石氏后赵实行胡、汉分治，在胡族聚集空间（主要集中在都城的上层统治阶层和军队）的行政方式，实行胡族传统的部落制（设大单于领六夷部落）；在汉族生活空间的行政方式，则继承了汉族国家传统的郡县制，[2]其中自然也包括了户籍制度。上引石虎书中所谓"无爵秩"之"里闾小人"，主要指汉政空间内户籍上有名的汉人而言，汉族官员王

---

〔1〕唐长孺先生亦提到后赵时期汉人因逃避石虎"苦役晋人"而出家，见氏著《山居存稿续编》之《十六国》"佛教的传播与发展"条目，中华书局2011年版，第490－491页。

〔2〕万绳楠整理：《陈寅恪魏晋南北朝史讲演稿》第七篇《胡族的汉化及胡汉分治》，黄山书社1999年版，第109－111页。

49

度、王波的奏文亦只及汉人,不及胡人,故有"避役"之说。对于汉族编民"避役"出家现象,虽然胡族最高统治者也提出"料简",最终还是允许编民自由奉佛甚至出家为僧,"乐事佛者,悉听为道"。[1] 石虎为代表的胡族最高统治者能够优容"避役"出家的汉族编民,主要原因是当时胡、汉僧人群体中,胡僧仍是处于主导地位,汉僧处于附属地位,奉佛民众亦以胡人占多数,汉人占少数。但更为根本的原因应该是,后赵最高统治者石氏祖源西域石国,在"五胡"中汉化程度最低,[2]"朕生自边壤,忝当期运,君临诸夏","至于飨祀,应兼从本俗,佛是戎神,正所应奉",[3] 故以石氏为代表的胡族统治者基于胡族本位立场,自然也认为佛教及其僧人群体属于胡族生活空间,而无须置于汉政空间内,编制僧籍,进行管理。从目前所及文献,我们确实没有看到后赵国家建立僧籍的踪迹。

我们再来看汉族政权的东晋境内佛教境况。相映成趣的是,东晋后期,同样出现了编民为"避役"而出家的现象,国家对此却采取了有力的措施,与后赵石氏的优容态度,形成了鲜明对比。隆安三年(399),值桓玄执政之初,下令对东晋境内僧人群体进行全面清理,《弘明集》卷12《桓玄辅政欲沙汰众僧与僚属教》记载:

> 夫神道茫昧,圣人之所不言。然惟其制作所弘,如将可见。佛所贵无为,殷勤在于绝欲。而比者凌迟,遂失斯道。京师竞其奢淫,荣观纷于朝市,天府以之倾匮,名器为之秽黩。避役钟于百里,逋逃盈于寺庙,乃至一县数千,猥成屯落。邑聚游食之群,境积不羁之众,其所以伤治害政,尘滓佛教。固已彼此俱弊,寔污风轨矣。便可严下在所诸沙门:有能申述经诰、畅说义理者;或禁行修整、奉戒无亏、恒为阿练者;或山居养志、不营流俗者;皆足以宣寄大化,亦所以示物以道,弘训作范,幸兼内外。其有违于此者,皆悉罢遣。

---

〔1〕《高僧传》卷9《晋邺中竺佛图澄传》,中华书局1992年版,第352页。

〔2〕万绳楠整理:《陈寅恪魏晋南北朝史讲演稿》第七篇《胡族的汉化及胡汉分治》,黄山书社1999年版,第100－107页。

〔3〕《高僧传》卷9《晋邺中竺佛图澄传》,中华书局1992年版,第352页。

所在领其户籍,严为之制。速申下之,并列上也。唯庐山道德所居,不在搜简之例。

桓玄在教书中描述了编民为了"避役"而出家,"逋逃盈于寺庙",流为"游食之群"。由桓玄推动的"料简"僧人行动是很严厉的,据同书同卷署名为支道林(支遁圆寂于365年,应误)的《与桓玄论州府求沙门名籍书》描述:

隆安三年(399)四月五日,京邑沙门等顿首白:……而顷频被州府求抄名籍,煎切甚急,未悟高旨,野人易惧,抱忧实深。遂使禅人失静,勤士废行,丧精绝气,达旦不寐,索然不知何以自安。

细寻文意,上引材料中所说"名籍",不能理解为僧籍,应该指僧人出家前所属州府之"名籍"为是,即桓玄教书中的"户籍"。如果"被州府求抄名籍"的僧人有籍可查,大概即被"罢遣"回籍应役。问题在于,如果僧人无籍可查,既未附土著"黄籍",也未附侨居"白籍",官府会如何处置呢? 当时东晋朝廷显然还没有打算"罢遣"所有僧人,桓玄为表达对释慧远的敬意,还在教书中特注出"庐山道德所居,不在搜简之例",那么,官府会另造僧籍吗? 综观东晋一朝,东晋境内僧人基本上投靠、荫附于名士家族特权和影响力所及空间,或寄食佛寺,或栖止山林,自称"方外之人",实为流寓之客。[1] 魏晋以来,随着贵族门阀制度逐渐形成,士族与庶民界限愈加显著,至东晋时期,"士庶之际,实自天隔"。士族另有士籍,与民籍相区别。[2] 东晋士族不仅享有荫客、免除徭役等特权,还时时凌驾王权之上。[3] 在这样的特殊环境中,国家要统一管束荫附在士族特权空间内的僧人,似无可能。我们认为东晋国家编造僧籍的条件并不具备。

"永嘉之乱"至隋重新建立统一王朝近三百年间,特别是北方诸胡族南下中原过程中,战事频繁,汉族编民承担的徭役极重,且无生命保

[1]请参见本书第9章《东晋时期佛教在名士家族空间之表现——以琅邪王氏家族为实例》。

[2]池田温:《中国古代籍帐研究》,中华书局2007年版,第42-47页。

[3]田余庆:《东晋门阀政治》,北京大学出版社2005年版,第279-284页。

障。魏晋以来,不管汉族政权还是胡族政权,国家基本上按丁口授田,男丁也是徭役承担者。对于庶民家庭来说,男丁出家会严重影响到家庭生产,所以,汉族编民暂时投靠到佛教特权之下"避役",也只是权宜之计。但是我们看到,由于汉族编民为了暂时"避役"而纷纷出家,"逋逃盈于寺庙,乃至一县数千,猥成屯落",导致汉族奉佛人群迅速扩大,"邑聚游食之群,境积不羁之众",这不仅拓宽了汉族僧团形成的基础,也成了胡人佛教转型为汉人佛教的重要动力,实为汉族编民奉佛即胡人佛教向汉族人群跨种族传播很重要的机制之一。

3.3　从"依师(国)为姓"到"以释命氏"

最有条件建立管理僧人制度(僧曹)、产生僧籍的政权,应是苻氏前秦政权。理由是:(1)苻氏前秦是氐族主导的胡汉混合政权,苻氏汉化程度较高,苻坚时期国家一度强盛,苻坚本人亦享有较高权威;(2)前秦都城所在的关中地区,"戎狄居半",[1]已有比较普遍的群众奉佛基础;[2](3)以释道安为首的汉族僧团已经形成,并开始主导汉地佛教。尽管目前还没有"发现"前秦建立管理僧人制度(僧曹)、编制僧籍的直接记载,但我们认为,前秦时期释道安对僧人姓氏进行改革,是与僧籍有内在联系的。据《高僧传》卷5《晋长安五级寺释道安传》记载:

> 时苻坚素闻安名,……既至,住长安五重寺。僧众数千,大弘法化。初,魏晋沙门依师为姓,故姓各不同。安以为大师之本,莫尊释迦,乃以释命氏。后获《增一阿含》,果称:"四河入海,无复河名。四姓为沙门,皆称释种。"既悬与经符,遂为永式。

有关姓氏方面的研究成果表明,在秦汉以来人民附籍过程中,同时也包含着"庶民得姓"过程。[3]早在西周时期,国家实行"胙土命

〔1〕《晋书》卷56《江统传》,中华书局1974年版,第1533页。
〔2〕《高僧传》卷1《晋长安帛远传》,中华书局1992年版,第26－28页。
〔3〕尾形勇:《中国古代的"家"与国家》第一章《古代姓氏制的展开和"家"的建立》,中华书局2010年版,第73－82页。

氏"分封制度,姓氏是与贵族血统和领土联系在一起的,只有领有采邑的贵族才有姓有氏。"胙土"不及庶民,庶民只是作为贵族的财产要素,故无姓氏。庶民获得姓氏与其书名于国家、获得接受国家土地的资格相关,应是"胙土命氏"传统的延伸。目前这方面研究虽然还不充分,但有一点可以肯定,汉族姓氏是与汉地国家国民身份存在着内在联系的。侯旭东先生在探讨汉魏六朝时期村落民众父系意识成长与"宗族"观念的关系时,看到了民众从"妄变姓氏"到"子从父姓"的过程,[1]这实际上反映了两汉以来儒教国家及其国民意识的成长过程。

我们注意到,自秦汉推行国家户籍制度以来,以姓氏变化为表征的汉地儒教国家及其国民意识的成长过程,也正是西域佛教传入汉地社会的大环境。在汉魏西晋时期,西域佛教初传汉地社会,传播佛教的主体是都邑胡族聚落中的西域诸国胡僧,[2]汉地僧人的"师统"源头远在西域诸国。汉地早期僧人姓氏特点是"依师为姓",而来自西域诸国的师僧则"以国为姓"(以西域国名简省字冠姓),[3]如"竺"、"支"、"康"、"于"、"帛"等等,于是造成了僧人(包括胡僧、汉僧)"姓各不同"的局面。由此可以直观看出,当时汉地僧人的"师统"是多源的,并且其源头的"师统"可能大多不成体统。这种状态实际上表明,当时在汉地社会传播的佛教,只是侨居汉地都邑的胡人聚落佛教的"外溢",[4]性质上仍属于胡人佛教。

释道安是一个儒教色彩很强烈的汉僧,据上引释道安本传记载:

> 释道安,姓卫氏,常山扶柳人也。家世英儒,早失覆荫,为外兄孔氏所养。年七岁读书,再览能诵,乡邻嗟异。至年十二出家,神智聪敏。……

〔1〕侯旭东:《汉魏六朝父系意识的成长与"宗族"》,载氏著《北朝村民的生活世界》,商务印书馆 2005 年版,第 86 – 95 页。

〔2〕请参见本书第 5 章《都邑的"市"、胡人聚落与佛教——以东汉、魏、西晋时期都城洛阳为实例》。

〔3〕《高僧传》卷 5《晋长安五级寺释道安传》,中华书局 1992 年版,第 181 页。

〔4〕请参见本书第 5 章《都邑的"市"、胡人聚落与佛教——以东汉、魏、西晋时期都城洛阳为实例》。

·欧·亚·历·史·文·化·文·库·

既达襄阳，复宣佛法。初，经出已久，而旧译时谬，致使深藏，隐没未通。每至讲说，唯叙大意转读而已。安穷览经典，钩深致远。其所注《般若》、《道行》、《密迹》、《安般》诸经，并寻文比句，为起尽之义，乃析疑甄解，凡二十二卷。序致渊富，妙尽深旨。条贯既叙，文理会通，经义克明，自安始也。

自汉魏迄晋，经来稍多。而传经之人，名字弗说，后人追寻，莫测年代。安乃总集名目，表其时人。诠品新旧，撰为《经录》，众经有据，实由其功。……

习凿齿与谢安书云："来此见释道安，故是远胜，非常道士。师徒数百，斋讲不倦。无变化伎术，可以惑常人之耳目；无重威大势，可以整群小之参差。而师徒肃肃，自相尊敬，洋洋济济，乃是吾由来所未见。……"

佛教学者对释道安的论述甚多，[1]不赘引。我只就本人研究角度指出：释道安出身于儒学世家，以儒生讲学方式宣讲佛经，以儒生治学方式注解佛经，编著《经录》，建立佛教经典秩序，确立佛教经典本位，在基本面上动摇了在此以前的胡族师僧本位，对后世影响至大。以当时的环境观之，释道安的佛教实践，已属于非常儒教化的佛教，当然也是非常具有汉族文化性格的佛教，完全是一股新风气，故习凿齿谓"乃是吾由来所未见"。正是因为释道安是一个儒教意识强烈的汉僧，我们有理由认定释道安废止"依师为姓"，去除胡族色彩明显的姓氏，已经具有建设以汉僧为主导的僧团秩序的作用。

释道安改革"依师为姓"为"以释命氏"，简直是当时汉族民众从"妄变姓氏"到"子从父姓"的翻版。在秦汉以来推行户籍制度已久的汉地社会，由于姓氏变化直接与国民身份相关，故胡族文化人群处于汉地国家身份边缘，对于胡汉身份问题尤为敏感，姓氏即为胡汉身份

---

〔1〕代表性成果有：汤用彤：《汉魏两晋南北朝佛教史》第八章《释道安》，上海书店出版社1991年版，据商务印书馆1938年版影印，第178－228页。吕澂：《中国佛学源流略讲》，见《吕澂佛学论著选集》（五），齐鲁书社1991年版，第2518－2535页。〔荷〕许里和：《佛教征服中国》，江苏人民出版社1998年版，第311－335页。方立天：《道安评传》，载氏著《魏晋南北朝佛教论丛》，中华书局1982年版，第1－26页。方广锠：《道安评传》，昆仑出版2004年版，第39页。

最明显的标志,比如北朝时期北魏迁都洛阳后,高祖诏改鲜卑贵族胡姓为汉姓,[1]即为著名例子。胡族(或胡化)人群胡姓改汉姓,不仅仅是显而易见的汉化进程,更有秦汉以来汉地民众确立姓氏的历史潮流推力。汉地国家户籍制度以及相关的姓氏问题,直接触及外来佛教的僧人身份(与汉地国家从属关系)乃至佛教性质问题。我们已经注意到,释道安改革僧人姓氏制度包括两个内容:一是汉族僧人开始统一"以释命氏";二是西域胡族僧人停止使用诸如"竺"、"支"、"康"、"于"、"帛"等汉式姓氏,而直接采用胡式音译姓氏,如弗若多罗、跋摩瞿沙、佛陀邪舍等。释道安改革僧人姓氏制度,促使汉僧与胡僧的界限更加表面化。结合汉、胡僧人姓氏两个方向的变化,我们可以更清晰地看到释道安改革僧人姓氏制度导致佛教形态汉族化的重大进程。[2]如果我们进一步将释道安对佛教的改造与苻坚和王猛所形成的汉化政策及其政治抱负结合起来观察,那么,释道安所主导的前秦佛教汉化色彩是非常明显的。

前秦苻坚时期释道安所开创的汉人佛教新局面,是后秦姚兴时期汉人佛教发展的坚实基础。虽然我们在史籍上没有看到释道安建立僧曹、编制僧籍的直接记载,但释道安的儒教化佛教实践和僧人姓氏制度改革,已经为姚氏后秦时期建立僧曹、编制僧籍创造了现实条件。据《高僧传》卷6《晋长安大寺释僧䂮传》记载:

> (姚)兴既崇信三宝,盛弘大化。建会设斋,烟盖重叠。使夫慕道舍俗者,十室其半。自童寿入关,远僧复集,僧尼既多,或有愆漏。兴曰:"凡未学僧未阶,苦忍安得无过。过而不翅,过遂多矣。宜立僧主,以清大望。"因下书曰:"大法东迁,于今为盛,僧尼已

---

〔1〕《魏书》卷113《官氏志》,中华书局1974年版,第3005-3015页。

〔2〕从"依师为姓"到"以释命氏",还意味着中国佛教僧团结合原则的根本性改变,其直接结果是中国佛教形态的一次重大变革。"依师为姓"是以僧人为凝聚力的佛教僧团,而"以释命氏"则是以佛(经典)为中心的佛教僧团。这是两种不同的佛教组织形态。后者直接引发了以义学分化为主线的宗派佛教。以佛教经典为本位的佛教形态,正是汉人佛教最显著的特征,并内化为汉人佛教的最基本性格。在以知识官僚为主体的郡县制国家里,僧人是否奉行佛教经典,成为被官方认可和合法化的重要标准之一。而以僧人为凝聚力的佛教组织形态,则容易形成区域性的地方宗派,即"山头主义",它被官方视为是历史上反抗朝廷势力的重要来源,故被历代朝廷所禁忌。

多,应须纲领,宣授远规,以济颓绪。僧䂮法师学优早年,德芳暮齿,可为国内僧主;僧迁法师禅慧兼修,即为悦众;法钦、慧斌,共掌僧录。"给车舆吏力。䂮资侍中秩,传诏羊车各二人;迁等并有厚给。共事纯俭,允惬时望,五众肃清,六时无怠。至弘始七年(405),敕加亲信,伏身白从,各三十人。僧正之兴,䂮之始也。

"僧录"即僧籍,但这里应理解为管理僧籍的僧官名。我们应该注意到,僧籍编制是与僧团规模扩大基础上建立汉化的僧曹管理体制联系在一起的,准确地说,僧籍编制是作为僧团组织管理体制的基础要素出现的,就像汉地国家历史上户籍作为郡县制行政基础要素一样。事实上,僧籍作为僧团名籍,作为汉地国家户籍体制的一个新类别,正是汉地国家户籍制度传统的延伸,正是僧团——佛教主体已经臣服国家的体现,正是汉地国家意志在宗教领域的显现。这一点,在鲜卑北魏国家走向汉化的进程中,国家自觉地将僧曹制度与郡县制充分结合起来,形成完备的都城、州、县官寺体系,[1]表现更加直观。可以说,后秦时期僧籍的产生,不仅标志着汉地国家僧团主体性成立,也标志着汉地国家佛教在国家制度基础上成立。"僧正之兴,䂮之始也",不仅是汉地国家僧官之始,更是汉地国家佛教成立之始。从此,后秦时期形成的以僧籍为基础的僧曹制度,被后来北朝所继承和发展,同时也为南朝所采纳,成为隋唐以后汉人佛教最根本的制度基础和宗教特质所在。

后秦汉人佛教的发展,主要表现在汉族僧团权力地位的确立,除了上引材料表现的汉僧担纲僧曹职官外,还表现在汉族僧团已有力量"摈遣"胡僧,如《高僧传》卷2《晋京师道场寺佛驮跋陀罗传》记僧正"摈遣"胡僧佛驮跋陀罗事件:

> 佛驮跋陀罗,此云觉贤,本姓释氏。迦维罗卫人,甘露饭王之苗裔也。……秦主姚兴专志佛法,供养三千余僧,并往来宫阙,盛

---

〔1〕《魏书》卷114《释老志》:"高宗践极,下诏曰:……今制:诸州、郡、县,于众居之所,各听建佛图一区,任其财用,不制会限。其好乐道法,欲为沙门,不问长幼,出于良家,性行素笃,无诸嫌秽,乡里所明者,听其出家。率大州五十,小州四十人,其郡遥远台者十人。各当局分,皆足以化恶就善,播扬道教也。"(中华书局1974年版,第3035-3036页)

修人事。唯贤守静,不与众同。后语弟子云:"我昨见本乡有五舶俱发。"既而弟子传告外人,关中旧僧咸以为显异惑众。又贤在长安大弘禅业,四方乐靖者,并闻风而至,但染学有浅深,得法有浓淡,浇伪之徒,因而诡滑。有一弟子因少观行,自言得阿那含果。贤未即检问,遂致流言,大被谤读,将有不测之祸。于是徒众或藏名潜去,或逾墙夜走,半日之中,众散殆尽。贤乃夷然,不以介意。时旧僧僧䂮、道恒等谓贤曰:"佛尚不听说己所得法,先言五舶将至虚而无实,又门徒诳惑,互起同异。既于律有违,理不同止。宜可时去,勿得停留。"贤曰:"我身若流萍,去留甚易,但恨怀抱未申,以为慨然耳。"于是与弟子慧观等四十余人俱发,神志从容,初无异色。识真之众,咸共欢惜,白黑送者,千有余人。

户籍制度是汉地国家最重要的制度之一,与郡县官僚制度相结合,并随着儒教国家及其国民意识成长而日趋严密,共同构成汉地国家的行政基础。从国家性质来看,户籍制度也可以视为汉族文化区别于其他民族文化的重要特质所在。佛教僧籍是汉地国家户籍制度的有机组成部分,是汉族僧人书名于汉地国家的名籍,具有臣服于汉地国家的意义。我们正是基于这种认识,将僧籍视为西域胡人佛教传入汉地社会后,转型为汉人佛教的实质性标志。本章指出僧籍只存在于秦汉以来的中原国家空间内,然后通过考察僧籍的形成过程中相关的司马氏东晋、石氏后赵、苻氏前秦及姚氏后秦等四个既有联系又不相同的政权环境中的佛教境况,其中特别分析了释道安改革僧人姓氏制度的意义和国家编造僧籍的条件,明确提出中国汉地佛教史经历了"两个段落":"第一阶段"是以侨居汉地的胡人信众为主体的"胡人佛教"时期;第二阶段是以汉人信众为主体的"汉人佛教"时期。我们可以将"胡人佛教"视为西域佛教在汉地社会的延伸;而"汉人佛教"的成立,则以释道安倡导汉地僧人"以释命氏",具体表现为释道安僧团形成并主导汉地佛教为标志。

第二编 胡人佛教

4　侍子制度、蛮夷邸与佛寺

根据汉文史籍记载,[1]佛教初传汉地并不是依相邻的地缘关系发生的。季羡林先生通过语言学角度的研究,也确认了这一史实。[2] 也有学者注意到,佛教传入汉地可能要比传入塔里木地区稍早一些。[3] 在佛教初传汉地时期,如果我们暂时不考虑相邻国家的地缘关系,那么,中原国家国际交往方式主要表现在传统的朝贡制度框架中,其中包括:(1)使节;(2)联姻;(3)入侍;(4)贸易。国际的王族政治联姻,对宫廷文化面貌影响很大,可另立专题研究。西域胡人在中原地区的贸易活动与佛教传播的关系,将在下一章《都邑的"市"、胡人聚落与佛教》中专题论述。本章主要探讨"使节"和"入侍"两项。其中朝贡诸国"入侍"的侍子们居住在汉地都城时间一般较长,与佛教初传汉地事件相关度较大,故又是本文讨论的重点。本文从国际交往的朝贡关系视角,通过揭示中古时期很流行的侍子制度,包括侍子的居住空间、生活方式及环境等,以期揭示佛教传播机制的一个方面。

在考察佛教传播的过程中,目前学术界以及大多数民众习惯于直接将僧人视为佛教的"主体",可能是受到了僧人本位的《高僧传》等叙事方式影响以及汉地社会传统文化环境中宗统化僧人私有意识过强的结果。从宗教的性质和功能上说,宗教的主体是信众,而不仅仅是僧

---

〔1〕学界普遍认为佛教传播汉地比较可靠的最早材料为《三国志》卷 6 裴松之注引鱼豢《魏略·西戎传》:"昔汉哀帝元寿元年(前 2 年),博士弟子景卢受大月氏王使伊存口受《浮屠经》。"(中华书局 1959 年版,第 859 页)

〔2〕季羡林:《再谈"浮屠"与"佛"》,载《季羡林全集》(第 15 卷),外语教学与研究出版社 2010 年版,第 253－268 页。

〔3〕马雍、孙毓棠:《匈奴和汉控制下的西域》,载联合国教科文组织编写《中亚文明史》(第 2 卷)第 10 章,中国对外翻译出版公司 2002 年版,第 181 页。余太山主编《西域通史》,中州古籍出版社 1996 年版,第 240－246 页。

·欧·亚·历·史·文·化·文·库·

人,就像国家主体是人民而不仅仅是官员一样。但是我们往往不自觉间取消了信众应有的"主体"地位,反而认为僧人是佛教的"主体",因此丧失了直观佛教本质的角度。所以,我们在这里有必要重新调整认知佛教的角度和观点,认为决定佛教性质和传播方向的主要因素,是信众,而不是僧人。我们考察佛教传播过程时,不仅关注僧人的行止,更要看到信众的动向,才能比较全面地呈现佛教传播的具体空间,并由此体会佛寺的性质乃至佛教的性质。这也是本章尝试从侍子制度入手,研究佛教传播空间的主要理由。

4.1 主客曹、大鸿胪及蛮夷邸

汉晋时期国家主管四夷朝贡的机构,大致有两个系统:一个是尚书属下之主客曹,主要负责四夷朝贡过程的文书章奏,偏重于政令性质;一个是大鸿胪,主要负责四夷朝贡过程的礼仪食宿等,偏重于事务性质。主客曹是内廷机构,[1]大鸿胪是外廷机构,两者在职能上,是基本衔接的。上述两个职能,在先秦的朝贡活动中应该早就存在,但作为国家机构设置,则要晚一些。

内廷负责四夷文书事务的机构设置,应从早期国家负责文书事务的机构分化而来。"尚书"一职可追溯到秦代,至西汉时期,国家设置尚书"四曹",主客曹为"四曹"之一,"主外国四夷事"。东汉初,西域

---

〔1〕杨鸿年:《汉魏制度丛考》,武汉大学出版社 2005 年版,第 74 - 112 页。

复通,分主客曹为北主客曹、南主客曹。[1] 曹魏因旧制,亦设有北、南主客曹。西晋武帝时,曾置"左、右主客",合为北、南、左、右主客,可见四夷事务更加细化。晋室南渡后,又省简为主客曹。[2] 负责四夷事务的客曹增省,应与四夷通塞状况以及民族政策等大背景有关。

汉晋间尚书机构所在又称"尚书台"。据杨鸿年先生考察显示,"先秦及秦帝王居处以台为称者极多",如瑶台、章台、鸿台、檀台、平台、蓝台等,汉晋间又有渐台、曲台、武台、承露台、云台、柏梁台、铜雀台等,[3] 则"台"应是先秦以来中原国家传统礼制性建筑形态之一。两汉间内廷称"台"者,有尚书台、御史台、谒者台、符节台等,其中御史台又称"兰台"。两汉时期"御史"一职,除了"掌察举"以外,亦掌国家档案。魏晋以来,佛教信徒皆传说佛教最早经典《四十二章经》"藏在兰

〔1〕《后汉书·志第二十六·百官三》:"尚书令一人,千石。本注曰:承秦所置。武帝用宦者,更为中书谒者令,成帝用士人,复故。掌凡选署及奏下尚书曹文书众事。……尚书六人,六百石。本注曰:成帝初,置尚书四人,分为四曹:常侍曹尚书主公卿事,二千石曹尚书主郡国二千石事,民曹尚书主凡吏上书事,客曹尚书主外国夷狄事。世祖承遵,后分二千石曹,又分客曹为南主客曹、北主客曹,凡六曹。"(中华书局1965年版,第3596—3597页)《晋书》卷24《职官志》:"列曹尚书案:尚书本汉承秦置,及武帝游宴后庭,始用宦者主中书,以司马迁为之,中间遂罢其官,以为中书之职。至成帝建始四年,罢中书宦者,又置尚书五人,一人为仆射,而四人分为四曹,通掌图书秘记章奏之事,各有其任。其一曰常侍曹,主丞相御史公卿事。其二曰二千石曹,主刺史郡国事。其三曰民曹,主吏民上书事。其四曰主客曹,主外国夷狄事。后成帝又置三公曹,主断狱,是为五曹。后汉光武以三公曹主岁尽考课诸州郡事,改常侍曹为吏部曹,主选举祠祀事,民曹主缮修功作盐池园苑事,客曹主护驾羌胡朝贺事,二千石曹主辞讼事,中都官曹主水火盗贼事,合为六曹。并令仆二人,谓之八座。"(中华书局1974年版,第730—731页)

〔2〕《资治通鉴》卷71"魏明帝太和四年"条注:"魏又改选部为吏部,又有左民、客曹、五兵、度支,凡五曹尚书,左右二仆射、一令为八坐。"(中华书局1956年版,第2263页)。《晋书》卷24《职官志》:"至魏,尚书郎有殿中、吏部、驾部、金部、虞曹、比部、南主客、祠部、度支、库部、农部、水部、仪曹、三公、仓部、民曹、二千石、中兵、外兵、都兵、别兵、考功、定课,凡二十三郎。青龙二年,尚书陈矫奏置都官、骑兵,合凡二十五郎。每一郎缺,白试诸孝廉能结文案者五人,谨封奏其姓名以补之。及晋受命,武帝罢农部、定课,置直事、殿中、祠部、仪曹、吏部、三公、比部、金部、仓部、度支、都官、二千石、左民、右民、虞曹、屯田、起部、水部、左右主客、驾部、车部、库部、左右中兵、左右外兵、别兵、都兵、骑兵、左右士、北主客、南主客,为三十四曹郎。后又置运曹,凡三十五曹,置郎二十三人,更相统摄。及江左,无直事、右民、屯田、车部、别兵、都兵、骑兵、左右士、运曹十曹郎。康、穆以后,又无虞曹、二千石二郎,但有殿中、祠部、吏部、仪曹、三公、比部、金部、仓部、度支、都官、左民、起部、水部、主客、驾部、库部、中兵、外兵十八曹郎。后又省主客、起部、水部,余十五曹云。"(中华书局1974年版,第732页)

〔3〕杨鸿年:《汉魏制度丛考》,武汉大学出版社2005年版,第74—112页。

台石室",将佛教最早经典与国家四夷事务关系密切的内廷档案存储空间联系起来,至少是符合当时国家朝贡制度的,所以,我们不能简单地将此传说视为附会演绎,恐怕也存在着一定的事实依据,详后。

外廷负责四夷礼仪食宿等事务的机构,早在秦代亦已经设立。秦代立"典客","掌诸归义蛮夷";[1]又立"典属国","别主四方夷狄朝贡、侍子"。[2]前者应是指归顺中原国家之"蛮夷"侨民,属于个人归属层面;后者则指与中原国家发生外交关系或臣属中原国家的"四方夷狄"国家,属于国家交往层面。

汉承秦制,于景帝中元六年(前144),更"典客"名为"大行令"。武帝太初元年(前104),又更名为"大鸿胪","属官有行人、译官、别火三令、丞,及郡邸长丞"。[3]成帝河平元年(前28),"罢典属国,并大鸿胪"。[4]王莽时改"大鸿胪"曰"典乐"。东汉初,仍恢复"大鸿胪"名,[5]"省译官、别火二令、丞,及郡邸长、丞,但令郎治郡邸"。[6]

大鸿胪下属之行人,设有接待外国客人(使节、侍子等)的官邸,称"蛮夷邸"。西汉时期的"蛮夷邸",位于都城长安城内藁街,大概在未

---

〔1〕《汉书》卷19上《百官公卿表第七上》:"典客,秦官,掌诸归义蛮夷,有丞。"(中华书局1962年版,第730页)

〔2〕《汉书》卷19上《百官公卿表第七上》:"典属国,秦官,掌蛮夷降者。武帝元狩三年,昆邪王降,复增属国,置都尉、丞、侯、千人。属官,九译令。"(中华书局1962年版,第735页)《后汉书·志第二十五·百官二》:"本注曰:承秦有典属国,别主四方夷狄、朝贡侍子。"(中华书局1965年版,第3584页)

〔3〕《汉书》卷19上《百官公卿表第七上》:"典客,……景帝中(元)六年,更名大行令。武帝太初元年,更名大鸿胪,属官有行人、驿官、别火三令、丞,及郡邸长丞。武帝太初元年,更名行人为大行令,初置别火。"(中华书局1962年版,第730页)

〔4〕《汉书》卷10《孝灵帝纪》:"(河平元年,前28)六月,罢典属国并大鸿胪。"(中华书局1962年,第309页)

〔5〕《汉书》卷19上《百官公卿表第七上》:"王莽改大鸿胪曰典乐。初置郡国邸,属少府,中属中尉,后属大鸿胪。"(中华书局1962年版,第730页)

〔6〕《后汉书·志第二十五·百官二》:"中兴省驿官、别火二令、丞,及郡邸长、丞,但令郎治郡邸。"(中华书局1965年版,第3584页)

央宫北阙附近。[1]《汉书》卷9《元帝纪》记载：

> ［建昭三年，前36］秋，使护西域骑都尉甘延寿、副校尉陈汤矫发戊己校尉屯田吏、士及西域胡兵攻郅支单于。冬，斩其首，传诣京师，县蛮夷邸门。四年春正月，以诛郅支单于告祠郊庙。赦天下。

东汉移都洛阳后，承旧制仍设"蛮夷邸"，《后汉书》卷88《西域传》记载：

> 永平（58—75）末，焉耆与龟兹共攻没都护陈睦、副校尉郭恂，杀吏士二千余人。至永元六年（94），都护班超发诸国兵讨焉耆、危须、尉黎、山国，遂斩焉耆、尉黎二王首，传送京师，县蛮夷邸。

虽然洛阳"蛮夷邸"的具体位置史无明载，但考虑到东汉诸帝起居皆在南宫，为政治重心所在，太尉、司徒、司空三公府邸，亦位于都城东南开阳门内南宫附近，据此推测，九卿之一的大鸿胪及所属蛮夷邸，亦应该离南宫不会太远。《后汉书》卷89《南匈奴传》记载：

> 呼兰若尸逐就单于兜楼储先在京师，汉安二年（143），立之。天子临轩，大鸿胪持节拜授玺绶，引上殿，赐青盖驾驷、鼓车、安车、驸马骑、玉具刀剑、什物，给彩布二千匹。赐单于阏氏以下金锦错杂具，轺车马二乘。遣行中郎将持节护送单于归南庭。诏太常、大

---

[1]《晋书》卷118《姚兴载记》："兴从朝门游于文武苑，及昏而还，将自平朔门入。前驱既至，城门校尉王满聪被甲持杖，闭门距之，曰：今已昏暗，奸良不辨，有死而已，门不可开。兴乃回从朝门而入。旦而召满聪，进位二等。"（中华书局1974年版，第2994页）同书卷119《姚泓载记》："［义熙十三年，417］，刘裕进据郑城。泓使姚裕、尚书庞统屯兵宫中，姚洸屯于沣西，尚书姚白瓜徙四年杂户人长安，姚丕守渭桥，胡翼度屯石积，姚赞屯霸东，泓军于逍遥园。镇恶夹渭进兵，破姚丕于渭桥。泓自逍遥园赴之，逼水地狭，因丕之败，遂相践而退。姚谌及前军姚烈、左卫姚宝安、散骑王帛、建武姚进、扬威姚蚝、尚书右丞孙玄等皆死于阵，泓单马还宫。镇恶入自平朔门，泓与姚裕等数百骑出奔于石桥。赞闻泓之败也，将士告之，众皆以刀击地，攘袂大泣。胡翼度先与刘裕阴通，是日弃众奔裕。赞夜率诸军，将会泓于石桥，王师已固诸门，赞军不得入，众皆惊散。"（第3017页）同书卷130《赫连勃勃载记》："群臣劝都长安，勃曰：朕岂不知长安累帝旧都，有山河四塞之固！但荆、吴僻远，势不能为人之患。东魏与我同壤境，去北京裁数百余里，若都长安，北京恐有不守之忧。朕在统万，彼终不敢济河，诸卿适未见此耳！其下咸曰：非所及也。乃于长安置南台，以璝领大将军、雍州牧、录南台尚书事。勃勃统万，以宫殿大成，于是赦其境内，又改元曰真兴。刻石都南，颂其功德，……名其南门曰朝宋门，东门曰招魏门，西门曰服凉门，北门曰平朔门。"（第3210－3213页）

·欧·亚·历·史·文·化·文·库·

鸿胪与诸国侍子于广阳城门外祖会,缯赐作乐,角抵百戏。顺帝幸胡桃宫临观之。

太常、大鸿胪在位于西城南端的广阳门外为匈奴侍子祖会送行,看来广阳门为官府公务西出都城的主要通道。太常、大鸿胪很有可能就在广阳门内,即位于南宫外的西南区,可见东汉外廷府邸相对集中在南城的南宫外围区域。如果大鸿胪位于广阳门内成立,那么,传说中的城西雍门外白马寺前身为鸿胪寺,有可能就是由大鸿胪属下之蛮夷邸的一部分转化而来(后面讨论洛阳白马寺时还会提到)。

魏晋两朝沿袭两汉外交制度,侍子事务仍系于大鸿胪,《三国志》卷24《崔林传》载:

文帝践阼(220),拜尚书,出为幽州刺史。……迁大鸿胪。龟兹王遣侍子来朝,朝廷嘉其远至,褒赏其王甚厚。馀国各遣子来朝,间使连属,林恐所遣或非真的,权取疏属贾胡,因通使命,利得印绶,而道路护送,所损滋多。劳所养之民,资无益之事,为夷狄所笑,此曩时之所患也。乃移书敦煌喻指,并录前世待遇诸国丰约故事,使有恒常。

《晋书》卷3《武帝纪》载:

[太康元年,280]八月,车师前部遣子入侍。

[太康四年,283]八月,鄯善国遣子入侍,假其归义侯。

[太康六年,285]冬十月,龟兹、焉耆国遣子入侍。

东汉末年,洛阳经历了战火,南宫毁坏严重。曹魏迁都洛阳后,重点修复了北宫,南宫从此湮没无闻,都城格局发生了变化。魏晋鼎革是以"禅让"方式完成的,都城格局不会有大改变。[1] 魏晋时期的大鸿胪有可能会向北宫移动,但蛮夷邸的位置,大概仍在城西地区。

汉晋以来,有着中原汉族国家传统礼制观念背景的侍子制度,亦被十六国、北朝时期的北方民族政权所继承,《晋书》卷112《苻健传》记载:

---

〔1〕段鹏琦:《汉魏洛阳故城》,文物出版社2009年版,第62-65页。

> ［永和］十年（354），温率众四万趋长安。……其年，西虏乞没
> 军邪遣子入侍，健于是置来宾馆于平朔门，以怀远人。起灵台于杜
> 门，与百姓约法三章，薄赋卑官，垂心政事，优礼耆老，修尚儒学，而
> 关右称来苏焉。

"平朔门"一名非西汉时期长安城门旧名。长安历经鼎革之乱，特别是东汉移都洛阳后，长安渐衰，至西晋"永嘉之乱"后，"城中户不盈百，墙宇颓毁，蒿棘成林"，[1] 几成废墟。后赵建武十一年（345），羯人石虎"以石苞代镇长安，发雍、洛、秦、并州十六万人，城长安未央宫"，长安城得到了重建，但大概限于未央宫城。[2] 10 年后，关中氏人苻健占据长安。故颇疑"平朔门"一名，乃重建后北城门新名。苻氏尽管为氏族，但汉化已深，"修尚儒学"，行汉政，为了达到"以怀远人"的目的，"置来宾馆于平朔门"，以处侍子。从"来宾馆"与"平朔门"义相连属来看，当是迎合了汉晋前朝旧制度。并且从位置上看，亦与西汉时期未央宫北阙及"蛮夷邸"格局大致重合，应该说，这不会是偶然的巧合。

4.2　侍子制度和侍子生活方式

我们充分注意到，先秦以来，在汉地社会传统的国家空间"五服"观念环境中，尤其是汉代儒教国家化完成以后，[3] 已经形成以中原国家为本位的政治意识形态，并直接影响国家对外政策和朝贡制度。《汉书》卷70《陈汤传》记载：

> 建昭三年（前36），汤与延寿出西域。……于是延寿、汤上疏
> 曰："臣闻天下之大义，当混为一，昔有康虞，今有强汉。匈奴呼韩
> 邪单于已称北藩，唯郅支单于叛逆，未伏其辜，大夏之西，以为强汉

---

〔1〕《晋书》卷5《愍帝纪》，中华书局1974年版，第132页。

〔2〕史念海：《论十六国和南北朝时期长安城中的小城、子城和皇城》，载氏著《河山集》（九集），陕西师范大学出版社2006年版，第550－562页。

〔3〕近来较有代表性的著述有：〔日〕福井重雅：《儒教的国教化》，载〔日〕佐竹靖彦主编《殷周秦汉史学的基本问题》，中华书局2008年版，第265－286页。甘怀真：《皇权、礼仪与经典诠释：中国古代政治史研究》上篇《礼观念的演变与儒教国家的成立》，华东师范大学出版社2008年版，第1－85页。

不能臣也。郅支单于惨毒行于民,大恶通于天。臣延寿、臣汤将义兵,行天诛,赖陛下神灵,阴阳并应,天气精明,陷陈克敌,斩郅支首及名王以下。宜县头槁街蛮夷邸间,以示万里,明犯强汉者,虽远必诛。"事下有司。

这种为了实现"天下之大义,当混为一"的政治理想而"将义兵,行天诛",正是汉代儒教国家政治意识形态的通俗表达。显而易见,这种儒教国家意识形态亦渗透到了侍子制度。

4.2.1 侍子制度及其政治功能

侍子制度是指古代国际交往中,弱势国家为了表达诚意,通过遣送统治者亲子到强势国家都城作为人质,以建立臣属宗藩关系的一种外交制度。侍子制度在中古时期很流行,不仅通行于中原国家与北方民族政权之间,也通行于各北方民族政权之间,参见本章末附表。在汉文化影响所及地区,侍子制度作为朝贡制度的构成部分,也是充分体现着"汉家天子躬临万国"的政治理念的。

所谓臣属藩国遣子"入侍",并不是让侍子侍候中原国家皇帝的日常起居,中原皇帝日常起居自有一套制度。"入侍"除了作为人质以外,同时还出于中原国家传统礼仪的需要。在中原国家举行重大典礼(如宗祀、上陵、巡狩等)的场合,需要各藩国侍子们礼仪性地侍候在中原皇帝身边,象征中原国家天子"混一六合"、号令天下诸侯的地位,如《后汉书·志第四·礼仪上》云:

> 正月上丁,祠南郊。礼毕,次北郊,明堂,高庙,世祖庙,谓之五供。五供毕,以次上陵。先甲三日,辛也,后甲三日,丁也,皆可接事昊天之日。西都旧有上陵。东都之仪,百官、四姓亲家妇女、公主、诸王大夫、外国朝者、侍子、郡国计吏会陵。昼漏上水,大鸿胪设九宾,随立寝殿前。钟鸣,谒者治礼引客,群臣就位如仪。

又如东汉永平二年(59),"单于侍子""陪位"孝明帝宗祀光武帝典礼,见《后汉书》卷2《显宗孝明帝纪》:

> [永平]二年(59)春正月辛未,宗祀光武皇帝于明堂,帝及公卿列侯始服冠冕、衣裳、玉佩、绚屦以行事。礼毕,登灵台。使尚书

令持节诏骠骑将军、三公曰："今令月吉日,宗祀光武皇帝于明堂,以配五帝。礼备法物,乐和八音,咏祉福,舞功德,班时令,敕群后。事毕,升灵台,望元气,吹时律,观物变。群像藩辅,宗室子孙,众郡奉计,百蛮贡职,乌桓、涉貊咸来助祭,单于侍子、骨都侯亦皆陪位,斯固圣祖功德之所致也。"

又如建宁五年(172),"西域三十六国侍子"出席孝灵帝上陵典礼,见晋袁宏《后汉纪》卷23《孝灵皇帝纪上》:

> [建宁]五年(172)春,车驾上原陵,诸侯国公主及外戚家妇女、郡国计吏、匈奴单于、西域三十六国侍子,皆会焉。

毫无疑问,侍子制度中所体现的中原儒教国家政治意识形态以及国家礼仪,都是具有现实政治功能的。侍子在汉地生活日久,接受汉族文化是自然的,同时也会形成亲汉的情感和立场。如果侍子回国后执政,那么,对本国的制度和政策都会产生一定的影响。《后汉书》卷88《西域传》记载:

> 匈奴单于因王莽之乱,略有西域,唯莎车王延最强,不肯附属。元帝时,尝为侍子,长于京师,慕乐中国,亦复参其典法。常敕诸子,当世奉汉家,不可负也。天凤五年(18),延死,谥忠武王。

同时,侍子制度往往与国家其他外交措施结合在一起,比如汉族国家也会有意扶植亲汉势力,甚至扶助有汉地入侍经历的王子登上王位,以此构建有利于汉族国家生存和发展的国际环境。《后汉书》卷47《班超传》记载:

> 建初三年(78),超率疏勒、康居、于阗、拘弥兵一万人攻姑墨石城,破之,斩首七百级。超欲因此巨平诸国,乃上疏请兵。曰:"臣窃见先帝欲开西域,故北击匈奴,西使外国,鄯善、于阗实时向化。今拘弥、莎车、疏勒、月氏、乌孙、康居复愿归附,欲共并力破灭龟兹,平通汉道。若得龟兹,则西域未服者百分之一耳。……今宜拜龟兹侍子白霸为其国王,以步骑数百送之,与诸国连兵,岁月之闲,龟兹可禽。以夷狄攻夷狄,计之善者也。"

又,《后汉书》卷88《西域传》记载:

灵帝熹平四年(175),于阗王安国攻拘弥,大破之,杀其王,死者甚众。戊己校尉、西域长皃各发兵,辅立拘弥侍子定兴为王。类似材料在正史中可以找出不少,恐赘不俱引。

余太山先生曾概括过侍子的主要作用:(1)"人质的作用";(2)"培植亲汉势力";(3)"'致远人'的象征"。[1] 非常明了。

4.2.2　侍子的居住空间、生活方式及环境

关于侍子的居住空间、生活方式及环境,正史限于体例,正面描述材料未见。幸赖北魏杨衒之《洛阳伽蓝记》记述,使我们有机会重温1500年以前侍子生活的情景。北魏孝文帝朝迁都洛阳后,有志于汉政,充分继承了汉族国家传统的朝贡制度,其中也包括了侍子制度。《洛阳伽蓝记》详细记述了侍子的居住空间、生活方式及环境,堪称侍子生活的"纪录片",见《洛阳伽蓝记》卷3《城南》:

> 永桥以南,圜丘以北,伊、洛之间,夹御道有四夷馆。道东有四馆:一名金陵,二名燕然,三名扶桑,四名崦嵫。道西有四里:一曰归正,二曰归德,三曰慕化,四曰慕义。

> 吴人投国者处金陵馆,三年已后,赐宅归正里。景明初,伪齐建安王萧宝寅来降,封会稽公,为筑宅于归正里。后进爵为齐王,尚南阳长公主。宝寅耻与夷人同列,令公主启世宗,求入城内。世宗从之,赐宅于永安里。正光四年中,萧衍子西丰侯萧正德来降,处金陵馆,为筑宅归正里,正德舍宅为归正寺。

> 北夷来附者处燕然馆,三年已后,赐宅归德里。正光元年,蠕蠕主郁久间阿那肱来朝,执事者莫知所处。中书舍人常景议云:"咸宁中,单于来朝,晋世处之王公特进之下,可班那肱蕃王、仪同之间。"朝廷从其议。又处之燕然馆,赐宅归德里。北夷酋长遣子入侍者,常秋来春去,避中国之热,时人谓之雁臣。

> 东夷来附者处扶桑馆,赐宅慕化里。

> 西夷来附者处崦嵫馆,赐宅慕义里。

---

[1] 余太山:《西汉与西域关系述考》,载《西北民族研究》1994年第2期,第125-150页。

自葱岭已西，至于大秦，百国千城，莫不欢附，商胡贩客，日奔塞下，所谓尽天地之区已。乐中国土风，因而宅者，不可胜数。是以附化之民，万有馀家。门巷修整，阗阛填列，青槐荫陌，绿树垂庭，天下难得之货，咸悉在焉。别立市于洛水南，号曰四通市，民间谓永桥市。伊、洛之鱼，多于此卖，士庶须脍，皆诣取之。鱼味甚美，京师语曰："洛鲤伊鲂，贵于牛羊。"……

菩提寺，西域胡人所立也，在慕义里。沙门达多发冢取砖，得一人以进。

北魏景明二年（501），为了安置"代迁之民"以及都城相应功能所需的其他人口，[1]朝廷在洛阳都城四周大规模修建了 320 座坊里，《魏书》卷 18《元嘉传》记载：

[高祖]遗诏以嘉为尚书左仆射，与咸阳王禧等辅政。迁司州牧。嘉表请于京四面，筑坊三百二十，各周一千二百步，乞发三正复丁，以充兹役，虽有暂劳，奸盗永止。诏从之。

上引《洛阳伽蓝记》所记城南之"四夷馆"、"四夷里"，应该亦在其数。"四夷馆"为国家安置"四夷"（包括侍子）的邸舍，具有官方外事性质。"三年已后"，"赐宅""四夷里"。既谓"赐"，可见"四夷里"也是具有官方外事性质的住宅区，不会是一般"商胡贩客"居住的生活社区。由此可以推想，居住在"四夷里"的人群，应该属于四夷诸国的侍子、贵族阶层及随从人员。也就是说，四夷诸国的侍子、贵族，是"四夷里"这一生活空间的主角。

从上引"四夷馆"、"四夷里"材料中，我们可以归纳出侍子居住空间、生活方式及环境的主要特征：

（1）宗主国已经形成一整套完善的外交制度，包括对于侍子生活的制度性安排。

（2）身负国家使命的侍子，能得到宗主国礼节性对待，交往层面

---

〔1〕逯耀东：《北魏平城对洛阳规建的影响》，载氏著《从平城到洛阳——拓跋魏文化转变的历程》，中华书局 2006 年版，第 179－180 页。

很高。

（3）在和平时期，侍子可以自由来往于本国与宗主国。

（4）侍子生活环境比较胡化，并与以"市"为中心的商胡聚落相毗邻，共同构成具有明显商业特征的亚社会。

（5）西域胡人在其聚落（慕义里）内立佛寺（菩提寺），僧人为胡僧。

值得我们注意的是，尽管北魏迁都洛阳以后，北朝胡汉民众奉佛风气已盛，掩盖了汉地社会早期奉佛的面貌，但在北魏洛阳的佛教形态中，依然包含着汉地社会早期奉佛的历史信息。我们可以认为，上面归纳出来的5条特征中，其中由侍子、四夷馆——以"市"为中心的商胡聚落——佛寺、胡僧所构成的胡人亚社会，实为西域佛教初传汉地社会的发源性空间。

4.3　佛寺：蛮夷邸佛教化的表现形式

在此需要特别提醒，我们习惯上以现在还能看到的平民信徒去社区性佛寺烧香拜佛方式，来想象古代佛教信徒的信仰生活，特别是王族、贵族佛教信徒的信仰生活，可能是不合适的。事实上，古代王族、贵族佛教信徒的信仰生活方式，与平民信徒的信仰生活方式，有很大的不同。他们往往有自己的"门师"——僧人，指导自己的日常生活；[1]

---

〔1〕如《高僧传》卷11《宋伪魏平城释玄高传》："时魏虏拓跋焘僭据平城，军侵凉境。焘舅阳平王社，请高同还伪都。既达平城，大流禅化。伪太子拓跋晃事高为师。""时有凉州沙门释慧崇，是伪魏尚书韩万德之门师。"（中华书局1992年版，第411－412页）《高僧传》卷13《宋京师祇洹寺释道照传》："释道照，姓曲，西平人。少善尺牍，兼博经史。十八出家，止京师祇洹寺。披览群典，以宣唱为业，音吐寥亮，洗悟尘心。指事适时，言不孤发，独步于宋代之初。……临川王道规从受五戒，奉为门师。宋元嘉三十年卒，年六十六。"（第510页）《高僧传》卷2《晋河西昙无谶传》："时魏虏托跋焘闻谶有道术，遣使迎请，且告逊曰：若不遣谶，便即加兵。逊既事谶日久，未忍听去。后又遣伪太常高平公李顺，策拜蒙逊为使持节侍中、都督凉州西域诸军事、太传骠骑大将军、凉州牧凉王，加九锡之礼。又命逊曰：闻彼有昙摩谶法师，博通多识，罗什之流；秘咒神验，澄公之匹。朕思欲讲道，可驰驿送之。逊与李顺宴于新乐门上，逊谓顺曰：西蕃老臣蒙逊，奉事朝廷，不敢违失。而天子信纳佞言，苟见蹙迫。前遣求表留昙无谶，而今便来征索。此是门师，当与之俱死，实不惜残年，人生一死，讵觉几时。"（第78－79页）如果重新审查《高僧传》等相关材料，可以发现类似的例子还有很多。

往往还有自己的宗教生活空间——"精舍"或"功德寺"[1]。如果我们以信众为佛教"主体"的角度来审视佛教，并以此对佛寺进行分类，那么，有很大一部分佛寺是属于王族的官寺和贵族的私寺。

我们知道，汉晋时期入侍汉地的西域诸国中，有一些是佛教国家，如《北史》卷20《安同传》记载：

> 安同，辽东胡人也。其先祖曰世高，汉时以安息王侍子入洛。
> 历魏至晋，避乱辽东，遂家焉。

《出三藏记集》卷13《安世高传》所记安息僧安世高，亦云"安息王子"，尽管不能断为一人（"世高"可能为安息国人常用名），但两者的关系表明汉时安息王族奉佛是肯定的。在入侍汉地的西域诸国侍子中，佛教国家侍子的日常生活，应该是佛教化的，他们会有佛教化的生活老师——僧人，会有佛教化的生活空间——佛寺。

西域诸国王子在本国内的佛教化生活方式，如《出三藏记集》卷13《佛陀耶舍传》所记：

> ［佛陀耶舍］后至沙勒国。时太子达摩弗多，齐言法子，见其容貌端雅，问所从来。耶舍酬对清辩，太子悦之。仍请宫内供养，待遇隆厚。罗什后至，从其受学《阿毗昙》、《十诵律》，甚相尊敬。什随母东归，耶舍留止。顷之，王薨。太子即位，王孙为太子。时符坚遣吕光攻龟兹，龟兹王急求救于沙勒王，自率兵救之，使耶舍留辅太子，委以后任。救军未至，而龟兹已败。王归，具说罗什为光所执，乃叹曰："我与罗什相遇虽久，未尽怀抱。其忽羁虏，相见何期。"停十余。

关于西域侍子在宗主国的佛教化生活方式最直接描述，见于7世纪唐僧释玄奘《大唐西域记》。该书卷1"迦毕试国"条追述西域侍子

---

[1] 如《高僧传》卷3《宋京师枳园寺释智严》："晋义熙十三年，宋武帝西伐长安，克捷旋旆，涂出山东。时始兴公王恢从驾，游观山川，至严精舍。见其同止三僧，各坐绳床，禅思湛然。恢至，良久不觉，于是弹指。三人开眼，俄而还闭，问不与言。恢心敬其奇，访诸老者，皆云：此三僧隐居求志，高洁法师也。恢即启宋武帝，延请还都，莫肯行者。既屡请恳至，二人推严随行。恢怀道素笃，礼事甚殷。还都，即住始兴寺。严性爱虚靖，志避喧尘。恢乃为于东郊之际，更起精舍，即枳园寺也。"（中华书局1992年版，第99页）

入侍贵霜时的佛教化生活方式云：

> 大城东三四里，北山下，有大伽蓝。僧徒三百余人，并学小乘法教。闻诸先志曰："昔健驮逻国迦腻色迦王，威被邻国，化洽远方。治兵广地，至葱岭东。河西蕃维，畏威送质。迦腻色迦王既得质子，特加礼命，寒暑改馆。冬居印度诸国，夏还迦毕试国，春秋止健驮逻国。故质子三时住处，各建伽蓝。今此伽蓝，即夏居之所建也。故诸屋壁，图画质子，容貌服饰，颇同中夏。其后得还本国，心存故居。虽阻山川，不替供养。故今僧众每至入安居，解安居，大兴法会，为诸质子祈福树善。相继不绝，以至于今。"伽蓝佛院东门南大神王像右足下，坎地藏宝，质子之所藏也。故其铭曰：伽蓝朽坏，取以修治。……伽蓝北岭上，有数石室，质子习定之处也。其中多藏杂宝，其侧有铭，药叉守卫。

尽管目前学术界对迦腻色迦王执政时期的准确年代尚无定论，[1] 但在1到2世纪之交，贵霜势力开始侵入塔里木地区西部，应值得我们注意。《后汉书》卷47《班超传》记载：

> 初，月氏尝助汉击车师有功，是岁贡奉珍宝、符拔、师子，因求汉公主。超拒，还其使，由是怨恨。永元二年(90)，月氏遣其副王谢将兵七万攻超。超群少皆大恐，超譬军士曰："月氏兵虽多，然数千里逾葱岭来，非有运输，何足忧邪？但当收谷坚守，彼饥穷自降，不过数十日决矣。"谢遂前攻超，不下，又钞掠无所得。超度其粮将尽，必从龟兹求救，乃遣兵数百于东界要之。谢果遣骑赍金银珠玉以赂龟兹。超伏兵遮击，尽杀之，持其使首以示谢。谢大惊，即遣使请罪，愿得生归。超纵遣之。月氏由是大震，岁奉贡献。

又，《后汉书》卷88《西域传》记载：

> 安帝元初(114—120)中，疏勒王安国以舅臣磐有罪，徙于月氏，月氏王亲爱之。后安国死，无子，母持国政，与国人共立臣磐同

---

〔1〕〔印度〕B.N.普里：《贵霜人》，载联合国教科文组织编写《中亚文明史》(第2卷)第10章，中国对外翻译出版公司2002年版，第190–193页。

产弟子遗腹为疏勒王。臣磐闻之,请月氏王曰:"安国无子,种人微弱,若立母氏,我乃遗腹叔父也,我当为王。"月氏乃遣兵送还疏勒。国人素敬爱臣磐,又畏惮月氏,即共夺遗腹印绶,迎臣磐立为王,更以遗腹为磐橐城侯。后莎车连畔于阗,属疏勒,疏勒以强,故得与龟兹、于阗为敌国焉。

从月氏求救于龟兹、疏勒国政权转换的事件中,我们清楚地看到了贵霜势力已经渗入龟兹、疏勒等国。此时莎车国臣属于疏勒国,则贵霜势力亦将及于莎车国。贵霜是奉佛王朝,贵霜势力向塔里木地区的侵入,在文化层面即表现为佛教化。在班勇经略西域期间,有着贵霜势力背景的疏勒国等又随诸国内附汉地,入侍贡献,同书同卷载:

顺帝永建二年(127),勇复击降焉者。于是龟兹、疏勒、于阗、莎车等十七国皆来服从,而乌孙、葱领已西遂绝。

[永建]五年(130),[疏勒国]臣盘遣侍子。

中原国家为了实现"威德偏于四海"的政治理想,对于被贵霜化的西域诸国侍子(或贵族)的佛教化生活方式应该是宽容的,《晋书》卷95《佛图澄传》记石赵时期中书著作郎王度追忆汉晋时期汉地佛教境况时说:

汉代初传其道,惟听西域人得立寺都邑,以奉其神,汉人皆不出家。魏承汉制,亦循前轨。

我们由此推想,"河西蕃维"侍子入侍中亚贵霜的佛教化生活模式,应该也表现于入侍汉地期间。和"河西蕃维"侍子一样,臣磐也有在贵霜生活多年的经历,那么,臣磐遣子入侍汉地,也会带来佛教化的生活方式。前引《洛阳伽蓝记》所记载的北魏时期"四夷馆"、"四夷里"的侍子生活方式,在整体气息上,也是可以相互印证的。比如萧正德"筑宅归正里","舍宅为归正寺",归正寺为萧正德功德寺自无疑问,那么,在慕义里建立菩提寺的"西域胡人"身份,就有可能是来自西域诸国的侍子或贵族。菩提寺是满足侍子或贵族佛教信仰生活的空间,"沙门达多"是随从并服务于侍子或贵族佛教信仰生活的胡僧。

在这里,我们需要重新检查"佛寺"这一基本概念。

·欧·亚·历·史·文·化·文·库·

首先,"佛寺"到底指什么?在汉代语境里,"佛寺"的"寺",是指称一般意义的官府,"三公所居谓之府,九卿所居谓之寺"。[1]《后汉书》卷1下《光武帝纪》唐李贤注引汉应劭《风俗通义》曰:

> 寺,司也。诸官府所止,皆曰寺。

在中古时期正史中,以"寺"作官府义解的用例很多,如《汉书》卷27《五行志》:

> 成帝建始三年夏,大水,三辅霖雨三十余日,郡国十九雨,山谷水出,凡杀四千余人,坏官寺、民舍八万三千余所。

在中古时期语境中,"寺"与"邸"是可以通用的,《后汉书》卷88《西域传》记载:

> 至永元六年,都护班超发诸国兵讨焉耆、危须、尉黎、山国,遂斩焉耆、尉黎二王首,传送京师,县蛮夷邸。

唐李善注:"蛮夷皆置邸以居之,若今鸿胪寺也。"依语义进行变换,"蛮夷邸"也可以说成"蛮夷寺",那么,所谓"佛寺",也就是佛教化的邸舍而已。

其次,佛寺作为佛教文化空间,它又包括哪些基本功能?释法显于苻秦弘始二年(400)西行求律,其《法显传》所记于阗佛寺形态,是目前所见最早直接描述西域佛寺的材料之一,故引录如下:

> [于阗]其国丰乐,人民殷盛,尽皆奉法,以法乐相娱。众僧乃数万人,多大乘学,皆有众食。彼国人民星居,家家门前皆起小塔,最小者可高二丈许,作四方僧房,供给客僧。

注意材料中"客僧"一词,它一方面明确表明了佛寺所有者是"人民"(信徒),另一方面还提示了佛寺的客舍功能。而门前"小塔"为供奉亡人骨灰处,《高僧传》卷4《晋洛阳朱士行传》记载:

> [朱士行]遂以魏甘露五年(260),发迹雍州,西渡流沙。既至

---

[1]《左传注疏》卷4"隐公七年":"初,戎朝于周,发币于公卿。"杜预注:"朝而发币于公卿,如今献诣公府卿寺。"唐孔颖达疏:"朝于天子,献国之所有,亦发陈财币于公卿之府。……自汉以来,三公所居谓之府,九卿所居谓之寺。"(《十三经注疏》,中华书局2009年版,据清嘉庆刊本影印,第3761页下栏。)

于阗,果得梵书正本,凡九十章。遣弟子不如檀,此言法饶,送经梵本,还归洛阳。……士行遂终于于阗,春秋八十。依西方法阇维之,薪尽火灭,尸犹能全。众咸惊异,乃咒曰:"若真得道,法当毁败。"应声碎散,因敛骨起塔焉。

《洛阳伽蓝记》卷5《城北》亦记此俗,可见僧俗同俗:

> [于阗国]死者以火焚烧,收骨葬之,上起浮图。居丧者,翦发劈面为哀戚,发长四寸,即就平常。

根据上述材料可以看出,佛寺的基本功能有两项:一是作为供奉亡灵的灵塔;二是作为"客僧"居住和日常修持的"四方僧房"。这两项功能在汉地的一般佛寺里都是具备的。于阗王族的佛寺与平民的佛寺在基本功能上,并没有本质区别,只是佛寺规模更大,装饰更奢华。《法显传》又记:

> 其城西七八里,有僧伽蓝,名王新寺,作来八十年,经三王方成。可高二十五丈,雕文刻镂,金银覆上,众宝合成。塔后作佛堂,庄严妙好,梁柱、户扇、窗牗,皆以金薄。别作僧房,亦严丽整饰,非言可尽。

可以想象,如果于阗的侍子入侍汉地,日常生活应该非常佛教化;当然,在蛮夷邸建立供奉亡人的灵塔是没必要的。

第三,佛寺的客舍功能来自"蛮夷邸"。自佛教传入汉地以来,"蛮夷邸"的客舍功能一直在佛寺里保留着。《高僧传》卷9《晋洛阳耆域传》记载:

> 时衡阳太守南阳滕永文在洛,寄住满水寺,得病经年不差,两脚挛屈,不能起行。域往看之,曰:"君欲得病疾差不?"因取净水一杯,杨柳一枝,便以杨柳拂水,举手向永文而咒,如此者三。因以手搦永文两膝令起,即起行步如故。

又如,《南史》卷30《何尚之传附何求传》记载:

> 泰始中,妻亡,还吴葬旧墓。除中书郎,不拜。仍住吴,隐居波若寺,足不逾户,人莫见其面。宋明帝崩,出奔国哀,除永嘉太守。求时寄住南涧寺,不肯诣台,乞于野外拜受,见许。

有关佛寺的客舍功能,已有学者做过专门叙述,可参看。[1]

佛寺的客舍不仅为活人提供住宿,有时也"寄住"死人,如《南史》卷58《韦鼎传》记载:

> 侯景之乱,鼎兄昂于京口战死,鼎负尸出,寄于中兴寺,求棺无所得。鼎哀愤恸哭,忽见江中有物流至鼎所,窃异之,往视乃新棺也,因以充敛。

甚至也寄存灵柩,如《夷坚志·甲志》卷19"僧寺画像"条曰:

> 平江士人徐赓,习业僧寺,见室中殡官有妇人画像垂其上,悦之。

不难看出,佛寺"寄住"死人或寄存灵柩,实为前述佛寺供奉骨灰灵塔基本功能的转化形态。佛寺寄尸、寄柩、寄牌位等度亡方面材料,古籍记载是很多的。由于西域火葬起塔习俗与汉地社会传统土葬殊俗,故向汉地社会传播阻力较大,在表现形式上亦有所变异。佛寺供奉亡人的功能,是功德佛教的核心所在,涉及佛教与汉地礼俗的关系。这是佛教研究的大题目,有待全面展开。因与本文主旨关系不大,不赘述。

4.4　关于洛阳白马寺

根据上述"寺"即"邸"的观点,那么,我们似有理由认为传说中的汉地最早佛寺——洛阳白马寺,有可能就是由大鸿胪属下之蛮夷邸的部分佛教化空间转化而来。

毫无疑问,洛阳白马寺是汉地最早的一批佛寺之一,至迟在西晋时已见记载,《出三藏记》卷7《魔逆经记》载:

> 太康十年(289)十二月二日,月支菩萨法护手执梵书,口宣晋言,聂道真笔受,于洛阳城西白马寺中始出。折显元写,使功德流

---

[1]严耀中:《中国东南佛教史》第13章《寺庙及其社会功能》,上海人民出版社2005年版,第276－279页。〔日〕那波利贞先生则从佛教信徒圣迹巡礼角度,考察了唐代佛寺的客舍功能,见氏著:《唐代寺院对俗人开放为简便投宿处》,载《日本学者研究中国史论著选译》(第7卷),中华书局1993年版,第288－315页。

布,一切蒙福度脱。

种种迹象显示,洛阳白马寺与汉地早期佛教传播空间有关。大概正是因为白马寺即蛮夷邸所在,灵帝于中平五年(188)在白马寺南边的平乐观举行了"以示远人"的演武典礼。北魏郦道元《水经注》卷16引华峤《后汉书》曰:

> 灵帝于平乐观下起大坛,上建十二重五采华盖,高十丈。坛东北为小坛,复建九重华盖,高九丈。列奇兵骑士数万人,天子住大盖下。礼毕,天子躬擐甲胄,称无上将军,行阵三匝而还,设秘戏以示远人。

这里的"远人",无疑是指来自四方诸国的蛮夷。灵帝在平乐观举行"以示远人"为目的的国礼,宣扬武威,大致亦表明平乐观基本功能与外事有关。可见城西白马寺、平乐观一带,确是蛮夷比较集中的地方。东汉洛阳平乐观始建于明帝永平五年(62),《后汉书》卷72《董卓传》记:

> 明帝永平五年(62),长安迎取飞廉及铜马置上西门外,名平乐馆。

注意,此处"观"又作"馆"。其制度和功能,应是继承西汉长安平乐观而来。《汉书》卷96《西域传》记载:

> 元康二年(前64),乌孙昆弥因惠上书:"愿以汉外孙元贵靡为嗣,得令复尚汉公主,结婚重亲,畔绝匈奴,原聘马、骡各千匹。"诏下公卿议,大鸿胪萧望之以为:"乌孙绝域,变故难保,不可许。"上美乌孙新立大功,又重绝故业,遣使者至乌孙,先迎取聘。昆弥及太子、左右大将、都尉皆遣使,凡三百余人,入汉,迎取少主。上乃以乌孙主解忧弟子相夫为公主,置官属侍御百余人,舍上林中,学乌孙言。天子自临平乐观,会匈奴使者、外国君长大角抵,设乐而遣之。使长罗侯、光禄大夫惠为副,凡持节者四人,送少主至敦煌。

长安平乐观似在上林苑中,其性质似为国家外事接待官邸,功能与大鸿胪相关是肯定的。故平乐观又往往成为国家官员因外事出行的祖道场所,《后汉书》卷36《张玄传》记载:

·欧·亚·历·史·文·化·文·库·

中平二年(185),[司空张]温以车骑将军出征凉州贼边章等,将行,玄自田庐被褐带索,要说温曰:"天下寇贼云起,岂不以黄门常侍无道故乎?闻中贵人公卿已下当出,祖道于平乐观。明公总天下威重,握六师之要,若于中坐酒酣,鸣金鼓,整行阵,召军正执有罪者诛之,引兵还屯都亭,以次翦除中官,解天下之倒县(悬),报海内之怨毒,然后显用隐逸忠正之士,则边章之徒,宛转股掌之上矣。"

洛阳平乐观稍南又有胡桃宫,《后汉书》卷89《南匈奴传》中记载:

[汉安二年,143],遣行中郎将持节护送单于归南庭。诏太常、大鸿胪与诸国侍子于广阳城门外祖会,缴赐作乐,角抵百戏。顺帝幸胡桃宫临观之。

"胡桃宫"应是种植西域胡桃而得名,可见洛阳城西地区的蛮夷气氛确实是很浓郁的。

传说中的汉地的最早佛寺——洛阳白马寺,是与东汉明帝梦佛故事联系在一起的。传说东汉永平年间,明帝梦佛,遣使西域,取经迎僧,于洛阳城西建立白马寺。故洛阳白马寺被认为是汉地最早的佛寺,号称"释源"。此传说盖中古时期历经几朝附会演绎的结果。

佛教初传汉地的最早材料,当推《三国志》卷6裴松之注引鱼豢《魏略·西戎传》:

昔汉哀帝元寿元年(前2年),博士弟子景卢受大月氏王使伊存口受《浮屠经》。

从材料叙述角度看,既然谓"大月氏王使",可见事件发生地点应在汉地无疑。我们如果将此事件置于当时的都城长安蛮夷邸空间内,亦无不可。但是后世却将佛教传入汉地事件加以谶纬化为汉明帝梦佛故事,应该与明帝时期西域重开有关,同时也与当时流行的思维方式有关。《后汉书》卷88《西域传》记载:

[永明]十六年(73),明帝乃命将帅,北征匈奴,取伊吾卢地,置宜禾都尉以屯田,遂通西域,于阗诸国皆遣子入侍。西域自绝六十五载,乃复通焉。明年(74),始置都护、戊己校尉。

汉明帝梦佛故事文本很多,其中就有将故事直接系于永平年间的,如唐释道宣《广弘明集》卷9北周甄鸾《笑道论》引《化胡经》曰:

> 至汉明永平七年(64)甲子,岁星昼现西方。夜,明帝梦神人,长一丈六尺,项有日光。旦问群臣,傅毅曰:"西方胡王太子成道,号曰佛。"明帝即遣张骞等,穷河源,经三十六国,至舍卫,佛已涅槃。写经六十万五千言。至永平十八年(75),乃还。

明帝梦佛故事似附会"明帝梦先帝太后"史事敷衍而成。《后汉书》卷10《阴皇后纪》记载:

> [永平]十七年正月,当谒原陵,明帝夜梦先帝太后,如平生欢。既寤,悲不能寐,即案历明。旦日吉,率百官故客上陵。其日,降甘露于陵树,帝令百官采取以荐。会毕,帝从席前伏御床,视太后镜奁中物,感动悲涕,令易脂泽装具。左右皆泣,莫能仰视焉。

我们不难看到,两者的故事元素和叙事的结构基本相同。明帝梦佛故事亦为晋袁宏《后汉纪》、刘宋范晔《后汉书》等正史作家所采述,可见也是当时流行的思维方式和说法。

我们在本书第2章已经看到,汉明帝梦佛故事文本很多。通过分析故事元素和类型排比,我们可以发现在"汉明帝梦佛"框架内,存在着两条演绎线索:第一条线索是汉明帝梦"飞行神人",并与《四十二章经》、兰台石室结合在一起,叙述重心是佛经。第二条线索是汉明帝梦"丈六金人",叙述重心是佛像。第一条线索的"飞行神人"属于"仙佛模式",是早期佛教形态的重要特征,[1]说明以佛经为叙述重心的说法出现较早,是主线索;其中佛经藏在"兰台石室"的说法,最值得我们注意。"兰台石室"本为东汉国家内廷收藏"图书秘纬"的地方,《后汉书》卷66《王允传》记载:

> 初平元年(190),代杨彪为司徒,守尚书令如故。及董卓迁都关中,允悉收敛兰台石室图书秘纬,要者以从。既至长安,皆分别

---

〔1〕温玉成:《公元1—3世纪中国的仙佛模式》,载氏著《中国佛教与考古》,宗教文化出版社2009年版,第73-94页。

条上。又集汉朝旧事所当施用者,一皆奏之。经籍具存,允有力焉。

汤用彤先生对魏晋宫廷秘藏佛经的史实,亦有所揭示:

> 《广弘明集》载阮孝绪《七录序》,谓《晋中经簿》有佛经书簿十六卷,则晋室秘府,原藏佛经。又《晋中经簿》源出《魏中经》(如隋志序)。是魏世朝廷,当已颇收集佛经[1]

由此我们可以感受到,西域诸国向中原国家的朝贡,应是佛教初传汉地的重要通道,宫廷亦因此成了佛教最初受影响的空间之一。基于如此认识,那么,史籍记载的东汉时期楚王英奉佛[2]桓帝宫中立"浮屠之祠"[3]西晋时期愍怀太子建"浮图"[4]等等,就变得容易理解。同样,汉明帝梦佛故事表面虽有"虚伪"成分,但也不完全是无稽之谈。

第二条线索汉明帝梦"丈六金人",应是次生的。第二条线索在北魏时期已见附会上"白马负经"故事,始与白马寺挂钩,并出现洛阳白马寺为汉地最早佛寺的说法。将洛阳白马寺与汉明帝梦佛故事结合到一起,是汉明帝梦佛故事进一步演绎的结果。据现存文献材料来看,大概发生在北魏时期或稍前,北魏郦道元《水经注》、[5]杨衒之《洛阳

---

[1]汤用彤:《汉魏两晋南北朝佛教史》第四章《汉代佛法之流布》"伊存授经"条,上海书店出版社 1991 年版,据商务印书馆 1938 年版影印,第 51 页。

[2]《后汉书》卷 42《楚王英传》,中华书局 1965 年版,第 1428 页。

[3]《后汉书》卷 30 下《襄楷传》,中华书局 1965 年版,第 1082 – 1983 页。

[4]〔北魏〕郦道元:《水经注》卷 16"谷水"条:"谷水又南,径白马寺东。昔汉明帝梦见大人,金色,项佩白光,以问群臣。或对曰:西方有神,名曰佛,形如陛下所梦,得无是乎? 于是发使天竺,写致经像。始以榆欓盛经,白马负图,表之中夏,故以白马为寺名。此榆欓后移在城内愍怀太子浮图中,近世复迁此寺。然金光流照,法轮东转,创自此矣。"(浙江古籍出版社 2001 年版,第 264 – 265 页)

[5]〔北魏〕郦道元:《水经注》卷 16"谷水"条:"谷水又南,径白马寺东。昔汉明帝梦见大人,金色,项佩白光,以问群臣。或对曰:西方有神,名曰佛,形如陛下所梦,得无是乎? 于是发使天竺,写致经像。始以榆欓盛经,白马负图,表之中夏,故以白马为寺名。此榆欓后移在城内愍怀太子浮图中,近世复迁此寺。然金光流照,法轮东转,创自此矣。"(浙江古籍出版社 2001 年版,第 264 – 265 页)

伽蓝记》[1]皆见之,亦见于同时期南朝梁释慧皎《高僧传》卷1《汉洛阳白马寺摄摩腾传》,[2]并进一步将竺摩腾、竺法兰事迹整合到一起。可见当时有关洛阳白马寺与汉明帝梦佛的故事流传已广,亦意味着该故事流传已有时日。但在释慧皎稍早的释宝唱《名僧传》中,竺摩腾、竺法兰的"所住处"作"兰台寺",似与白马寺尚无关系。将"兰台寺"误认为佛寺,显然是对汉晋内宫制度已经陌生的反映。由此似乎亦表明,洛阳白马寺与汉明帝梦佛故事的结合,形成于西晋汉族政权覆灭后的十六国时期可能性较大。

---

〔1〕〔北魏〕杨衒之:《洛阳伽蓝记》卷4《城西》:"白马寺,汉明帝所立也,佛入中国之始。寺在西阳门外三里御道南。帝梦金神,长丈六,项背日月光明,胡人号曰佛。遣使向西域求之,乃得经像焉。时白马负经而来,因以为名。明帝崩,起祇洹于陵上。自此以后,百姓冢上,或作浮图焉。寺上经函,至今犹存。常烧香供养之,经函时放光明,耀于堂宇,是以道俗礼敬之,如仰真容。"(上海古籍出版社1978年版,第196页)

〔2〕《高僧传》卷1《汉洛阳白马寺摄摩腾传》:"汉永平中,明皇帝夜梦金人,飞空而至。乃大集群臣,以占所梦,通人傅毅奉答:臣闻西域有神,其名曰佛。陛下所梦,将必是乎。帝以为然,即遣郎中蔡愔、博士弟子秦景等,使往天竺,寻访佛法。愔等于彼遇见摩腾,乃要还汉地。腾誓志弘通,不惮疲苦,冒涉流沙,至于洛邑。明帝甚加赏接,于城西门外,立精舍以处之。汉地有沙门之始也。但大法初传,未有归信。故蕴其深解,无所宣述。后少时,卒于洛阳。有《记》云:腾译《四十二章经》一卷,初缄在兰台石室第十四间中。腾所住处,今洛阳城西雍门外白马寺是也。"(中华书局1992年版,第1—2页)

附表 4-1：

汉魏两晋正史记载西域国家出遣侍子到中原国家材料表

时间	国家	材料	备注
元帝（前48—前33）	莎车	《后汉书》卷88《西域传》：唯莎车王延最强，不肯附属。元帝时，尝为侍子，长于京师，慕乐中国，亦复参其典法。	
成帝（前32—前7）	康居	《汉书》卷96《西域传》：至成帝时，康居遣子侍汉，贡献，然自以绝远，独骄嫚，不肯与诸国相望。	
建武二十五年（49）	匈奴	《后汉书》卷89《南匈奴传》：二十五年（49）春，南单于复遣使诣阙，奉藩称臣，献国珍宝，求使者监护，遣侍子，修旧约。	
永平二年（59）	匈奴	《后汉书》卷2《显宗孝明帝纪》：[永平]二年（59）春正月辛未，宗祀光武皇帝于明堂，……单于侍子、骨都侯亦皆陪位，斯固圣祖功德之所致也。	
建初三年（78）	龟兹	《后汉书》卷47《班超传》：今宜拜龟兹侍子白霸为其国王。	奉佛
建初八年（83）	乌孙	《后汉书》卷47《班超传》：超即遣邑将乌孙侍子还京师。	
永元六年（94）	匈奴	《后汉书》卷47《班超传》：超诘鞬支曰："汝虽匈奴侍子，而今秉国之权。都护自来，王不以时迎，皆汝罪也。"	
永建五年（130）	疏勒	《后汉书》卷6《孝顺帝纪》：[永建]五年（130）春正月，疏勒王遣侍子，及大宛、莎车王皆遣使贡献。 《后汉书》卷88《西域传》：（疏勒国）（顺帝永建）五年（130），臣盘遣侍子。	奉佛
永建六年（131）	于阗	《后汉书》卷6《孝顺帝纪》：[永建六年，131][九月]丁酉，于阗王遣侍子贡献。 《后汉书》卷88《西域传》：顺帝永建六年（131），于阗王放前遣侍子诣阙贡献。	奉佛
汉安元年（142）	匈奴	《后汉书》卷89《南匈奴传》：汉安元年（142），……呼兰若尸逐就单于兜楼储先在京师，汉安二年（143），立之。……诏太常、大鸿胪与诸国侍子于广阳城门外祖会。	
建宁五年（172）	西域三十六国	《后汉纪》卷23《孝灵皇帝纪上》：[建宁]五年（172）春，车驾上原陵，诸侯国公主及外戚家妇女、郡国计吏、匈奴单于、西域三十六国侍子皆会焉。	

时间	国家	材料	备注
熹平四年（175）	拘弥	《后汉书》卷88《西域传》：[拘弥国]至灵帝熹平四年（175），……戊己校尉、西域长史各发兵，辅立拘弥侍子定兴为王。	
汉	乌孙	《后汉书》卷49《耿恭传》：始置西域都护、戊己校尉，……恭至部，移檄乌孙，示汉威德，大昆弥以下皆欢喜，遣使献名马，及奉宣帝时所赐公主博具，愿遣子入侍。恭乃发使赍金帛，迎其侍子。	
献帝	车师	《后汉书》卷27《赵谦传》：献帝迁都长安，以谦行车骑将军，为前置。明年病罢。复为司隶校尉。车师王侍子为董卓所爱，数犯法，谦收杀之。	
汉	安息	《北史》卷20《安同传》：安同，辽东胡人也。其先祖曰世高，汉时以安息王侍子入洛。	奉佛
黄初元年（220）	龟兹	《三国志》卷24《崔林传》：文帝践阼（220），……龟兹王遣侍子来朝，朝廷嘉其远至，褒赏其王甚厚。余国各遣子来朝，间使连属。	奉佛
太康元年（280）	车师	《晋书》卷3《武帝纪》：[太康元年，280]八月，车师前部遣子入侍。	
太康四年（283）	鄯善	《晋书》卷3《武帝纪》：[太康四年，283]八月，鄯善国遣子入侍，假其归义侯。	奉佛
太康六年（285）	龟兹	《晋书》卷3《武帝纪》：[太康六年，285]冬十月，……龟兹、焉耆国遣子入侍。 《晋书》卷97《四夷传》：[龟兹国]武帝太康中，其王遣子入侍。	奉佛
太康六年（285）	焉耆	《晋书》卷3《武帝纪》：[太康六年，285]冬十月，……龟兹、焉耆国遣子入侍。 《晋书》卷97《四夷传》：[焉耆国]武帝太康中，其王龙安遣子入侍。	奉佛
永嘉前	匈奴	《晋书》卷100《王弥传》：弥谓其党刘灵曰："……刘元海昔为质子，我与之周旋京师，深有分契，今称汉王，将归之，可乎？"	

续表 4-1

时间	国家	材料	备注
永兴元年（350）	后赵	《晋书》卷110《慕容俊载记》：初，冉闵之僭号也，石季龙将李历、张平、高昌等并率其所部称藩于俊，遣子入侍。	奉佛
皇始二年（352）	乞没	《晋书》卷112《苻健载记》：其年［皇始二年，352］，西虏乞没军邪遣子入侍，健于是置来宾馆于平朔门，以怀远人。	奉佛
太和五年（370）	扶余等国	《晋书》卷111《慕容暐载记》：散骑侍郎徐蔚等率扶余、高句丽及上党质子五百余人，夜开城门以纳坚军。	
太安元年（386）	焉耆	《晋书》卷97《四夷传》：［焉耆国］及光僭位［太安元年，386］，熙又遣子入侍。	奉佛
神鼎三年（403）	北凉	《晋书》卷117《姚兴载记》：又遣其兼散骑常侍席确诣凉州，征吕隆［神鼎401—403］弟超入侍，隆遣之。	

5 都邑的"市"、胡人聚落与佛教
——以东汉、魏、西晋时期都城洛阳为实例

汉文史籍屡屡记载中古时期西域诸国（特别是葱岭以西诸国）胡人"好货利"，"善市贾"，"利之所在，无所不到"[1]。故西域胡人不远万里，前赴后继，来到中原地区，从事商业活动，乃至滞留繁衍殖民，形成胡人聚落，大多与中国中古时期的"市"——特别是都邑的"市"，存在着直接的联系。而有奉佛习俗的西域商胡来到中原地区后，自然也带来了佛教。[2] 东汉、魏、西晋三朝皆以洛阳为都城，是当时中国政治、经济和文化的中心。所以，都城洛阳不仅是该时期中国汉地的佛教中心，也是"丝绸之路"东端的商业网络中心枢纽。所以，将佛教与都邑的"市"、胡人聚落等联系起来加以考察，也许能为我们带来一幅更为广阔的图景，同时也可能形成审视佛教的新视点。

5.1 佛教初传中原地区时的观念环境

在研究中古时期中原国家与西域民族的关系时，我们必须首先考虑到先秦以来中原国家对于西域民族的传统观念环境。周代以来，在

[1] 余太山：《两汉魏晋南北朝正史"西域传"研究》卷 3《两汉魏晋南北朝正史"西域传"所见西域诸国的农牧业、手工业和商业》，中华书局 2003 年版，第 339 – 363 页。具体材料可参看《史记》卷 123《大宛列传》、《汉书》卷 96《西域传》、《后汉书》卷 88《西域传》、《晋书》卷 97《四夷传》、《魏书》卷 102《西域传》、《隋书》卷 83《西域传》、《新唐书》卷 221《西域传》、《旧唐书》卷 198《西戎传》。

[2] 有关西域商胡与佛教的关系，学者已有述及（见季羡林：《商人与佛教》，载氏著《季羡林文集》第 7 卷，江西教育出版社 1998 年版，第 177 – 197 页；尚永琪：《3—6 世纪佛教传播背景下的北方社会群体研究》第 5 章《商人与佛教》，科学出版社 2008 年版，第 107 – 115 页），但均未述及商胡存在的生活空间——都邑的"市"和胡人聚落。另外，奉佛习俗的商胡和僧人，本为西域社会分工的结果，是西域社会的有机构成部分。但上引著述在叙述商人与佛教的关系时，将商胡群体与僧人群体"割裂"开来。

·欧·亚·历·史·文·化·文·库·

传统的国家空间"五服"观念影响下,尤其是汉代儒教国家化完成以后,[1]已经形成中原国家本位意识。在中原国家本位和儒家观点看来,西域民族(包括佛教僧侣)便是"声教不及"的"荒服之宾"了[2]。所以,中原国家"致远人",招徕四夷,宣威纳贡,实为怀柔远方。而四夷来到中国,则被视为"慕义而至"。

其次,我们还要充分考虑到,先秦以来表述为"君子"、"小人"的政治分工和表现为"小人"阶层内部农、工、商的经济分工的社会环境。[3]"君子"和"小人",是中国古代社会两个基本的等级阶层,"君子"劳心,是统治者,"小人"劳力,是被统治者。《论语·里仁》云"君子喻于义,小人喻于利",这不仅表现为儒教国家主流的价值观,同时也表现为儒教国家的抑商政策。先秦时期,国家已经形成"工商食官"制度。秦汉以来,国家屡颁"贱商令",晚至隋开皇十六年(596),国家还规定"工商不得士进"。在汉晋时期,商业的发展尚处于初级阶段,其形态整体上还没有摆脱国家所设置的仍然带有"食官"气息的"市"。在儒家传统的观念中,"市者,人之所交利而行刑之处,君子无故不游观焉","市"是小人交利、争利的空间,是小人社会的中心,是被"君子"鄙夷的世界,故《三国志》卷11《管宁传》中甚至谓从事商贾为"自秽":

> 王烈者,字彦方,于时名闻在原、宁之右。辞公孙度长史,商贾

---

[1]有关汉代儒教国家化的论述太多,不赘举。近来较有代表性的著述有:〔日〕福井重雅:《儒教的国教化》,载〔日〕佐竹靖彦主编《殷周秦汉史学的基本问题》,中华书局2008年版,第265-286页。甘怀真:《皇权、礼仪与经典诠释:中国古代政治史研究》上篇《礼观念的演变与儒教国家的成立》,华东师范大学出版社2008年版,第1-85页。

[2]中原国家传统"服制",《尚书·禹贡》作"五服",《周礼》作"九服"。汉时流行"五服"观念,如《汉书》卷96上《西域传》记杜钦所言:"圣王分九州,制五服,务盛内,不求外。今遣使承至尊之命,送蛮夷之贾,劳吏士之众,涉危难之路,罢弊所恃以事无用,非久长计也。"(中华书局1962年版,第3887页)东晋时汉族僧人仍以"荒服之宾"自称,见竺道壹复丹阳尹书:"盖闻大道之行,嘉遁得肆其志。唐虞之盛,逸民不夺其性。弘方由于有外,致远待而不践。大晋光熙,德被无外,崇礼佛法,弘长弥大。是以殊域之人,不远万里。被褐振锡,洋溢天邑。皆割爱弃欲,洗心清玄,遐期旷世。故道深常隐,志存慈救。故游不滞方,自东徂西,唯道是务。虽万物惑其日计,而识者悟其岁功。今若责其属籍,同役编户。恐游方之士,望崖于圣世。轻举之徒,长往而不反。亏盛明之风,谬主相之旨。且荒服之宾,无关天台。幽数之人,不书王府,幸以时审翔而后集也。"(《高僧传》卷5《晋吴虎丘东寺竺道壹传》,中华书局1992年版,第207页)

[3]有关社会分工理论,可以参看刘佑成:《社会分工论》,浙江人民出版社1985年版。

自秽。太祖命为丞相掾,徵事,未至,卒于海表。

在汉晋之际儒家观念里,社会等级差序是:士、农、工、商。商贾居于末流,地位极低,国家设置管理"市"的官员品秩亦低,[1]由此皆可见国家贱视商业之态度。

汉文史籍记西域胡人"善市贾","利之所在,无所不到"。故西域胡人来到中原地区,从事商业活动,乃至滞留繁衍殖民,形成胡人聚落,大多与中国中古时期的"市"——特别是都邑的"市",存在着直接的联系。根据上述的两个设定,我们容易判断,除了国家外交礼节层面的交接外,至少在社会舆论上,西域商胡与中原"君子"阶层是隔绝的。由此亦可大致判断,随奉佛商胡而来的佛教所在空间。据侯旭东先生研究揭示,在北魏时期,"君子仍包含身份地位上的意义","九品以上官员,均为君子,以下无论官、民均为小人"。[2] 出身代北的鲜卑北魏国家的"君子"尚且维持如此标准,在此以前的汉人儒教国家的"君子",自然更在乎身份的纯正。《汉书》卷91《货殖传》引《管子》云:

> 古之四民,不得杂处,士相与言仁谊于闲宴,工相与议技巧于官府,商相与语财利于市井,农相与谋稼穑于田野。

尽管先秦圣治之道随礼乐崩坏而衰,但其思维方式和价值观念仍然主导着汉晋以降。西晋时期江统任太子洗马时曾上书"陈五事"以谏愍怀太子,其四亦云:

> 以天下而供一人,以百里而供诸侯,故王侯食籍而衣税,公卿大夫受爵而资禄。莫有不赡者也。是以士农工商四业不杂。……言食禄者不与贫贱之人争利也。秦汉以来,风俗转薄,公侯之尊,莫不殖园圃之田,而收市井之利,渐冉相放,莫以为耻,乘以古道,诚可愧也。[3]

可见汉晋间社会舆论,仍以"君子"与市井"小人"相接为耻,故梁释僧

---

〔1〕侯旭东:《北朝的"市":制度、行为与观念》,载氏著《北朝村民的生活世界》,商务印书馆2005年版,第187页。

〔2〕侯旭东:《北朝的"市":制度、行为与观念》,载氏著《北朝村民的生活世界》,商务印书馆2005年版,第203页。

〔3〕《晋书》卷56《江统传》,中华书局1974年版,第1537页。

·欧·亚·历·史·文·化·文·库·

佑《弘明集》卷 12《桓玄与王令书，论敬王事》中说：

> 曩者晋人，略无奉佛。沙门徒众，皆是诸胡，且王者与之不接。
> 故可任其方俗，不为之检耳。

而经过近三百年南北朝民族融合、胡化色彩更浓的唐朝国家，仍然禁止汉族百姓与外国人交往。《册府元龟》卷 999《外臣部互市》开成元年（836）六月京兆府奏章：

> 有准令式，中国人不合私与外国人交通、买卖、婚娶、来往。[1]

毫无疑问，在当时传统的中原士族观念中，西域商胡及僧人亦归于市井"小人"阶层。[2] 晚至萧梁时期，南朝士人仍持此观念，见于《南史》卷 70《郭祖深传》所录传主谏梁武帝佞佛书：

> 夫君子小人，智计不同，君子志于道，小人谋于利。志于道者，安国济人；志于利者，损物图己。道人者，害国小人也；忠良者，捍国君子也。

我曾一直纳闷，现存文献记载的汉晋间汉族"君子"奉佛事迹中，为什么总带着明显的"负面"印象？最为人知的例子便是东汉楚王英奉佛，据《后汉书》卷 42《楚王英传》记载：

> 英少时好游侠，交通宾客。晚节更喜黄老，学为浮屠，斋戒祭祀。八年（65），诏令天下死罪入缣赎。英遣郎中令奉黄缣白纨三十四。……国相以闻，诏报曰："楚王诵黄老之微言，尚浮屠之仁祠，洁斋三月，与神为誓，何嫌何疑，当有悔吝？其还赎，以助伊蒲塞、桑门之盛馔。"因以班示诸国中傅。英后遂大交通方士，作金龟玉鹤，刻文字以为符瑞。十三年（70），男子燕广告英与渔阳王平、颜忠等造作图书，有逆谋，事下案验。有司奏英招聚奸猾，造作

---

[1]《世说新语·任诞二十三》之"阮仲容先幸姑家鲜卑婢"条引《竹林七贤论》："咸既追婢，于是世议纷然。自魏末沉沦闾巷，逮晋咸宁中，始登王途。"（上海古籍出版社 1993 年版，第 734 页）魏晋间阮咸因幸胡婢遭世议而"沉沦闾巷"，由"君子"阶层降低为"小人"阶层，可见当时华夷之防甚严。由此亦可以感受到汉族"君子"阶层与胡人交通不自由的气氛。

[2]汉时汉族官吏视商胡为"贱人"，见《汉书》卷 96 上《西域传》："成帝时，复遣使献谢罪，汉欲遣使者报送其使，杜钦说大将军王凤曰：前罽宾王阴末赴本汉所立，后卒畔逆。……前亲逆节，恶暴西城，故绝而不通。今悔过来，而无亲属贵人，奉献者皆行贾贱人，欲通货市买，以献为名。"（中华书局 1962 年版，第 3886 页）

图谶,擅相官秩,置诸侯王公将军二千石,大逆不道,请诛之。帝以亲亲不忍,乃废英,徙丹阳泾县,赐汤沐邑五百户。遣大鸿胪持节护送,使伎人奴婢工技鼓吹悉从,得乘辎軿,持兵弩,行道射猎,极意自娱。男女为侯主者,食邑如故。楚太后勿上玺绶,留住楚宫。明年(71),英至丹阳,自杀。立三十三年,国除。

楚王英于建武十七年(41)进爵封为楚王,二十八年(52)就国,可知传中谓其"少时好游侠,交通宾客"、"招聚奸猾",应在洛阳生活时期。本传未言楚王英"交通宾客"、"招聚奸猾"与晚年奉佛的因果关系,但参照济南王康行迹,似有可比之处,上引同书同卷《济南王康传》:

> 康在国不循法度,交通宾客。其后,人上书告康招来州郡奸猾渔阳颜忠、刘子产等,又多遗其缯帛,案图书,谋议不轨。事下考,有司举奏之,显宗以亲亲故,不忍穷竟其事,但削祝阿、隰阴、东朝阳、安德、西平昌五县。建初八年,肃宗复还所削地,康遂多殖财货,大修官室,奴婢至千四百人,厩马千二百匹,私田八百顷,奢侈恣欲,游观无节。

窃疑楚王英亦有"多殖财货"之背景,因而"交通方士",进而"诵黄老之微言,尚浮屠之仁祠"也。

第二个例子是三国笮融奉佛,据《后汉书》卷73《陶谦传》记载:

> 陶谦字恭祖,丹阳人也。少为诸生,仕州郡,四迁为车骑将军张温司马,西讨边章。会徐州黄巾起,以谦为徐州刺史,击黄巾,大破走之,境内晏然。……是时,徐方百姓殷盛,谷实甚丰,流民多归之。……初,同郡人笮融,聚众数百,往依于谦。谦使督广陵、下邳、彭城运粮。遂断三郡委输,大起浮屠寺。上累金盘,下为重楼,又堂阁周回,可容三千许人,作黄金涂像,衣以锦彩。每浴佛,辄多设饮饭,布席于路,其有就食及观者且万余人。及曹操击谦,徐方不安。融乃将男女万口、马三千匹走广陵。广陵太守赵昱待以宾礼。融利广陵资货,遂乘酒酣杀昱,放兵大掠,因以过江,南奔豫章,杀郡守朱皓,入据其城。后为扬州刺史刘繇所破,走入山中,为人所杀。

·欧·亚·历·史·文·化·文·库·

丹阳为楚王英流放地。至汉末乱世,丹阳人笮融聚集流民,又大举佛事,可见此地已有"奉佛传统"。但将"奉佛传统"归之于 120 年前楚王英,[1] 理由似嫌单薄,不如推求彭城、丹阳地区商胡聚落存在之背景。

第三个例子是愍怀太子奉佛,《晋书》卷 53《愍怀太子传》曾记载:

> 愍怀太子遹,字熙祖,惠帝长子,母曰谢才人。……及长,不好学,惟与左右嬉戏,不能尊敬保傅。……于是慢弛益彰,或废朝侍,恒在后园游戏。爱埤车小马,令左右驰骑,断其鞅勒,使堕地为乐。或有犯忤者,手自捶击之。性拘小忌,不许缮壁修墙,正瓦动屋。而于宫中为市,使人屠酤,手揣斤两,轻重不差。其母本屠家女也,故太子好之。又令西园卖葵菜、蓝子、鸡、面之属,而收其利。

愍怀太子好市贪利之情,跃然纸上。以"宫中为市"娱情取乐,其源也远,其流也长。[2] 愍怀太子大概为了增加宫市趣味,很有可能在"宫中为市"同时,还招引胡贾入宫市,进而引进佛教习俗。愍怀太子在宫中建佛塔,供奉佛经,见北魏郦道元《水经注》卷 16"谷水"条:

> 谷水又南,迳白马寺东。昔汉明帝梦见大人,金色,项佩白光,以问群臣。或对曰:"西方有神,名曰佛,形如陛下所梦,得无是乎?"于是发使天竺,写致经像。始以榆欑盛经,白马负图,表之中夏,故以白马为寺名。此榆欑后移在城内愍怀太子浮图中,近世复迁此寺。

本传不记愍怀太子奉佛事迹,但谓其"小字"为"沙门",[3] 或可能缘于母家,与洛阳市井奉佛胡贾有所交接,沾染奉佛习俗。愍怀太子后遭贾后谋杀。

---

〔1〕汤用彤:《汉魏两晋南北朝佛教史》第四章《汉代佛法之流布》"汉代佛法地理上之流布"条,上海书店出版社 1991 年版,据商务印书馆 1938 年版影印,第 81 页。

〔2〕"宫中为市"相关材料:汉光和四年(181),灵帝"列肆于后宫"(《后汉书》卷 8《灵帝纪》,中华书局 1965 年版,第 346 页);南齐东昏侯"于苑中立市"(《南齐书》卷 7《东昏侯纪》,中华书局 1972 年版,第 101 页);唐景龙二年(709),中宗"遣宫女为市肆"(《旧唐书》卷 7《中宗纪》,中华书局 1975 年版,第 147 页),等等。桓帝在宫中"祠浮屠"(《后汉书》卷 30 下《襄楷传》,中华书局 1965 年版,第 1082－1983 页),或源于宫市。这涉及汉地佛教传播最初空间的重要线索之一,有待于进一步研究。

〔3〕《晋书》卷 53《愍怀太子传》,中华书局 1974 年版,第 1460 页。

第四个例子是石崇奉佛，《晋书》卷33《石崇传》记载：

> 崇颖悟有才气，而任侠无行检。在荆州，劫远使商客，致富不赀。征为大司农，以征书未至擅去官免。顷之，拜太仆，出为征虏将军，假节、监徐州诸军事，镇下邳。崇有别馆在河阳之金谷，一名梓泽，送者倾都，帐饮于此焉。至镇，与徐州刺史高诞争酒相侮，为军司所奏，免官。复拜卫尉，与潘岳谄事贾谧。谧与之亲善，号曰"二十四友"。广城君每出，崇降车路左，望尘而拜，其卑佞如此。财产丰积，室宇宏丽。后房百数，皆曳纨绣，珥金翠。丝竹尽当时之选，庖膳穷水陆之珍。与贵戚王恺、羊琇之徒以奢靡相尚。

石崇后因"财产丰积"遭人诬害，被斩于东市。本传虽未明言石崇财产正常来路，但亦有所透露：

> 尝与王敦入太学，见颜回、原宪之象，顾而叹曰："若与之同升孔堂，去人何必有间。"敦曰："不知余人云何，子贡去卿差近。"崇正色曰："士当身名俱泰，何至瓮牖哉！"

王敦比石崇为子贡，子贡以经商著名，盖石崇与商业有很深关系矣。本传亦未及其奉佛事，但见之于《弘明集》卷1《正诬论》，谓"石崇奉佛亦至，而不免族诛云云"。

上举四个奉佛汉人——其中至少有三个是属于"君子"阶层，或好市井，或"招聚奸猾"，或聚众寇盗，这是偶然的吗？这些佛教初传汉地时期汉族"君子"奉佛史实之所以给人"负面"印象，其中是否包含着"君子"交往"失类"的意思呢？特别是东汉光武朝"沛王案"后，"旧防"严紧，封王"交通宾客"或官员"交通财贿，共为奸利"，理应"案律治罪"的。[1]

问题在于，汉地社会至迟自周代以来即以农业立国，故形成抑商的环境，市井商人社会地位很低；但商胡所出的西域地区，大多以商业为本，胡人"善市贾"，重商尚利，商人在西域社会的地位并不低。这是

---

〔1〕《资治通鉴》卷44"光武帝建武二十八年"，中华书局1965年版，第1419页。《魏书》卷30《安同传》，中华书局1974年版，第713页。《梁书》卷50《王籍传》："王籍，字文海，琅邪临沂人。……尤不得志，遂行走市道，不择交游。"（中华书局1973年版，第713页）

·欧·亚·历·史·文·化·文·库·

两种不同的社会形态,表现在价值观念上,存在着明显的"错位"。所以,当西域商胡及其佛教进入汉地社会环境后,尤其是北方民族在中原建国时期,城市商业的繁荣、商人的"逾制"、佛寺的大肆兴建、邑义组织的兴起等等,是与胡化力量的展开联系在一起的,如北魏都城洛阳的商业景象以及大商人刘宝等"工商上僭"的做派,[1]北齐商胡后裔和士开把持朝政,导致"州县职司多出富商大贾"的局面,[2]都给我们留下了深刻印象。

值得进一步指出的是,佛教在印度的形成和展开是与商业阶层存在着深刻的联系。[3] 佛教与商业的联系,也成为佛教的基本性格之一。毫无疑问,常见以"祇洹故事"加以通俗表达的佛教"施财"观念,正是以商业环境为背景的。佛教戒律尽管禁止僧侣积累私财,但鼓励并大肆聚敛"佛财"。所以,佛教传入汉地社会以来,受到汉地舆论最激烈的批评之一就是佛教的"奢侈"。可以说,自佛教传入汉地以来,批评佛教"奢侈"的言论就一直没有停歇过。梁释僧佑《弘明集》卷1所收《正诬论》引时人批评佛教言论云:

> [佛教]道人聚敛百姓,大构塔寺,华饰奢侈,靡费而无益云云。

又,同书卷8刘勰《灭惑论》引《三破论》云:

> [佛教]入国而破国者。诳言说,为兴造无费,苦克百姓,使国空民穷。

众所周知,唐武宗灭佛的最主要原因,也是"恶僧尼耗蠹天下"。[4] 上引佛教初传汉地汉人奉佛四例,亦均与"奢侈"相尚联系在一起的。

5.2 洛阳的"市"、胡人聚落与佛寺

奉佛胡人在洛阳的佛教行事,至迟可以追溯到东汉桓帝时期,《出

---

〔1〕〔北魏〕杨衒之:《洛阳伽蓝记》卷4《城西》,上海古籍出版社1978年版,第202-203页。

〔2〕《北齐书》卷50《和士开传》,中华书局1972年版,第686-689页。

〔3〕季羡林:《商人与佛教》,载氏著《季羡林文集》第7卷,江西教育出版社1998年版,第177-197页。

〔4〕《资治通鉴》卷248"武宗会昌五年",中华书局1956年版,第8015页。

三藏记》卷 13《支谶传》曾记载：

> 支谶本月支国人也。操行淳深，性度开敏，禀持法戒，以精勤
> 著称。讽诵群经，志存宣法，汉桓帝（147—167）末，游于洛阳。
>
> 时又有支曜译出《成具光明经》云。

又，同书同卷《支谦传》：

> 支谦，字恭明，一名越，大月支人也。祖父法度，汉灵帝
> （168—189）世，率国人数百归化，拜率善中郎将。越年七岁，骑竹
> 马戏于邻家，为狗所啮，胫骨伤碎。邻人欲杀狗取肝傅疮，越曰：
> "天生此物为人守吠，若不往君舍，狗终不见啮。此则失在于我，
> 不关于狗。若杀之得差，尚不可为，况于我无益，而空招大罪？且
> 畜生无知，岂可理责？"由是村人数十家感其言，悉不复杀生。
> ……[越]十岁学书，同时学者皆服其聪敏。十三学胡书，备通六
> 国语。初灵桓之世，支谶译出法典，有支亮纪明资学于谶，谦又受
> 业于亮。博览经籍，莫不究练，世间艺术，多所综习。

从支谦"受业于亮"、"支亮资学于谶"的关系来看，其祖父于"汉灵
帝世"，"率国人数百归化"的地点为东汉首都洛阳，应是没有问题的。
也就是说，在东汉后期，洛阳已经存在奉佛胡人侨居聚落，其规模为
"村人数十家"。支谦祖父一族"归化"侨居洛阳，想必不是唯一的一
批，也不会是最后的一批。汉文古籍直接记载胡人聚落的材料极少见，
1907 年敦煌出土的粟特文信札第 2 号包含有西晋末年胡人聚落规模
的材料，尽管不是洛阳胡人聚落的材料，亦有参照价值：

> 有一百名来自萨马尔罕的粟特贵族，现居黎阳（今河南浚
> 县），他们远离家乡，孤独在外。在□[城]有四十二人。[1]

材料中的"一百名"、"四十二人"，是否可以理解为"一百名"、"四十二
人"的商胡？是否也可以分别转换为大约"一百户"和"四十二户"规模
的商胡聚落？

---

〔1〕王素，李方：《魏晋南北朝敦煌文献编年》，新文丰出版公司 1997 年版，第 73 页。

依西域佛教礼俗,奉佛胡人会在其聚落中建立佛寺。[1] 反过来说亦然,佛寺所在,应该也正是奉佛胡人聚落所在。20 世纪 20 年代,洛阳曾出土后汉灵、献时期的佉卢文题记石井栏。据林梅村先生重新解读,内容为:

> 唯……年……第十(五)15(日),此寺院……顺祝四方僧团所有[僧]人皆受敬重。

佉卢文为当时贵霜帝国的官方文字之一,故此佉卢文题记石井栏,是洛阳存在胡人聚落与佛寺的有力物证。[2] 可惜佉卢文题记石井栏出土地点无明确记录。

梁释僧佑《出三藏记》卷 7《魔逆经记》云:

> 太康十年(289)十二月二日,月支菩萨法护手执梵书,口宣晋言,聂道真笔受,于洛阳城西白马寺中始出。折显元写,使功德流布,一切蒙福度脱。

此处"洛阳城西白马寺",即世传中国最早佛寺之洛阳白马寺应是没有问题的。北魏杨衒之《洛阳伽蓝记》卷 4《城西》亦记载:

> 白马寺,汉明帝所立也,佛入中国之始。寺在西阳门外三里御道南。

世传洛阳白马寺前身为鸿胪寺,是汉代接待外国宾客的国家外事机构,其中当有可信的成分。因为鸿胪寺作为国家外事机构,应配置有邸舍,用于外国使者及商客食宿,甚至有库房,用于存放贡物或货物。鸿胪寺的邸舍,成为最初聚集西域胡人(包括商胡和僧人)的地方,成为胡人进入中原国家最初的落脚点。随着胡人的增加,其留居点向鸿胪寺周边扩散,便形成了相对集中的胡人活动区域。白马寺前身是否为鸿胪寺,需要有说服力的材料来证实,但白马寺处在以鸿胪寺为中心的胡人活动空间内,应该是没有问题的。

---

[1]例如《法显传》:"彼国(于阗)人民星居,家家门前皆起小塔,最小者可高二丈许,作四方僧房,供给客僧。"(上海古籍出版社 1978 年版,第 13 页)

[2]林梅村:《洛阳所出佉卢文井栏题记——兼论东汉洛阳的僧团与佛寺》,载《中国历史博物馆馆刊》1989 年第 13 – 14 期,第 240 – 249 页。

又，北魏郦道元《水经注》卷16"谷水"条记载：

> 谷水又南，迳白马寺东。……谷水又南，迳平乐观东。李尤《平乐观赋》曰："乃设平乐之显观，章秘伟之奇珍。"华峤《后汉书》曰："灵帝于平乐观下起大坛，上建十二重五采华盖，高十丈。坛东北为小坛，复建九重华盖，高九丈。列奇兵骑士数万人，天子住大盖下。礼毕，天子躬擐甲冑，称无上将军，行阵三匝而还，设秘戏以示远人。"

这里的"远人"，应该是指包括西域胡人在内的"荒服之宾"。在汉灵帝时，国家在白马寺南之平乐观举行"以示远人"为目的的国礼，宣扬威德，怀柔四方。作为国家外事机构的鸿胪寺和举行"以示远人"国礼的平乐观，都设在城西地区，可以说也是城西地区为西域胡人的传统聚居地的旁证。

从东汉魏西晋都城洛阳建筑遗址空间结构来看，已经改变了先秦以来传统的"前朝后市"格局，国家权力机构仍然位于宫城及内郭城中央区域，国家礼仪建筑位于城南，而城市居民坊里则主要分布于东西城外区域，并在东西城外民居中心地带各设一"市"，所谓"西市"和"东市"。[1] 通俗地说，洛阳宫城和郭城内及城南地区是以"君子"为主体的空间，郭城外东西地区是以"小人"为主体的空间。西域商胡的商业活动，当然与城外的"市"密切关联，其生活空间或聚落，应该也大多分布在"市"的周围坊里，后世所谓"化外人，法不当城居"，[2]应是历代沿袭的古老城市制度。如后来北魏在都城洛阳宣阳门外城南地区新辟"南市"，并设"四夷馆"、"四夷里"，[3]隋代在东都洛阳建国门外设"四方馆"。[4] 特别是唐宋以来，沿海蕃舶贸易的兴起，朝廷对境内胡人社区的贸易、生活等监管制度亦进一步得到了完善，历史上沿海通

---

〔1〕侯旭东：《北朝的"市"：制度、行为与观念》，载氏著《北朝村民的生活世界》，商务印书馆2005年版，第174－180页。

〔2〕宋朱熹：《朱文公集》卷98《朝奉大夫傅公行状》，转引自〔日〕桑原骘藏：《蒲寿庚考》，中华书局2009年版，第38页。

〔3〕〔北魏〕杨衒之：《洛阳伽蓝记》卷3《城南》，上海古籍出版社1978年版，第159－162页。

〔4〕《隋书》卷28《百官志》，中华书局1973年版，第798页。

·欧·亚·历·史·文·化·文·库·

蕃城市的商胡聚落,亦大体安置在城外。[1] 近代的租界和外贸市场格局,甚至当代北京建国门外的使馆区和秀水街外贸市场格局,皆可见其遗制。汉晋时期都城洛阳亦不例外,或者说正是这一古老传统的重要环节。我们发现汉晋时期西域胡人活动空间似与洛阳城西地区的"洛阳大市"相关度更大,是否可以将洛阳城西的白马寺视为当时胡人活动空间的古老标志之一? 据《洛阳伽蓝记》卷4《城西》记载,白马寺西边就是"洛阳大市":

> 出西阳门外四里,御道南有洛阳大市,周回八里。……市东有通商、达货二里。里内之人,尽皆工巧,屠贩为生,资财巨万。……市南有调音、乐律二里。里内之人,丝竹讴歌,天下妙伎出焉。……市西有退酤、治觞二里。里内之人多酝酒为业。……市北慈孝、奉终二里。里内之人以卖棺椁为业,赁辒车为事。……别有准财、金肆二里,富人在焉。凡此十里,多诸工商货殖之民,千金比屋,层楼对出,重门启扇,阁道交通,迭相临望。金银锦绣,奴婢缇衣,五味八珍,仆隶毕口神龟年中,以工商上僭,议不听金银锦绣。虽立此制,竟不施行。

"洛阳大市"是北魏时期都城洛阳的大市场,在北魏时期的记述文字中,我们依然能看到浓郁的胡风。我们似有理由推测,北魏时期"洛阳大市"也是汉、晋时期老市场,是胡人传统的聚居地区。尽管晋室南迁以后,经历了近两个世纪的动荡,但是人们凭着生存意志、记忆和遗存,在合适的条件下将其重建。特别是上引材料中提及的大市东部"通商、达货"二里,靠近白马寺,从字面看,似为汉晋时期胡人商业和生活区域。《后汉书》卷34《梁冀传》记载:

> 又广开园囿,采土筑山,十里九陂,以像二崤,深林绝涧,有若自然,奇禽驯兽,飞走其间。……又起兔苑于河南城西,经亘数十里,发属县卒徒,缮修楼观,数年乃成。移檄所在,调发生兔,刻其毛以为识,人有犯者,罪至刑死。尝有西域贾胡,不知禁忌,误杀一

---

〔1〕郑有国:《中国市舶制度研究》,福建教育出版社2004年版,第144-148页。

兔,转相告言,坐死者十余人。

桓帝延熹元年(158),诛梁冀,"散其苑囿,以业穷民"。[1] 梁冀苑囿、
兔苑位于洛阳大市西北一带,《洛阳伽蓝记》卷4《法云寺》载:

> 出西阳门外四里,御道南有洛阳大市,周回八里。市南有皇女
> 台,汉大将军梁冀所造,犹高五丈余。景明中,比丘道恒立灵仙寺
> 于其上。台西有河阳县,台东有侍中侯刚宅。市西北有土山鱼池,
> 亦冀之所造。即《汉书》所谓"采土筑山,十里九阪,以象二崤"者。

可见在东汉时期,白马寺、洛阳大市一带确实有商胡活动。上引材料似
乎还表明,在东汉桓帝以后,白马寺附近的胡人聚居区域向西边有所
扩展。

大概正因为洛阳城西地区为胡人传统的聚居地,故汉晋间该地区
的佛寺还不止白马寺一处,同书同卷《宝光寺》记载:

> 宝光寺,在西阳门外御道北。有三层浮图一所,以石为基,形
> 制甚古,画工雕刻。隐士赵逸见而叹曰:"晋朝石塔寺,今为宝光
> 寺也!"人问其故,逸曰:"晋朝四十二寺尽皆湮灭,唯此寺独存。"
> 指园中一处曰:"此是浴室,前五步,应有一井。"众僧掘之,果得屋
> 及井焉。井虽填塞,砖口如初,浴堂下犹有石数十枚。

又,《高僧传》卷10《晋洛阳大市寺安慧则传》还记载了传主在西晋永
嘉间住在"洛阳大市寺",如果此"洛阳大市寺"的寺名含义是位于"洛
阳大市"的佛寺,当然也在洛阳城西地区,说不定还是白马寺或石塔寺
的俗名呢。

西晋后期,洛阳城西地区还有沙门法始所造佛寺1所,尼僧净检所
造竹林尼寺1所,应该也包括在"晋朝四十二寺"数字里面吧。《比丘
尼传》卷1《晋洛阳竹林寺净检尼传》:

> 净检,本姓仲,名令仪,彭城人也。父诞,武威太守。检少好
> 学,早寡家贫,常为贵游子女教授琴书。闻法信乐,莫由谘禀。后
> 遇沙门法始,经道通达,晋建兴中,于宫城西门立寺,检乃造之。始

---

[1]《后汉书》卷34《梁冀传》,中华书局1965年版,第1187页。

99

为说法,捡因大悟。……检即剃落,从和上受十戒,同其志者二十四人。于宫城西门,共立竹林寺,未有尼师,共谘净检,过于成德。

据《洛阳伽蓝记》卷3《城南》记载,北魏迁都洛阳后,又在城南地区新辟四夷馆、四夷里,以处四方来客:

> 永桥以南,圜丘以北,伊、洛之间,夹御道有四夷馆。道东有四馆:一名金陵,二名燕然,三名扶桑,四名崦嵫。道西有四里:一曰归正,二曰归德,三曰慕化,四曰慕义。吴人投国者处金陵馆,三年已后,赐宅归正里。北夷来附者处燕然馆,三年已后,赐宅归德里。东夷来附者处扶桑馆,赐宅慕化里。西夷来附者处崦嵫馆,赐宅慕义里。

> 自葱岭已西,至于大秦,百国千城,莫不欢附,商胡贩客,日奔塞下,所谓尽天地之区已。乐中国土风,因而宅者,不可胜数。是以附化之民,万有余家。门巷修整,阊阖填列,青槐荫陌,绿树垂庭,天下难得之货,咸悉在焉。别立市于洛水南,号曰四通市,民间谓永桥市。

但城西地区仍为西域胡人重要聚居地是肯定的。大概正因为城西地区是传统的胡人聚居地,故北魏宣武帝时为安置"百国沙门"造永明寺,仍然选址在城西。[1]《洛阳伽蓝记》卷4《城西》记载:

> 永明寺,宣武皇帝所立也,在大觉寺东。时佛法经像,盛于洛阳,异国沙门,咸来辐辏,负锡持经,适兹乐土,世宗故立此寺以憩之。房庑连亘,一千余间。庭列修竹,檐拂高松,奇花异草,骈阗阶砌。百国沙门,三千余人。

北魏时乌场国僧人昙摩罗亦在"洛阳大市"北部,紧挨着宝光寺西边,同时亦紧挨着白马寺稍北,又修建了非常胡化的法云寺:

> 法云寺,西域乌场国胡沙门昙摩罗所立也。在宝光寺西,隔墙并门。佛殿僧房,皆为胡饰,丹素炫彩,金玉垂辉。摹写真容,似丈

---

〔1〕据《洛阳伽蓝记》卷4《城西》载,大觉寺"在融觉寺西一里许"(上海古籍出版社1978年版,第234页),融觉寺又"在阊阖门外御道南"(第230页),而阊阖门位于西阳门北面,故大觉寺应在白马寺北边不远。

六之见鹿苑;神光壮丽,若金刚之在双林。伽蓝之内,花果蔚茂,芳草蔓合,嘉木被庭。京师沙门好胡法者,皆就摩罗受持之,戒行真苦,难可揄扬。秘咒神验,阎浮所无。

如此胡化的法云寺,必定与相应规模的胡人群体联系在一起。饶有兴趣的是,"洛阳大市"北边的"寿丘里",竟是鲜卑皇族的聚居地。难道不是习俗相近、声气相投才把他们吸引到一起的吗?《洛阳伽蓝记》卷4《城西》记:

自延酤以西,张方沟以东,南临洛水,北达芒山,其间东西二里,南北十五里,并名为寿丘里,皇宗所居也,民间号为王子坊。……经河阴之役,诸元歼尽,王侯第宅,多题为寺。寿丘里间,列刹相望,祇洹郁起,宝塔高凌。

西晋时期,都城洛阳除了城西地区洛阳大市以外,城东偏北地区的马市一带,亦是居民聚集的地方。《洛阳伽蓝记》卷2《城东》记载:

璎珞寺,在建春门外御道北,所谓建阳里也,即中朝时白社地,董威辇所居处。里内有璎珞、慈善、晖和、通觉、晖玄、宗圣、魏昌、熙平、崇真、因果等十寺。里内士庶,二千余户,信崇三宝,众僧刹养,百姓所供也。

龙华寺,宿卫羽林虎贲等所立也。在建春门外阳渠南。寺南有租场。阳渠北有建阳里,里有土台,高三丈,上作二精舍。赵逸云:"此台是中朝旗亭也。上有二层楼,悬鼓击之以罢市。"

出建春门外一里余,至东石桥,南北而行,晋太康元年(280)造。桥南有魏朝时马市,刑嵇康之所也。

马市及旗亭制度皆可辨,稍北即有晋寺遗迹,上引书同卷记载:

建阳里东有绥民里……绥民里东崇义里,里内有京兆人杜子休宅。地形显敞,门临御道。时有隐士赵逸,云是晋武时人,晋朝旧事,多所记录。正光初,来至京师,见子休宅,叹息曰:"此宅中朝时太康寺也。"时人未信,遂问寺之由绪。逸云:"龙骧将军王濬平吴之后,始立此寺。本有三层浮图,用砖为之。"指子休园中曰:"此是故处。"子休掘而验之,果得砖数十万,兼有石铭云:"晋太康六年岁次乙巳九月甲戌朔八日辛巳,仪同三司襄阳侯王濬敬造。"
由此似亦可见"市"与佛寺的联系。

根据上述初步的考察,我们可以形成如下观点:我们应该把后汉
至西晋时期都城洛阳的早期佛教行事(包括经典传译、佛寺营建、僧人
游化等),大致限定在胡人从事商业活动和日常生活的聚落空间内。

5.3　洛阳佛教的基本境况

东汉、魏、西晋时期的洛阳佛教面貌尽管非常模糊,但亦有依稀可
辨之处。《高僧传》卷1《魏洛阳昙柯迦罗传》记载:

> 昙柯迦罗,此云法时,本中天竺人。…… 以魏嘉平(249—
> 254)中,来至洛阳。于时魏境,虽有佛法,而道风讹替,亦有众僧,
> 未禀归戒,正以剪落殊俗耳。设复斋忏,事法祠祀。迦罗既至,大
> 行佛法。时有诸僧共请迦罗译出戒律,迦罗以律部曲制,文言繁
> 广,佛教未昌,必不承用。乃译出《僧祇戒心》,止备朝夕。更请梵
> 僧立羯磨法受戒,中夏戒律,始自于此。

由此可以看到,魏世洛阳佛教依然处于草创时期,戒律未备,斋忏初设。
此处"斋忏",可以参读吴支谦译《佛说斋经》:

> 闻如是:一时佛在舍卫城东丞相家殿。丞相母名维耶,早起沐
> 浴,著彩衣,与诸子妇俱出,稽首佛足,一面坐。佛问:"维耶,沐浴
> 何早?"对曰:"欲与诸妇俱受斋戒。"……佛言:"……佛法斋者,道
> 弟子月六斋之日,受八戒。……受斋之日,当习五念。……奉持八
> 戒,习五思念,为佛法斋,与天参德,灭恶兴善。后生天上,终得泥
> 洹。是以智者自力行,出心作福。……若人有信、有戒、有闻、有
> 施、有智,奉佛法斋,当命尽时,其人精神,皆生此六天上,安隐快
> 乐。猗善众多,我少说耳。凡人行善,魂神上天,受福无量。"维耶闻
> 佛语欢喜,言:"善哉善哉,世尊,斋之福德,甚快无量,愿受佛戒。从
> 今已后,月月六斋,竭力作福至死。"佛说经已,皆欢喜受教。

如果将此境况置于洛阳胡人聚落或胡汉杂居社区特定空间内,可能更

加易于体会。我们甚至还可以从当时翻译佛经者的国籍多元性上，看到当时洛阳诸胡错杂的环境，[1]上引《魏洛阳昙柯迦罗传》并载：

> 时又有外国沙门康僧铠者，亦以嘉平之末，来至洛阳，译出《郁伽长者》等四部经。

> 又有安息国沙门昙帝，亦善律学，以魏正元（254—255）之中，来游洛阳，出《昙无德羯磨》。

> 又有沙门帛延，不知何人，亦才明有深解，以魏甘露（256—260）中，译出《无量清净平等觉经》等，凡六部经。后不知所终焉。

又，同书同卷《汉洛阳支楼迦谶传》记载：

> 支楼迦谶，亦直云支谶，本月支人。……汉灵帝时，游于洛阳。以光和、中平之间，传译梵文，出《般若道行》、《般舟》、《首楞严》等三经。……

> 时有天竺沙门竺佛朔，亦以汉灵之时，赍《道行经》，来适洛阳，即转梵为汉。译人时滞虽有失旨，然弃文存质，深得经意。朔又以光和二年，于洛阳出《般舟三昧》，谶为传言，河南洛阳孟福、张莲笔受。

> 时又有优婆塞安玄，安息国人。……亦以汉灵之末，游贾洛阳，以功号曰骑都尉。性虚靖温恭，常以法事为己任，渐解汉言，志宣经典，常与沙门讲论道义，世所谓都尉者也。玄与沙门严佛调共出《法镜经》，玄口译梵文，佛调笔受。理得音正，尽经微旨，郢匠之美，见述后代。调本临淮人，绮年颖悟，敏而好学，世称安侯、都尉、佛调三人传译，号为难继。调又撰十慧，亦传于世。

> 又有沙门支曜、康巨、康孟详等，并以汉灵、献之间，有慧学之誉，驰于京洛。曜译《成具定意》、《小本起》等，巨译《问地狱事经》，并言直理旨，不加润饰。孟详译《中本起》及《修行本起》。

> 先是沙门昙果，于迦维罗卫国得梵本，孟详共竺大力译为汉文。

---

〔1〕〔荷〕许理和：《佛教征服中国》，江苏人民出版社1998年版，第46页。

这种以外国僧人为主导的洛阳佛教形态,是与当时佛教传播空间局限于胡人聚落或胡汉杂居社区相应的。《出三藏记集》卷13《支谦传第六》记载:

> 越以大教虽行,而经多胡文,莫有解者。既善华戎之语,乃收集众本,译为汉言。

可以想象,支谦所收集的、"莫有解者"的"胡文"佛经,只能流通在胡人聚落内。所谓"大教虽行",也只是指佛教在胡人聚落内传播。汉魏时国家禁止汉人出家,"唯听西域人得立寺都邑,以奉其神"[1]世代奉佛的胡人长期侨居洛阳,随着与汉人社会交往日深,本身会逐渐汉化,[2]其奉佛风俗亦会侵染周围汉人社区。但从文献材料来看,其影响仍然非常有限。西晋时期洛阳地区的佛教整体上仍然局限在胡人聚落空间内,所谓"至晋永嘉,(洛阳)唯有寺四十二所",[3]大概亦主要分布在胡人聚落内。同时我们也注意到,西晋时期汉僧如朱士行、支孝龙、帛法祖等师承皆不明,也许正是源于胡人聚落空间内的胡僧缘故吧。

西晋国家标榜"以孝治天下"的儒教理念,三大孝子位居"三公",[4]汉人出家为僧,弃家弃国,本身就是反儒教的极端行为,很难被西晋汉族社会舆论环境所接受。故西晋时期汉人信奉佛教者、出家者,应该生活在与胡人聚落邻居或汉、胡杂居社区,才有较多机会接触信奉佛教的胡人生活习俗,了解佛教,这在我们阅读《高僧传》中东汉、魏、西晋三朝僧人传记时可以获得一定程度的印证。比如,朱士行与胡人群体关系密切,其弟子不如檀,应非汉人。[5]朱士行取回佛经的传译者,是居士竺叔兰,亦非汉人。[6]西晋后期,世居敦煌的月氏人竺法

---

〔1〕《高僧传》卷9《晋邺中竺佛图澄传》,中华书局1992年版,第352页。

〔2〕《高僧传》卷4《晋豫章山康僧渊传》:"康僧渊,本西域人,生于长安。貌虽梵人,语实中国。容止详正,志业弘深。诵《放光》、《道行》二波若,即大小品也。晋成之世,与康法畅、支敏度等俱过江。"(中华书局1992年版,第150－151页)

〔3〕[北魏]杨衒之:《洛阳伽蓝记·序》,上海古籍出版社1978年版,第1页。

〔4〕万绳楠整理:《陈寅恪魏晋南北朝史讲演稿》第三篇《清谈误国》,黄山书社1999年版,第52页。

〔5〕《出三藏记集》卷13《朱士行传》,中华书局1995年版,第515－516页。

〔6〕《出三藏记集》卷13《竺叔兰传》,中华书局1995年版,第519－520页。

护曾于洛阳白马寺译经,助手有刘元谋、傅公信、侯彦长、聂道真、折显元等,汉人参与稍多。[1] 但要确定早期僧人周围的汉人信徒圈,证据仍嫌单薄,这应该与汉族国家禁止汉人出家传统有关。我们可以想象,在国家禁止汉人出家的社会环境中,汉人出家要承受很大的舆论压力,难免被时人责问或嘲笑,"正以剪落殊俗耳"。[2] 故至萧齐间某道士所作之《三破论》仍云:

> 道以气为宗,名为得一。寻中原人士,莫不奉道。今中国有奉佛者,必是羌胡之种。若言非耶,何以奉佛?[3]

直到北方民族在中原地区建立政权,特别是以源于西域奉佛诸族的"羯胡"群体为主体的后赵政权允许境内胡汉人民奉佛后,汉人奉佛的境况才出现根本性变化,"中州胡晋,略皆奉佛"。[4] 特别是释道安僧团形成以后,汉人僧团开始主导汉地佛教局面,标志着汉人佛教历史的真正开始。

汉晋时期是儒教文化在汉地国家空间中日益强化的时期。在西晋,儒教在国家空间的影响力达到了历史上的顶峰。士庶等级严明,华夷界限清楚,并在先秦以来传统的抑商、贬商的舆论环境下,侨居汉地的西域商胡群体整体上是被限制在以"市"为中心的商业活动空间内。在国家实施"迁戎"政策前期,西域胡人前来汉地社会内地的整体规模尚小,与汉地汉人士族阶层基本上处于隔绝状态,所以,佛教作为极少数的侨居汉地社会的西域胡人传统礼俗之一,基本上也与汉地社会主流的儒教文化处于隔离状态,其影响力与当时汉地社会主流强大的儒教文化不可同日而语,或者说,根本就不在一个层面。上述情形,在都城洛阳表现得尤为突出。所以,在东汉、魏、西晋时期,佛教基本上存在于都邑胡人聚落空间内。佛教作为奉佛胡人的传统礼俗,表现为以胡僧为中心、以胡人为信仰主体的胡人佛教,汉人奉佛属于个别行为。

---

〔1〕《出三藏记集》卷13《竺法护传》,中华书局1995年版,第518-519页。

〔2〕《高僧传》卷1《魏洛阳昙柯迦罗传》,中华书局1992年版,第13页。

〔3〕《弘明集》卷8 刘勰《灭惑论》,上海古籍出版社1991年版,第52页上栏-中栏。

〔4〕《高僧传》卷9《晋邺中竺佛图澄传》,中华书局1992年版,第346页。

·欧·亚·历·史·文·化·文·库·

6 汉晋时期汉地月氏国、康居国侨居人口之地理分布[1]

西域佛教初传汉地的汉、魏、西晋时期,正值汉族国家处于儒教化的兴盛期,[2]此期汉族编民被禁止出家,[3]侨居汉地的胡人聚落与汉族生活空间尚处于相对隔离状态。有着商业传统的西域胡人流寓到汉地,主要以族人聚居方式生活,一般在都邑"市"的附近,形成胡人聚落。所以,胡人聚落、佛寺和僧人三者之间,大体上应保持着同一族属性质。西域佛教作为西域民族传统习俗,其传播应以西域民族移动为前提。僧人身为神职人员,应首先服务于所从属民族群体的宗教需求,所以,僧人的角色、地位均依附于所从属的民族群体。一般来说,在佛教传播过程中,僧人的行动是以所从属的民族群体移动为条件的,僧人的行动范围也不会远离所从属民族群体侨居的聚落空间。在佛教初传汉地的汉、魏、西晋时期,将僧人从其所从属的胡人群体聚落空间中抽离出来,塑造出僧人在异质的汉族生活空间内传播佛教的传奇形

---

〔1〕余太山先生已将大月氏国与贵霜王朝进行了区分,指出前者统治阶级为大月氏人,后者统治阶级主体为大夏人,同时又认为"不妨将贵霜取代大月支看作大月支国内部的政权交替",因为"东汉以后各朝的中国人依然称之为大月支国"(见余太山:《两汉魏晋南北朝正史西域传要注》四《"后汉书·西域传"要注》注文第234条、第242条,中华书局2005年版,第285、286页)。本文主要引用汉籍材料,为了行文简洁,仍以大月氏国涵盖贵霜王朝。

〔2〕甘怀真:《"制礼"观念的探析》,载氏著《皇权、礼仪与经典诠释:中国古代政治史研究》,华东师范大学出版社2008年版,第59—85页。

〔3〕汉魏时期国家禁止汉人出家材料见《高僧传》卷9《晋邺中竺佛图澄》所收后赵中书著作郎王度奏文:"往汉明感梦,初传其道,唯听西域人得立寺都邑,以奉其神。其汉人皆不得出家。魏承汉制,亦修前轨。"(中华书局1992年版,第352页)西晋时期国家禁止汉人出家材料,见《法苑珠林》卷28引南齐王琰《冥祥记》:"太康(280—289)中,禁晋人作沙门。"(《乾隆大藏经》第126册,第162页上栏)至东晋末年,桓玄《答王谧书》仍云:"曩者晋人,略无奉佛。沙门徒众,皆是诸胡,且王者与之不接。故可任其方俗,不为之检耳。"(《弘明集》卷12,上海古籍出版社1991年版,第82页中栏)

象,是不真实的。造成这种错觉的原因,大概是研究佛教传播历史过程时,人为地割断了佛教传播与民族移动的一体关系,也抹杀了胡僧与胡人信众的本有联系,并过分相信汉族僧人本位的汉人佛教史叙述传统的结果。以往佛学界已习惯于把佛教的传播视为僧人的个体化行为,认为佛教东传汉地是"原子化"僧人陆续来到汉地弘扬宣传的结果。这可能与历史事实特别是汉、魏、西晋时期佛教东传中原社会前期的历史事实,存在着太大差距。

基于上述认识,本章尝试从地缘文化传播的角度,主要收集了史籍中有关汉晋时期最早通过西北交通流寓汉地的奉佛西域国家——月氏国、康居国人口侨居汉地的材料,描述胡人侨居汉地的大致格局,呈现西域佛教东传汉地的大背景,希望能改变长期以来我们对佛教东传过程中胡僧在汉族生活空间中"游魂式"传教的印象,将佛教传播重新放回到民族移动特别是中华国家多民族共存、交流、融合的历史实境中去进行研究和理解。同时,本章自觉地将佛教传播和民族移动连接起来,除了有益于我们重新认识佛教传播的历史,希望也有助于我们透过佛教材料和僧人行踪,辨认民族移动、分布的线索。

本章主要依西域胡人沿西北交通线向汉地移动的方向,以长江流域为南界,同时考虑到西域胡人经商活动主要在城市,故本文即以早期最有代表性的西域胡人——月氏国、康居国人口侨居汉地都城和区域中心城市为线索,考察胡人侨居汉地的大致格局。

6.1　敦煌

汉武帝开西域后,敦煌是西域国家进行朝贡、从事贸易活动从西北陆路出入汉地的首要门户,也是中西贸易的重要中转站。汉地最先接触西域胡人的地方,应该是敦煌,不仅朝贡使者在敦煌频繁出入,"敦煌、酒泉小郡及南道八国,给使者往来人、马、驴、橐驼食,皆苦之",而且西域商胡途径、停留敦煌者亦不少。《三国志》卷 16《仓慈传》记载:

仓慈字孝仁,淮南人也。……太和中,迁敦煌太守。郡在西陲,以丧乱隔绝,旷无太守二十岁,大姓雄张,遂以为俗。……慈到,抑挫权右,抚恤贫羸,甚得其理。……又常日西域杂胡欲来贡献,而诸豪族多逆断绝;既与贸迁,欺诈侮易,多不得分明。胡常怨望,慈皆劳之。欲诣洛者,为封过所,欲从郡还者,官为平取,辄以府见物与共交市,使吏民护送道路,由是民夷翕然,称其德惠。数年卒官,吏民悲感,如丧亲戚,图画其形,思其遗像。及西域诸胡闻慈死,悉共会聚于戊已校尉及长吏治下发哀,或有以刀画面,以明血诚,又为立祠,遥共祠之。

西域胡人侨居敦煌应该很早,《出三藏记》卷13《竺法护传》记载:

竺法护,其先月支人也,世居燉煌郡。年八岁出家,事外国沙门高座为师。……是时晋武帝之世,寺庙图像,虽崇京邑。而方等深经,蕴在西域。护乃慨然发愤,志弘大道,遂随师至西域,游历诸国。外国异言,三十有六,书亦如之。护皆遍学,贯综古训,音义字体,无不备晓。

竺法护为敦煌土生月氏人,"世居燉煌郡",可见敦煌有月氏聚落历史已不短。从其师"竺"姓来看,似乎亦透露出敦煌有天竺聚落存在。上引材料同时还反映了敦煌与西域诸国关系通达。西晋"永嘉之乱"后,中原鼎沸,而边地敦煌尚属安稳,故北凉时尚见有月氏人参与当地译经活动,《出三藏记集》卷7《首楞严后记》记载:

咸和(安)三年(373)岁在癸酉,凉州刺史张天锡在州出此《首楞严经》。于时有月支优婆塞支施仑,手执胡本。支博综众经,于方等三昧特善,其志业大乘学也。出《首楞严》、《须赖》、《上金光首》、《如幻三昧》。时在凉州州内正听堂湛露轩下集。时译者归慈王世子帛延,善晋胡音。延博解群籍,内外兼综。受者常侍西海赵潚、会水令马奕、内侍来恭政,此三人皆是俊德,有心道德。时在坐沙门释慧常、释进行。凉州自属辞,辞旨如本,不加文饰,饰近俗,质近道。文质兼,唯圣有之耳。

6.2　长安

中原地区与月氏国人的接触,可以追溯到西汉王朝为寻求月氏国支持而派遣张骞出使中亚时期。西汉王朝的都城在长安,故张骞出使中亚,也反映了长安地区与月氏国人的接触。月氏国接受汉朝使节,亦见于《汉书》卷96上《西域传》:

> 大夏本无大君长,城邑往往置小长,民弱畏战,故月氏徙来,皆臣畜之,共禀汉使者。

与"大月支同俗"的康居国,于成帝(前32—前7)时遣子入侍,上引书同卷同传记载:

> 至成帝时,康居遣子侍汉,贡献,然自以绝远,独骄嫚,不肯与诸国相望。……汉为其新通,重致远人,终羁縻而未绝。

传文谓康居国与汉朝"新通",大概月氏国向汉朝遣使亦在前后吧。这应该也是《三国志》卷6裴松之注引鱼豢《魏略·西戎传》所记月氏国使者将佛教介绍到汉地的基本背景:

> 昔汉哀帝元寿元年(前2年),博士弟子景卢受大月氏王使伊存口受《浮屠经》。

从材料叙述角度看,既然表明"大月氏王使"和"博士弟子"身份,可见将事件发生地点设定在都城长安是没有问题的。

前引《汉书》卷96上《西域传》又载当时都护郭舜明言,康居国"遣子入侍"的目的,只是欲与汉朝"贾市"而已。[1] 陈汤甚至怀疑康居质子"非王子也"。[2] 由康居国遣使的性质,不难推想到与康居国"同俗"的月氏国遣使性质。由此可以判断,都城长安已有月氏国、康居国商人活动无疑。但当时商人贸易活动仍局限于朝贡框架内,短期的朝贡活动住宿应该安排在蛮夷邸,而汉族中原国家对朝贡人员管理向来很严,所以,在朝贡的框架内,出现胡人聚落的可能性不大。胡人聚落

---

[1]《汉书》卷96上《西域传》,中华书局1962年版,第3893页。

[2]《汉书》卷70《陈汤传》,中华书局1962年版,第3020页。

的主体,应该是"归义蛮夷"人群。秦代立"典客","掌诸归义蛮夷";又立"典属国","别主四方夷狄朝贡、侍子"。前者即指归顺中原国家之"蛮夷"侨民,后者则指与中原国家发生外交关系或臣属中原国家的"四方夷狄"使者和侍子。汉承秦制,亦设置"掌诸归义蛮夷"的"典客",后历经改名,最后与"典属国"归并为大鸿胪。[1]

东汉移都洛阳以后,长安作为"西都"、"西京",仍"仿佛西汉当年",但胡人活动及胡人聚落面貌很不清楚。从桓、灵时期中亚国人"游贾"都城洛阳渐多情况(详后)来看,大概长安可能也差不多。汉末因李傕部众大肆剽掠,长安遂残破不堪,作为"京"、"都"的长安已不复存在。到了西晋初年,长安已是"街里萧条,邑居散逸"。[2] 经西晋"永嘉之乱"后,"城中户不盈百,墙宇颓毁,蒿棘成林",几成废墟,"还不如一般州郡治所"。而当时以长安为中心的整个关中地区基本境况,"关中之人口百余万人,率其少多,戎狄居半"。[3]

通过以上对汉晋间长安变迁的背景性描述,我们再来考察西晋时期的长安胡人聚落及佛教的传播,应该清晰一些。毫无疑问,西晋时期长安已有康居聚落,《高僧传》卷4《晋豫章山康僧渊传》记载:

> 康僧渊,本西域人,生于长安。貌虽梵人,语实中国。容止详正,志业弘深。诵《放光》、《道行》二波若,即大、小品也。晋成(326—342)之世,与康法畅、支敏度等俱过江。

康僧渊是长安"土生胡",从"康"姓看,祖籍应是康居国人。体会"貌虽梵人,语实中国"叙述语气,康僧渊一族侨居长安似已有若干世代。

---

〔1〕《汉书》卷19上《百官公卿表第七上》:"典客,秦官,掌诸归义蛮夷,有丞。……景帝中(元)六年,更名大行令。武帝太初元年,更名大鸿胪。"(中华书局1962年版,第730页)"典属国,秦官,掌蛮夷降者。武帝元狩三年,昆邪王降,复增属国,置都尉、丞、侯、千人。属官,九译令。"(中华书局1962年版,第735页)《后汉书·志第二十五·百官二》:"承秦,有典属国,别主四方夷狄、朝贡侍子。"(中华书局1965年版,第3584页)《汉书》卷10《孝灵帝纪》:"(河平元年,前28)六月,罢典属国,并大鸿胪。"(中华书局1962年版,第309页)同书卷19上《百官公卿表第七上》:"王莽改大鸿胪曰典乐。初置郡国邸,属少府,中属中尉,后属大鸿胪。"(第730页)

〔2〕〔梁〕萧统:《文选》卷10潘岳《西征赋》,中华书局1979年版,第154页下栏。

〔3〕本节关于汉晋间长安城变迁,参考了史念海先生的研究成果,参氏著《河山集》(九集)之《汉代长安城的营建规模》,陕西师范大学出版社2006年版,第544－546页。

在长安活动最著名的僧人是竺法护。据《出三藏记集》卷13本传，"其先月支国人也，世居燉煌郡"，说明竺法护前来长安之前，是生活在敦煌郡月氏国人聚落的"土生胡"。当时的敦煌郡是胡汉杂居的社会，故竺法护得以"博览六经，涉猎百家之言"，有较高的汉文化修养，这也是竺法护能够在佛教传播汉地早期出色地组织佛教典籍汉译工作的重要条件。竺法护至迟于晋武帝太始二年（266）已经到达长安，驻锡于青门内白马寺，《出三藏记集》卷7《须真天子经记》记载：

> 《须真天子经》，太始二年（266）十一月八日，于长安青门内白马寺中，天竺菩萨昙摩罗察（作者按：昙摩罗察即竺法护）口授出之。时传言者安文惠、帛元信。手受者聂承远、张玄泊、孙休达。十二月三十日未时讫。

上引材料中担承"传言者"角色的安文惠、帛元信，都让人容易联想到当时长安诸胡错居、"戎狄居半"的境况。我们说"诸胡错居"，并不是指以个体家庭为单位的诸胡混杂，而是以民族聚落为单位的、诸胡集中的、与汉族居住区相对隔离的社区。当然，我们并不排除诸胡之间、胡汉之间的民众交往，特别是以商业关系为基础的民众交往。如果我们能接受胡人聚落、佛寺和僧人三者之间大体上具有同族性质的假设，那么，根据作为僧人并有着敦煌月氏聚落生活背景的竺法护来到长安这一行踪，就可以推想到长安存在月氏聚落和月氏族人供奉的佛寺。一般来说，竺法护初到长安，会与本族聚落关系更加紧密，我们甚至可以推断，竺法护来到长安最先驻锡的"青门内白马寺"，应与当时月氏聚落的相关度较大，就像后来符秦时期兜佉勒国僧人昙摩难提来到长安受到乡人照应的那样，《出三藏记集》卷9释道安《增一阿含序第九》记载：

> 有外国沙门昙摩难提者，兜佉勒国人也。龆龀出家，孰与广闻，诵二阿含，温故日新。周行诸国，无土不涉。以秦建元二十年（384）来诣长安，外国乡人咸皆善之。

由于侨居汉地的中亚民族基本以商业活动为中心，故商胡聚落与"市"的距离不会太远，《出三藏记集》卷9《渐备经十住胡名并书叙第三》曾记：

> 元康七年（297）十一月二十一日，沙门法护在长安市西寺中，出《渐备经》，手执胡本，译为晋言。护公菩萨人也，寻其余音遗迹，使人仰之弥远。

"市西寺"像是表明佛寺地点的俗称。这种称名方式，在佛教初传汉地早期常见，如洛阳大市寺[1]、建业大市寺[2]等等，可能恰恰与都邑的"市"、佛寺、胡人聚落三者关系紧密状态相适应，而与后世拥有高雅专名的汉族官寺大相径庭。

大概正是佛寺与商胡聚落关系密切的缘故，当时的佛寺往往"资财殷富"，《高僧传》卷4《晋燉煌竺法乘传》记载：

> 护既道被关中，且资财殷富。时长安有甲族欲奉大法，试护道德，伪往告急，求钱二十万。护未答。乘年十三，侍在师侧，即语曰："和上意已相许矣。"客退后，乘曰："观此人神色，非实求钱。将以观和上道德何如耳。"护曰："吾亦以为然。"明日，此客率其一宗百余口，诣护请受戒具，谢求钱之意。于是师资名布遐迩。

此"长安甲族"族属不明，但从"欲奉大法"、为"客"非官的身份以及"告急，求钱二十万"的行为来看，极有可能是常与胡商打交道的汉族商人。由此可以体会到佛教从本族向外族传播的一种可能模式。

事实上，商胡群体一直是佛教传播的背景性存在，《出三藏记集》卷9《渐备经十住胡名并书叙第三》描述了东晋时期长安康居商人康儿等为释道安传递佛经的生动情节：

> 护公出《光赞》，……此同如慧常等凉州来疏，正似凉州出，未详其故。……泰元元年（376）岁在丙子五月二十四日，此经达襄阳。释慧常以酉年（373）因此经寄互市人康儿，展转至长安。长

---

〔1〕《高僧传》卷10《晋洛阳大市寺安慧则传》，中华书局1992年版，第372页。

〔2〕建邺大市寺建造者有两种说法。其一认为是孙权所建，见〔宋〕周应合《景定建康志》卷16《疆域志二》："古市，按《宫苑记》：吴大帝立大市在建初寺前，其寺亦名大市寺。"（南京出版社2009年版，第359页）其二认为是孙皓所建，见《宣验记》："吴主孙皓……即于康僧会受五戒，起大市寺，供养众僧也。"（《鲁迅全集》第8卷《古小说钩沉》，人民文学出版社1981年版，第554－555页）

安安法华遣人送至互市,互市人送达襄阳,付沙门释道安。

这则材料竟传达出当时由凉州、长安、襄阳三地分别存在的商胡聚落构成的商胡网络世界以及通过这个商胡网络世界传播佛教的丰富信息。

　　1979 年,陕西长安县黄梁乡石佛寺村曾出土一尊释迦牟尼青铜佛像,佛像底座有佉卢文铭文,林梅村先生汉译为:

　　　　此佛为智猛所赠[或制作],谨向摩列迦之后裔,弗斯陀迦·慧悦致意。

佉卢文为当时月氏国贵霜王朝的官方文字之一,林先生认为是"长安的月支侨民的遗物","年代大致在公元 4 世纪末"。[1] 此亦为苻秦时期长安存在月氏聚落的物证。

6.3　洛阳

　　东汉移都洛阳以后,洛阳的胡人活动和佛教传播事迹渐显。世传汉明帝梦佛故事流行很广,虽属无稽,但明帝永平年间汉朝与西域复通确是事实。《后汉书》卷88《西域传》记载:

　　　　[永明]十六年(73),明帝乃命将帅,北征匈奴,取伊吾卢地,置宜禾都尉以屯田,遂通西域,于阗诸国皆遣子入侍。西域自绝六十五载,乃复通焉。明年(74),始置都护、戊己校尉。

　　目前所见西域胡人在洛阳活动最早记载为胡女友通期,《后汉书》卷34《梁冀传》记载:

　　　　初,父商献美人友通期于顺帝,通期有微过,帝以归商,商不敢留而出嫁之,冀即遣客盗还通期。会商薨,冀行服,于城西私与之居。寿伺冀出,多从仓头,篡取通期归,截发刮面,笞掠之,欲上书告其事。冀大恐,顿首请于寿母,寿亦不得已而止。冀犹复与私通,生子伯玉,匿不敢出。寿寻知之,使子胤诛灭友氏。冀虑寿害

─────────

〔1〕林梅村:《长安所出佉卢文题记考》,载氏著《西域文明——考古、民族、语言和宗教新论》,东方出版社 1995 年版,第 197－208 页。

·欧·亚·历·史·文·化·文·库·

伯玉,常置复壁中。

马雍先生据《东汉观记》李善注,考证"友通期"为"支通期"之误,认为应是月氏胡女,并指出"梁氏父子与西域交往密切,故有献胡女之举"。[1] 本传还记载梁冀滥杀胡人事:

> 又起菟苑于河南城西,经亘数十里,发属县卒徒,缮修楼观,数年乃成。移檄所在,调发生菟,刻其毛以为识,人有犯者,罪至刑死。尝有西域贾胡,不知禁忌,误杀一菟,转相告言,坐死者十余人。

值得注意的是,桓、灵期间(147—188)中亚胡人投奔汉朝现象突出。《出三藏记》卷13《支谦传》记载:

> 支谦,字恭明,一名越,大月支人也。祖父法度,汉灵帝世,率国人数百归化,拜率善中郎将。

又,《高僧传》卷1《汉洛阳支楼迦谶传》记载:

> 支楼迦谶,亦直云支谶,本月支人。……汉灵帝时,游于洛阳。
>
> 时有天竺沙门竺佛朔,亦以汉灵之时,赍《道行经》,来适洛阳,即转梵为汉。
>
> 时又有优婆塞安玄,安息国人。……亦以汉灵之末,游贾洛阳,以功号曰骑都尉。
>
> 又有沙门支曜、康巨、康孟详等,并以汉灵、献之间,有慧学之誉,驰于京洛。

又,《高僧传》卷7《宋吴虎丘山释昙谛传》记载:

> 释昙谛,姓康,其先康居人。汉灵帝时,移附中国。献帝末乱,移止吴兴。

桓、灵间中亚胡人奔汉归化现象,似与当时塔里木地区局势变化有关,《后汉书》卷88《西域传》记载:

> 自阳嘉以后,朝威稍损,诸国骄放,转相陵伐。元嘉二年

---

〔1〕马雍:《东汉后期中亚人来华考》,载《新疆大学学报》(哲学社会科学版),1984年第2期。

（152），长史王敬为于阗所没。永兴元年（153），车师后王复反攻屯营。虽有降首，曾莫惩革，自此浸以疏慢矣。

随着桓、灵以来中亚胡人归化定居稍多，都城洛阳已经出现了月氏国人聚落，并随着在汉地生活日久和子孙繁衍，月氏人的汉化倾向会逐渐加强，于是出现月氏族人将所信奉的佛教典籍翻译成汉语，以满足汉化的月氏子弟，后来也应该包括与月氏人有所交往并乐意接受月氏文化影响的汉人需求。《出三藏记》卷13《支谦传》记载：

> 支谦，字恭明，一名越，大月支人也。祖父法度，以汉灵帝（168—189）世，率国人数百归化，拜率善中郎将。……十岁学书，同时学者皆伏其聪敏。十三学胡书，备通六国语。初，桓、灵世，支谶译出法典。有支亮纪明资学于谶，谦又受业于亮。博览经籍，莫不究练。世间艺术，多所综习。其为人细长黑瘦，眼多白而精黄。时人为之语，曰："支郎眼中黄，形体虽细是智囊。"其本奉大法，精练经旨。

同书同卷《支谶传》附记之"沙门竺朔佛者，天竺人也。汉桓帝（147—167）时，亦赍《道行经》，来适洛阳，即转胡为汉"，说明洛阳应该亦有天竺民族侨居聚落背景。竺朔佛于灵帝光和二年（179），和支谶合作翻译《般舟三昧经》，说明洛阳的中亚侨居民族聚落之间亦有所交往。参与《般舟三昧经》翻译工作的还有洛阳人孟福、张莲，承担"笔受"角色，应该是支谶或竺朔佛邀请的具有一定书面表达能力的汉族文人，也应该是与支谶或竺朔佛有所交往并对胡人文化有好感的汉人。从社会学角度来看，汉字形态佛教典籍的出现，是与侨居汉地的胡人群体汉化事实相关联；而汉字形态佛教典籍数量的不断累积，则与汉化胡人群体的规模以及胡人文化向周边汉族人群渗透的范围日渐扩大相对应。《支谶传》还记载了译出《成具光明经》的支曜，应该也是月氏国人，把他视为月氏聚落族人，大概不会太离谱吧。

东汉末，太师董卓"多拥胡兵"，其中亦有月氏人。《后汉书》卷102《董卓传》李贤注引《献帝纪》记：

> ［牛］辅帐下支胡赤儿等，素待之过。急，尽以家宝与之；自带

·欧·亚·历·史·文·化·文·库·

二十余饼金、大白珠。胡谓辅曰："城北已有马,可去也。"以绳系辅腰,逾城悬下之,未及地丈许,放之,辅伤腰不能行。诸胡共取其金并珠,斩首诣长安。

20世纪20年代,洛阳曾出土东汉灵、献时期的佉卢文题记石井栏。据林梅村重新解读,内容为:

> 唯……年……第十[五]15[日],此寺院……顺祝四方僧团所有(僧)人皆受敬重。

林先生认为此佉卢文题记石井栏所在的佛寺,"和贵霜人在洛阳活动有关","年代下限当不迟于公元190年[1](即董卓部兵火焚洛阳之年)"。刻有佉卢文题记石井栏所在的佛寺,应该也处于月氏聚落空间内。

西晋时"月支菩萨"竺法护又从长安来到洛阳,应该也有当地月氏聚落同族信徒的依托。《出三藏记》卷7《魔逆经记》记载:

> 太康十年(289)十二月二日,月支菩萨法护手执梵书,口宣晋言,聂道真笔受,于洛阳城西白马寺中始出。折显元写,使功德流布,一切蒙福度脱。

洛阳城西白马寺一带,为东汉以来胡人特别是商胡传统的活动空间,胡人聚落比较密集,故佛寺分布亦多。[2] 我们可以推想,竺法护在洛阳的活动空间,大致不会离本族生活空间太远,也就是说,我们根据竺法护的行踪,推定西晋时期洛阳存在月氏聚落是合理的,我们甚至有理由猜测洛阳城西白马寺可能为东汉以来月氏聚落民众供奉的佛寺。

在汉族国家倡导以儒教教化社会的汉、魏、西晋时期,佛教的传播空间大致上只限于胡人聚落和与胡人有所交往并沾染了胡人文化的汉族人群,这是一个胡人汉化、汉人胡化的交融空间,也是胡僧主导佛教典籍汉译工作的最主要空间,于是也成了早期汉地佛教传播的主要

---

[1]林梅村:《洛阳所出佉卢文井栏题记——兼论东汉洛阳的僧团与佛寺》,载《中国历史博物馆馆刊》1989年第13-14期,第240-249页。

[2]请参见本书第5章《都邑的"市"、胡人聚落与佛教——以东汉、魏、西晋时期都城洛阳为实例》。又可见叶德荣:《都邑的"市"、胡人聚落与佛教》,载《世界宗教研究》2010年第6期,第35-47页。

发源空间。大概正是佛教典籍汉译工作需要掌握汉语书面表达能力的汉人参与,才产生了最早一批同情佛教的汉族知识人、汉族知识居士乃至汉族知识僧人。汉族知识僧人如朱士行、支孝龙、竺法深等;至于同情佛教的汉族知识人和汉族知识居士,见于《出三藏记集》、《高僧传》相关记载,内容尚有不少,还需要进一步辨别,恐赘不述。以竺法护为中心的洛阳汉译佛教典籍的胡人和汉人,应与洛阳的月氏聚落及其佛寺存在着联系。西晋末年,洛阳还有名为支法渊者,知名于名士圈子,"以才华著称",亦为支孝龙、竺法深之同类,应该也是汉族知识僧人。从其"支"姓来看,应该也与月氏僧人一脉和月氏聚落及其佛寺有关。

汉晋间都城洛阳除了上述月氏人聚落外,也有康居人聚落存在,《高僧传》卷1《汉洛阳支楼迦谶传》:

> 又有沙门支曜、康巨、康孟详等,并以汉灵、献之间,有慧学之誉,驰于京洛。曜译《成具定意》、《小本起》等,巨译《问地狱事经》,并言直理旨,不加润饰。孟详译《中本起》及《修行本起》。先是沙门昙果,于迦维罗卫国得梵本,孟详共竺大力译为汉文。

曹魏时有康僧铠,应该是康居僧。《高僧传》卷1《魏洛阳昙柯迦罗传》记载:

> 时又有外国沙门康僧铠者,亦以嘉平(249—254)之末,来至洛阳,译出《郁伽长者》等四部经。

西晋时有康那律,《出三藏记集》卷8《正法华经后记》记载:

> 永熙元年(290)八月二十八日,比丘康那律于洛阳写《正法华品》竟。时与清戒界节优婆塞张季博、董景玄、刘长武、长文等,手执经本,诣白马容对,与法护口校古训,讲出深义。以九月本斋十四日,于东牛寺中施檀大会,讲诵此经,竟日尽夜,无不咸欢。重已校定。

从当时以康那律主导写经并设斋讲经的环境看,东牛寺极有可能是洛阳康居聚落民众供奉的佛寺。

《洛阳伽蓝记》曾描述北魏迁洛后西域商胡汇聚洛阳之盛况:

自葱岭已西,至于大秦,百国千城,莫不欢附,商胡贩客,日奔塞下,所谓尽天地之区已。乐中国土风,因而宅者,不可胜数。是以附化之民,万有余家。门巷修整,阊阖填列,青槐荫陌,绿树垂庭,天下难得之货,咸悉在焉。[1]

北魏迁洛后西域商胡"欢附"洛阳的兴盛局面,是在前朝都城长期积淀的基础上形成的。况且北魏迁洛后重建洛阳不过 30 年,我们据此不难想象汉、魏、西晋时期西域商胡"欢附"洛阳之情状。

6.4 邺城

邺城所在的河北地区,为中华文明主要发祥地,殷商旧都,也是曹魏都城之一,自古以来,经济文化发达,汉代已有商胡身影。20 世纪初,斯坦因曾在玉门关、楼兰等遗址出土一些丝织品,其中有一件丝绸条带上写有汉文:

任城国亢父绸一匹,幅广二尺二寸,长四丈,重二十五两,值钱六百一十八。[2]

任城国封于东汉章帝元和元年(84),在今山东省济宁市,是当时很重要的丝绸产地之一。亢父是任城国属县,距离邺城不远,说明这一带已有商胡来往。

西晋时期,西域商胡在邺城地区活动是很频繁的,1907 年在敦煌出土的康居商人在粟特文的古信札里,明确提到了邺城,同时还提到邺城不远的黎阳有"一百多来自萨马尔罕的粟特贵族":

据传闻当朝天子因饥荒而逃离洛阳。其坚固的宫殿和城郭遭大火焚烧,宫殿烧毁,城池荒废。洛阳破坏殆尽,邺城亦不复存在。……有一百多来自萨马尔罕的粟特贵族现居黎阳,他们远离

---

〔1〕《洛阳伽蓝记》卷 3《城南》,上海古籍出版社 1978 年版,第 161 页。
〔2〕转引自荣新江:《华戎交汇——敦煌民族与中西交通》,甘肃教育出版社 2008 年版,第 33－34 页。

家乡孤独在外。[1]

这封信生动地描述了西晋"永嘉之乱"对侨居汉地的商业活动的严重影响。除了西域商胡的活动以外，具有西域奉佛族群背景的"羯胡"群体随匈奴入塞，南迁至河北定州上党地区，亦值得我们注意，其中石勒所在部族最为知名。《晋书》卷104《石勒载记上》记载：

> 石勒字世龙，初名匐，上党武乡羯人也。其先匈奴别部羌渠之胄。祖耶奕于，父周曷珠，一名乞翼加，并为部落小率。勒……长而壮健，有胆力，雄武好骑射。曷珠性凶粗，不为群胡所附，每使勒代己督摄，部胡爱信之。

经陈寅恪先生等考订，上党武乡羯人石氏的族源存在着西域背景，与中亚石国关系密切。[2] 唐长孺先生还揭示出"羯胡"群体中石氏、支氏、粟特康氏、帛氏以及爨氏、曹氏等西域诸姓。[3] 上引书卷105《石勒载记下》记石勒上党武乡邻居姓李，既然石勒父祖世代为部落头领，那么，作为部落成员的李姓邻居也应该是月氏羯人。当时胡人改汉姓很普遍，李姓邻居很可能也是改姓的结果。

陈寅恪先生论魏、晋、南北朝史时，特别强调"徙戎"问题，认为"人口的徙动，为魏、晋、南北朝三百年来之大事"。[4] 其中月氏羯人的移动规模非常可观，在石氏统治期间，聚集到都城邺城的月氏羯人至少达到了20多万。《晋书》卷107《石季龙载记下》记载：

> 闵知胡之不为己用也，班令内外赵人，斩一胡首送凤阳门者，文官进位三等，武职悉拜牙门。一日之中，斩首数万。闵躬率赵人诛诸胡羯，无贵贱男女少长皆斩之，死者二十余万，尸诸城外，悉为野犬豺狼所食。屯据四方者，所在承闵书诛之，于时高鼻多须至有滥死者半。

后赵政权是月氏羯人为主导的政权。大概正是因为石勒所在部族世

---

〔1〕王素，李方：《魏晋南北朝敦煌文献编年》，新文丰出版公司1997年版，72－73页。

〔2〕万绳楠：《陈寅恪魏晋南北朝史讲演录》，黄山书社1987年版，第85－87页。

〔3〕唐长孺：《魏晋杂胡考》，载氏著《魏晋南北朝史论丛》，中华书局2009年版，第400－413页。

〔4〕万绳楠：《陈寅恪魏晋南北朝史讲演录》，黄山书社1987年版，第77－78页。

代为匈奴别部,所以才有机会取代匈奴族人建立的前赵政权。后赵政权不是石勒个人奋斗的结果,而是月氏羯人集体努力的结果。

十六国前期中原地区分布着如此规模的月氏羯人,让我们联想到佛教在西晋王朝崩溃后在中原地区迅速传播的背景。《高僧传》卷9《晋邺中竺佛图澄传》记石勒部将郭黑略信奉佛教情况:

> 时石勒屯兵葛陂,专以杀戮为威,沙门遇害者甚众。澄悯念苍生,欲以道化勒,于是杖策到军门。勒大将军郭黑略素奉法,澄即投止略家。略从受五戒,崇弟子之礼。

郭黑略是石勒部下"十八骑"之一,一直追随石勒,其民族属性应与石勒的种族不会离得太远。西晋时期匈奴属部社会组织仍"以部落为类","不相杂错",[1]石氏月氏羯人亦不例外。如果郭黑略部属亦保持着部落制,那么,作为"大将军"郭黑略部众的主体也应该是同一族属,并奉行同一习俗。既然郭黑略"素奉法",其相同族属的部众亦应"素奉法",由此我们就可以透视到当时中原地区佛教传播的民族基础。事实上,材料中早已明示,当时河北地区存在着"遇害者甚众"之"沙门",说明在竺佛图澄教化之前,佛教已经在中原地区的胡人中间广泛传播,只是还没有达到"中州胡晋,略皆奉佛"的程度而已。

6.5 襄阳

襄阳是北上关中洛阳、关右长安、南下江陵、江左建业、岭南交广的南北孔道,也是古代商业都会。西晋后期天竺僧人耆域自海路,从交广入境,北上洛阳,即经过襄阳,所循应是古老商路。《高僧传》卷9《晋洛阳耆域传》曾记载:

> 耆域者,天竺人也。周流华戎,靡有常所。……自发天竺,至

---

[1]《晋书》卷97《四夷传》:"北狄以部落为类,其入居塞者有屠各种、鲜支种、寇头种、乌谭种、赤勒种、捍蛭种、黑狼种、赤沙种、郁鞞种、萎莎种、秃童种、勃蔑种、羌渠种、贺赖种、钟跂种、大楼种、雍屈种、真树种、力羯种,凡十九种,皆有部落,不相杂错。"(中华书局1974年版,第2549 – 2550页)疑"力羯种"即为羯人石氏所在种族部落。

于扶南,经诸海滨,爰及交广,并有灵异。既达襄阳,欲寄载过江,船人见梵沙门,衣服弊陋,轻而不载。船达北岸,域亦已度。

东晋时期最引人注目的是释道安在襄阳的活动,《出三藏记集》卷9《渐备经十住胡名并书叙第三》对东晋时期商胡人群为僧人传递佛经有生动的描述:

> 泰元元年(376)岁在丙子五月二十四日,此经(指竺法护所译《光赞》)达襄阳。释慧常(从凉州)以酉年(373)因此经寄互市人康儿,展转至长安。长安安法华遣人送至互市,互市人送达襄阳,付沙门释道安。

如此长距离跋涉的"互市人",如果判定为商胡成立,那么,襄阳存在胡人聚落的可能性就很大,并且释道安与他们关系不一般。《高僧传》卷5《晋长安五级寺释道安传》记载:

> 既达襄阳,复宣佛法。……安以白马寺狭,乃更立寺名曰檀溪,即清河张殷宅也。大富长者并加赞助,建塔五层,起房四百。

这"大富长者"会不会是与释道安有交往的富裕商胡呢? 遗憾的是,我们从现有的材料还看不出与释道安交往的商胡族属。

5 世纪初,有一支庞大的康居族人移居襄阳,国家还专门为其设置了侨属行政县。《梁书》卷18《康绚传》记载:

> 康绚,字长明,华山蓝田人也。其先出自康居。初,汉置都护,尽臣西域。康居亦遣侍子,待诏于河西,因留为黔首,其后即以康为姓。晋时陇右乱,康氏迁于蓝田。绚曾祖因为苻坚太子詹事,生穆,穆为姚苌河南尹。宋永初中,穆举乡族三千余家,入襄阳之岘南。宋为置华山郡蓝田县,寄居于襄阳。

6、7 世纪之交,有一位在襄阳土生的康居裔僧人,疑出自康绚同族。《续高僧传》卷28《隋京师静法寺释智嶷传》亦记载:

> 释智嶷,姓康,本康居王胤也。国难东归,魏封于襄阳。因累居之,十余世矣。七岁初学,寻文究竟,无师自悟,敬重佛宗。虽昼权俗缘,令依学侣,而夜私诵法华,竟文纯熟,二亲初不知也。……唐初卒也,七十余矣。

·欧·亚·历·史·文·化·文·库·

6.6　益州

　　益州是西南大都会,沿江东达江陵、建康,北上秦州西北趋西域、东出长安,西南曲折通天竺,自古为中西贸易枢纽之一。

　　在梁代,益州地区有一支康居商队颇具规模。《续高僧传》卷 34《隋蜀都灌口山竹林寺释道仙传》记载:

> 　　释道仙,一名僧仙,本康居国人。以游贾为业,往来吴蜀,江海上下,集积珠宝。故其所获赀货,乃满两船。时或计者云:"直钱数十万贯。"既瑰宝填委,贪附弥深,惟恨不多。取验吞海,行贾达于梓州新城郡牛头山。值僧达禅师说法曰:"生死长久,无爱不离。自身尚尔,况复财物。"仙初闻之欣勇,内发深思惟,曰:"吾在生多贪,志慕积聚。向闻正法,此说极乎。若失若离,要必当尔。不如沈宝江中,出家离着。索然无扰,岂不乐哉。"即沈一船深江之中,又欲更沈,众共止之,令修福业。仙曰:"终为纷扰,劳苦自他。"即又沈之。便辞妻子,……投灌口山竹林寺而出家焉。……以天监十六年,至青溪山,有终焉志也。

大概正因为益州已有康居国人侨居经商,故齐、梁间有康居僧从西域循商路来到益州,上引书卷 30《梁蜀都沙门释明达传》记载:

> 　　释明达,姓康氏,其先康居人也。童稚出家,严持斋素。……广济为怀,游行在务。以梁天监初,来自西戎,至于益都。……行至梓州牛头山,欲构浮图及精舍。……以天监十五年,随始兴王还荆州。冬十二月,终于江陵,春秋五十有五。

综合民族、年代、地点三者共同因素,释明达应该就是释道仙出家前在经商途中所遇到的"僧达禅师",在此我们也真切地看到了康居僧人与同族信众群体之间的信仰关系。如果我们推断释明达"欲构浮图及精舍"之梓州牛头山存在康居聚落,当亦不致有大误。

6.7　建业

　　东汉末年,中原发生战乱,民众南奔避乱当不在少数,其中亦见胡

人奔吴者,如上文提到的洛阳土生贵霜月氏人支谦。《出三藏记集》卷13《支谦传》记载:

> 献帝之末,汉室大乱,与乡人数十,共奔于吴。……越以大教虽行,而经多胡文,莫有解者。既善华戎之语,乃收集众本,译为汉言。从黄武元年至建兴中,所出《维摩诘》、《大般泥洹》、《法句》、《瑞应本起》等二十七经,曲得圣义,辞旨文雅。后隐于穹隘山,从竺法兰道人,更练五戒,凡所游从,皆沙门而已。

支谦"率乡人数十",当同族聚居而成月氏聚落。

东吴时期亦见交州土生康居僧来建业,《出三藏记集》卷13《康僧会传》记载:

> 康僧会,其先康居人,世居天竺。其父因商贾,移于交趾。会年十余岁,二亲并亡,以至性闻。既而出家,砺行甚峻。为人弘雅有识量,笃志好学,明练三藏,博览六典,天文图纬,多所贯涉。辩于枢机,颇属文翰。时孙权称制江左,而未有佛教。会欲运流大法,乃振锡东游,以赤乌十年(247)至建业,营立茅茨,设像行道。……权大嗟服,即为建塔,以始有佛寺,故曰建初寺,因名其地为"佛陀里"。由是江左,大法遂兴。

可见交趾地区存在着商胡聚落。考虑到康僧会出身商胡家庭,故其游历东吴都城建业,应有商胡聚落存在之背景。孙权为康僧会所建的"初建寺",又名"大市寺",宋周应合《景定建康志》卷16《疆域志二》引《宫苑记》记载:

> 吴大帝立大市,在建初寺前,其寺亦名大市寺。

而初建寺所在的坊里,又称为"佛陀里"。这种有市场、有佛寺又有胡僧的生活空间,我们有理由判定其为康居聚落。僧传和僧史中关于胡僧孤身一人来到汉地社会"运流大法"的传奇式叙述,是极为可疑的。因为在异质的社会环境里,语言不通,是无法有所作为的,所以,将来华胡僧重新放回到胡人聚落空间里进行观察和叙述,应该是合乎理性原则的。

近年江浙一带出土不少东吴、西晋时期的越窑魂瓶、魂罐以及图像砖，[1]其中不乏胡人造像，胡人文化色彩强烈，佛教因素明显，是佛教传播江东地区的重要物证，也是胡人在江东地区活动的反映，有待进行系统的梳理和研究。

诚如田余庆先生所说，南渡之东晋王朝门阀政治是皇权政治的变态。[2] 不仅皇权依附于门阀士族，甚至连从北方流落到江南的僧人，也不得不依附于门阀士族。僧人可以不敬王、不属籍，却大多沦落为门阀士族集团的荫客。[3] 最为典型的是东晋名士圈内大红大紫的支遁，尽管常常是王、谢高门的上客。《高僧传》本传谓支遁为中原南奔士族子弟，但其师承不明。僧传记载东晋时期曾在都城建业活动的支姓僧人还有支法乾[4]、尼支妙音[5]等，似皆为汉人。这些可能是汉人的支姓僧尼与月氏僧人或月氏聚落到底存在着什么样的联系，现在已不清楚。

《高僧传》卷13《晋京师建初寺支昙籥传》记载：

> 支昙籥，本月支人，寓居建业。少出家，清苦蔬食，憩吴虎丘山。晋孝武初（373＋），敕请出都，止建初寺。孝武从受五戒，敬以师礼。

又，《高僧传》卷13《齐乌衣寺释昙迁传》亦载有：

> 释昙迁，姓支，本月支人，寓居建康。笃好玄儒，游心佛义，善谈庄老，并注《十地》。又工正书，常布施题经。巧于转读，有无穷声韵，梵制新奇，特拔终古。彭城王义康、范晔、王昙首，并皆游狎。迁初止祇洹寺，后移乌依寺。……齐建元四年（482）卒，年九十九。

---

〔1〕目前对东吴、西晋时期越窑魂瓶、魂罐以及图像砖材料的收集相对集中的著述，见〔韩〕李正晓：《中国早期佛教造像研究》第4章《汉晋时期的佛像》，文物出版社2005年版，第55－86页。

〔2〕田余庆：《东晋门阀政治》，北京大学出版社2005年版，第296页。

〔3〕请参见本书第9章《东晋时期佛教在名士家族空间之表现——以琅邪王氏家族为实例》。

〔4〕《名僧传抄》"晋瓦官寺支法乾"，金陵刻经处1937年版，第12页。

〔5〕《比丘尼传》卷1《简静寺支妙音尼传》，中华书局2006年版，第35－36页。

释昙迁"笃好玄儒","又工正书",为土生胡无疑。推算其生年,当在东晋太元中,与支昙籥生活年代相及,可见东晋以来,都城建业存在月氏聚落是肯定的。僧传还记载东晋时期建业有康居聚落,不知与东吴时期康僧会所在的康居聚落有无渊源关系?《高僧传》卷13《晋京师祇洹寺释法平传》记载:

> 释法平,姓康,康居人,寓居建业。与弟法等,俱出家,止白马寺,为昙籥弟子,共传师业。

康居侨民释法平兄弟师从同是侨民身份的月氏僧人支昙籥出家现象,值得我们注意,除了同类相从意味之外,似乎还透露了都城建业的胡人聚落还具有一定规模,并且不同族属之间有相互往来的消息。

《出三藏记集》卷14《求那毗地传》记载:

> 求那毗地,中天竺人也。……建元(479—482)初,来至京师,止毗耶离寺。……毗地为人弘厚,有识度,善于接诱,勤躬行道,夙夜匪懈。是以外国僧众,万里归集。南海商人,悉共宗事。供赠往来,岁时不绝。性颇蓄积,富于财宝,然营建法事,已无私焉。于建业淮侧,造止观寺,重阁层门,殿房整饰,养徒施化,德业甚着。以中兴二年(502)冬,卒。

求那毗地利用"南海商人"的"供献",在建康兴建正观寺,不仅表明了建康侨居着不少南海商胡,并且也反映出胡僧与胡人信众的联系。

在本章结束之前,我们再引用一则材料,以加强我们对西域民族侨居汉地的全局性观感。这则珍贵的材料,出自1907年在敦煌出土的粟特文古信札,其中2号信是一个名叫纳奈凡达克的商人写给撒马尔罕总部上司的,汇报其在东方经营的状况,他生动地描述了西晋"永嘉之乱"对侨居汉地的康居商人商业活动之重大影响,现摘录如下:

> 爵爷,安玛塔萨其在酒泉一切顺利;安萨其在姑藏也好。但是爵爷,自从一粟特人从内地来此,已有三年。不久,我为古坦萨其准备行装,他一切都好。后来他去了淮阳,现无人从他处来。我告诉您这些去内地的粟特人之状况如何以及他们到达过哪些地方。
>
> 爵爷,据传闻当朝天子因饥荒而逃离洛阳。其坚固的宫殿和

城郭遭大火焚烧,宫殿烧毁,城池荒废。洛阳破坏殆尽,邺城亦不复存在。传闻后来匈奴人至此地,与汉人联合;后又攻占长安而治之,统治之地达及南阳与邺城。这些匈奴人不久以前还臣服于天子呢!爵爷,我们不知道是否其他汉人能够将匈奴人逐出长安,逐出中国。也不知道匈奴人是否能够从汉人那里争取更多的土地。

言归正传,有一百多来自萨马尔罕的粟特贵族现居黎阳,他们远离家乡孤独在外。在□城有四十二人。您将会得到好处。但是,爵爷,自从我们失去了来自内地的支持和帮助,已经过去了三年。在这种情况下,我们从敦煌前往金城去销售大麻纺织品和毛毡。携带金钱和米酒的人在任何地方都不会受阻。当时我们卖掉了四件纺织品和毛毡,就我们而言,爵爷,我们希望金城到敦煌间的商业信誉尽可能长期地得到维持,否则我们会寸步难行,我们将老而垂死。

爵爷,我们希望金城到敦煌间的商业信誉尽可能长期地得到维持,否则我们会寸步难行,我们将老而垂死。关于我们的一切,我还未把真情写(给爵爷),但是,爵爷,关于中国发生的事件,我若尽书其事,那会令人作呕,令人烦恼,您从中也得不到任何好处。

爵爷,自从我派萨克拉克和法尔纳扎德去内地,已经过去了八年,得到他们的音讯,也是三年以前的事。他们干得很起劲。自从最后的灾难降临后,他们的情况如何,我再也无从知道。自从我派出一个名叫安提胡凡达克的人,已经过去四年。因为商队从姑藏起程,所以他们在第六个月才到达洛阳。那里的印度人和粟特人后来都破了产,并且全死于饥饿。我又派纳光去敦煌。后来他又出走,不久返回,现在他又离去,他向我告别过。他负债累累,但不久在蓟城被杀,行李也被抢掠一空[1]

更为重要的是,这封信札同时还为我们凸现了包括敦煌、酒泉、姑藏、金城、长安、洛阳、邺城、黎阳、淮阳、蓟城、南阳等 11 个中国境内最重要的

---

[1]王素,李方:《魏晋南北朝敦煌文献编年》,新丰文出版公司 1997 年版,第 72–73 页。

古代城市所构成的庞大商业网络。而信奉佛教的西域民族在汉地编织的庞大商业网络,正是汉晋间西域佛教出现在汉地社会最重要的背景之一。

7 汉晋时期汉地"阿育王像"、 "阿育王塔"遗迹之地理分布

现代中国人在面对外国人时,存在着一个有趣的现象:中国普通民众对与自己形态差别较大的外国人非常敏感,不管是白人还是黑人,统统称之为"老外"。这固然是中国普通民众对于外国事物阅历有限使然。在中国历史上,普通民众在面对外国事物时,也存在着类似现象。他们将来自西域的外国人统称为"胡人",将奉佛胡人带来的外国样式的佛像统称为"阿育王像",将胡人修建的外国样式的佛塔统称为"阿育王塔"。"阿育王像"和"阿育王塔"涉及中国汉传佛教史"第一段落"胡人佛教的历史。目前,学术界从侨居胡人聚落角度思考佛教初传中原汉地史事的文章非常少见,[1]本文即从佛教遗物的角度,考察汉晋间"阿育王像"、"阿育王塔"的地理分布,对该时期侨居汉地胡人聚落佛教的历史面貌,作初步的勾勒。

我们知道,在佛教初传汉地的汉、三国、西晋时期,正值儒教获得主导国家意识形态地位的时期,国家一直禁止汉族编民出家,所以,当时的佛教形态整体上表现为以胡僧为主导、以胡人信徒为主体的胡人聚落佛教。汉人奉佛极为少见,属于个体化行为,[2]一般来说是附庸于胡人佛教,并且承受汉族主流社会舆论的压力,与东晋以后佛教渐被汉族社会普遍接受大环境下的汉族信众社会化奉佛行为有很大不同。所以,本文所撷取"阿育王像"、"阿育王塔"材料,尽量限于能大致确定为汉族国家禁止汉人出家的汉、三国、西晋时期。这样能基本保证所使

---

〔1〕目前仅见罗世平:《汉地早期佛像与胡人流寓地》,载《艺术史研究》1999 年第 1 辑。

〔2〕汉人奉佛的社会化行为,可以直接通过汉族国家对出家编民进行户籍管理的政策来观察。晋室南渡后,国家在兴宁二年(364)实行"土断",同时亦要求境内僧人属籍,虽然遭到了僧人拒绝,但国家认为有必要对汉族僧人进行名籍管理,说明东晋境内汉族僧人存在已经成为社会化问题。期间北方后赵石氏崇佛,汉人出家已多;至后秦时期,国家已在制度层面形成了僧籍制度,这些都可以视为汉人奉佛的社会化表征。

用的材料为侨居汉地奉佛胡人的遗物,保证由此呈现汉地存在胡人佛教事实的可靠性。

同时我们还意识到,由于本文所使用的核心材料主要来自于成书于南朝境内的梁释慧皎《高僧传》,故材料明显地呈现出区域性的特点,主要分布在长江流域和东南沿海区域,应与东汉顺帝间西北陆路交通断绝后,西域诸国朝贡、贸易开始转道南海的大背景有关。为了读者阅读直观起见,本文在叙述上,亦遵循海道交通线中国境内段大致上从南到北的次序,即印度佛教通过海道向中国境内缘海传播的方向,以州、郡为单位(相关州、郡的名称和行政区划,以西晋时期为准),[1]并将胡人佛教遗物置于海道交通背景下加以呈现。[2]

7.1 汉晋间海道交通、奉佛胡人聚落及其遗物

众所周知,西汉武帝时代不仅在西北开辟了与西域的陆路交通,

---

〔1〕主要参考资料:谭其骧主编《中国历史地图集》(第三册,三国、西晋时期)、(第四册,东晋十六国、南北朝时期),中国地图出版社1982年版。

〔2〕本文绝无意于近年聚讼的佛教从海道初传汉地这一说法(各家说法可参见荣新江:《海路还是陆路——佛教传入汉代中国的途径和流行区域研究评述》,载氏著《中古史研究十论》,复旦大学出版社2005年版,第15-43页),因为北方地区也有"阿育王塔"遗迹存在。梁释僧佑《弘明集》卷2宋宗炳《明佛论》:"道人澄公仁圣,于石勒、虎之世,谓虎曰:临淄城中,有古阿育王寺处,犹有形像、承露盘,在深林巨树之下,入地二十丈。虎使者依图搜求,皆如言得。近姚略叔父为晋王,于河东蒲阪古老所谓阿育王寺处,见有光明,凿求得佛遗骨于石函银匣之中,光曜殊常,随略迎睹于霸上,比丘今见在新寺。由此观之,有佛事于齐晋之地久矣哉。"(上海古籍出版社1991年版,第13页上栏-中栏)梁释慧皎《高僧传》卷9《晋邺中竺佛图澄传》亦提到临淄"阿育王塔"。(中华书局1992年版,第351-352页)又,《魏书》卷114《释老志》谓"今洛阳、彭城、姑臧、临淄皆有阿育王寺,盖成其遗迹焉",则列出北方地区四处"阿育王塔"遗存。(中华书局1974年版,第3028页)这些皆说明汉晋时期北方城市已有胡人聚落佛教存在。而本文的意图只限于揭示海道交通背景下胡人佛教存在的事实。

129

同时也在南方开辟了与西域的海道交通，[1]两者的意义是同等的。由于东汉末年北方中西交通隔绝，南方海道交通遂变得重要起来。《后汉书》卷88《西域传》记载：

> 和帝（89—105）时，数遣使贡献。后西域反畔，乃绝。至桓帝延熹二年（159）、四年（161），频从日南徼外来献。

"西域反畔"指东汉顺帝后中原王朝对中亚、塔里木地区逐渐失控的局面，故上引书同卷同传又记：

> 自阳嘉以后，朝威稍损，诸国骄放，转相陵伐。元嘉二年（152），长史王敬为于阗所没。永兴元年（153），车师后王复反攻屯营。虽有降首，曾莫惩革，自此浸以疏慢矣。

西北陆路绝没后，中西交通转而南循海道，于是位于南方的海道地位遂凸显了出来。所以，桓帝延熹二年（159）天竺国从海道"朝贡"汉朝事件很重要，标志着南方海道从此成为中西交通的新干道。从此以后，西域与汉地通过海道交通的数量和规模都有明显增加，西域胡人来到汉地的活动也更加频繁。

以天竺国为代表的西域方面，与东南亚半岛的交通，亦有了很大的发展。大约从3世纪开始，东南亚半岛南端地区出现"天竺化"。[2]其中位于今马来西亚地区的顿逊国，尤其值得我们关注。《梁书》卷54《诸夷传》"扶南国"记载：

> 其南界三千余里有顿逊国，在海崎上，地方千里，城去海十里。有五王，并羁属扶南。顿逊之东界通交州，其西界接天竺、安息徼外诸国，往还交市。……其市，东西交会，日有万余人，珍物宝货，

---

〔1〕秦汉以来，汉地境内东南沿海和南海的缘海水路为传统交通线，如《后汉书》卷37《桓荣传》："初平（190—193）中，天下乱，（桓严）避地会稽，遂浮海客交趾，越人化其节，至闾里不争讼。"（中华书局1965年版，第1260页）又如《三国志》卷48《三嗣主传》："建衡元年（269），……十一月，左丞相陆凯卒。遣监军虞汜、威南将军薛珝、苍梧太守陶璜由荆州，监军李勖、督军徐存从建安海道，皆就合浦击交阯。"（中华书局1982年版，第1167页）这方面材料史籍记录尚多，恐赘不多引。

〔2〕《梁书》卷54《诸夷传》"扶南国"："穆帝升平元年（357），王竺旃檀奉表献驯象。……其后王憍陈如，本天竺婆罗门也。有神语曰应王扶南，憍陈如心悦，南至盘盘，扶南人闻之，举国欣戴，迎而立焉。复改制度，用天竺法。"（中华书局1973年版，第789页）

无所不有。

顿逊国是中西交通最重要的中间站之一,商业规模惊人,天竺等西域诸国在顿逊国贸易的商人亦很可观,境内佛教、婆罗门教并行,据《太平御览》卷788引竺芝《扶南记》云:

> 顿逊国属扶南国,王名昆仑,国有天竺五百家,两佛图。天竺
> 婆罗门千余人,顿逊敬奉其道,嫁女与之,故多不去。

将材料中"佛图"理解为以佛塔中心的佛寺,应无问题。顿逊国内"有天竺五百家,两佛图",不仅表明南海顿逊国的佛教来自于天竺国,同时还透露了商胡聚落规模与聚落内佛寺数量的大致关系,即大约250家供奉一座佛寺。[1] 这对于我们把握海道线上汉地境内诸郡奉佛胡人聚落及其佛寺的基本面貌,无疑具有非常重要的参照作用。

因海道交通而来的侨居汉地境内奉佛胡人聚落的存在,无疑是佛教传播汉地的最重要媒介。在东汉后期,汉地境内沿海诸郡开始出现胡人侨居聚落,并产生了"土生胡",如汉末交趾郡有康居国人侨居,《出三藏记集》卷13《康僧会传》曾记载:

> 康僧会,其先康居人,世居天竺。其父因商贾,移于交趾。

又如东晋时,广州亦见天竺国人侨居。《高僧传》卷1《晋江陵辛寺昙摩耶舍传》记载:

> 耶舍有弟子法度,善梵汉之言,常为译语。度本竺婆勒子,勒
> 久停广州,往来求利,中途于南康生男。仍名南康,长名金迦,入道
> 名法度。

法度与康僧会一样,亦为商胡之子,为广州"土生胡",汉化较深,故"善梵汉之言","常为译语"。由于西域商胡在南海交通线上诸郡非常活跃,同类招引而成聚落,其中奉佛商胡在聚落内立塔营寺,设像行道,皆为自然。我们完全有理由推测,那些不通汉语的胡僧出入汉地时所驻

---

[1]《洛阳伽蓝记》载北魏都城洛阳建阳里有2000余户人家,里内有10寺,平均约200多户供奉一寺,亦可参照。见该书卷2《城东》:"璎珞寺,在建春门外御道北,所谓建阳里也。……里内有璎珞、慈善、晖和、通觉、晖玄、宗圣、魏昌、熙平、崇真、因果等十寺。里内士庶二千余户,信崇三宝,众僧利养,百姓所供也。"(上海古籍出版社1978年版,第78页)

锡的佛寺,特别是位于海道交通线上郡城市集附近的佛寺,应大多为商胡聚落佛寺。如上引昙摩耶舍在广州停留至少5年以上的白沙寺,极有可能即是商胡聚落佛寺,唯其如此,侨居广州的天竺国"土生胡"法度从昙摩耶舍出家,才更容易为我们所理解。

前述顿逊国天竺聚落内的"佛图",无疑是天竺化的佛塔,应该也是南海交通线上商胡聚落流行的佛塔形态,也就是南朝佛教文献中所谓的"阿育王塔"。同理,顿逊国天竺聚落内佛寺所供奉的佛像,无疑是天竺化的佛像,应该也是南海交通线上商胡聚落佛寺流行的佛像形态,也就是南朝佛教文献中所谓的"阿育王像"。需要指出的是,汉文古籍中的"阿育王像",主要是指来自西域胡样的佛像,特别是东晋、刘宋时期南方出土的佛像,应该大多由前朝侨居汉地的胡人从本土带来,如东晋时西域僧即明确说"于天竺得阿育王像",[1]但也可以指在汉地依"阿育王像"复制的胡样佛像。[2] 由于胡样的佛像不符合汉族传统审美习惯,故往往被古人或视为"古异",如《高僧传》卷5《晋长安五级寺释道安传》记载:

> 符坚遣使送外国金箔倚像,高七尺,又金坐像、结珠弥勒像、金缕绣像、织成像各一张,每讲会法聚,辄罗列尊像。布置幢幡,珠佩迭晖,烟华乱发,使夫升阶履阈者,莫不肃焉尽敬矣。有一外国铜像,形制古异,时众不甚恭重。安曰:"像形相致佳,但髻形未称。"

或视为"朴拙",如《法苑珠林》卷13记载:

> 东晋会稽山阴灵宝寺木像者,征士谯国戴逵所制。逵以中古

---

〔1〕《高僧传》卷13《晋并州竺慧达传》:"昔晋咸和(326—334)中丹阳尹高悝,于张侯桥浦里,掘得一金像,无有光趺,而制作甚工。前有梵书,云是育王第四女所造。……后有西域五僧诣悝,云:昔于天竺得阿育王像,至邺,遭乱,藏置河边。王路既通,寻觅失所。近得梦,云像已出江东,为高悝所得。故远涉山海,欲一见礼拜耳。"(中华书局1992年版,第478页)

〔2〕《法苑珠林》卷13:"东晋成帝咸和年中,丹阳尹高悝往还市阙,每张侯桥浦有异光现。乃使寻之,获金像一躯,西域古制。……此像华台有西域书,诸道俗来者,多不识之。有三藏法师求那跋摩,曰:此古梵书也,是阿育王第四女所造。时瓦官寺沙门慧邃欲求摹写。寺主僧尚恐损金色,语邃曰:若能令佛放光回身西向者,非途所及。邃至诚祈请,至于中宵,闻有异声,开殿见像大放光明,转坐面西。于是乃许摸之,传写数十躯,所在流布。"(中华书局2003年版,第455—456页)又,"昔隋初秦孝王俊曾镇襄部,闻安师古像形制甚异,乃遣人图之,于长安延兴寺造之。初铸之夕,亦感天乐雨华,大有灵瑞。像今现在延兴寺也。"(中华书局2003年版,第458页)

制像,略皆朴拙,至于开敬不足动心。

甚至被斥为"胡夷村陋",如唐李绰《尚书故实》记载:

> 佛像本胡夷村陋,人不生敬。今之藻绘雕刻,自戴颙始也。颙尝刻一像,自隐帐中,听人臧否,随而改之。如是者积十年,厥功方就。

南朝佛教文献所载境内"阿育王塔",则大多以遗址形态存在为主,如《高僧传》卷12《晋并州竺慧达传》记载:

> 顷之,进适会稽,礼拜鄮塔,此塔亦是育王所造。岁久荒芜,示存基蹠。

引起我们注意的是,东晋以后,汉族僧人似乎已经没有前朝侨居汉地胡人奉佛行事的"记忆",而是根据佛经描述的阿育王神迹,直接将前朝侨居汉地胡人供奉的佛像指认为"阿育王像"。如《高僧传》卷5《晋荆州长沙寺释昙翼传》记载:

> 翼常叹:"寺立僧足,而形像尚少。阿育王所造容仪神瑞,皆多布在诸方。何其无感,不能招致?"乃专精恳恻,请求诚应。以晋太元十九年(394)甲午之岁二月八日,忽有一像现于城北,光相冲天。时白马寺僧众先往迎接,不能令动。翼乃往只礼,谓众人曰:"当是阿育王像降我长沙寺焉。"即令弟子三人捧接,飘然而起,迎还本寺。道俗奔赴,车马轰填。后罽宾禅师僧伽难陀,从蜀下入寺礼拜,见像光上有梵字,便曰:"是阿育王像,何时来此?"时人闻者,方知翼之不谬。

同时也将前朝侨居汉地胡人营建的佛塔,指认为"阿育王塔"。如《高僧传》卷13《晋并州竺慧达传》记载:

> 年三十一,忽如暂死,经日还苏,备见地狱苦报。见一道人,云是其前世师,为其说法训诲,令出家,往丹阳、会稽、吴郡,觅阿育王塔像。礼拜悔过,以忏先罪。既醒,即出家学道,改名慧达,精勤福业,唯以礼忏为先。晋宁康(373—375)中,至京师。先是简文皇帝(371—372)于长干寺造三层塔,塔成之后,每夕放光。达上越城顾望,见此刹杪独有异色,便往拜敬,晨夕恳到。夜见刹下,时有

光出，乃告人共掘。掘入丈许，得三石碑，中央碑覆中有一铁函，函中又有银函，银函里金函，金函里有三舍利，又有一爪甲及一发。发申长数尺，卷则成螺，光色炫耀。乃周敬王时阿育王起八万四千塔，此其一也。

汉地信徒将前朝侨居汉地胡人遗留的塔、像，直接指认为"阿育王塔"、"阿育王像"，其原因是复杂的。我们可以从两个层面来考察：（1）表层的原因，应与描述阿育王神迹的经典汉译、流传和汉僧西行印度巡礼圣迹的背景有关。从传世的有限材料看，早在西晋时期安法钦已译出《阿育王传》(7卷)，[1]东晋末《法显传》已描述出印度的"阿育王塔"、"阿育王像"，[2]东晋宗炳《明佛论》、北魏郦道元《水经注》、明屠介孙辑《十六国春秋》等已出现汉地"阿育王寺"，[3]梁释僧佑《出三藏记集》已出现汉地"阿育王像"，[4]而梁释慧皎《高僧传》甚至在"兴福篇"中专门赞颂僧人发现、礼拜"阿育王塔"、"阿育王像"的功德，[5]似乎与以天监十一年(512)武帝敕译《阿育王经》(10卷)为表征的、崇尚

〔1〕关于阿育王神迹的汉文佛经，据《乾隆大藏经》收录，传世的尚有2种：西晋安法钦译《阿育王传》(7卷)、梁僧伽婆罗译《阿育王经》(10卷)。

〔2〕《法显传》："从佛生处东行五由延，有国，名蓝莫。此国王得佛一分舍利，还归起塔，即名蓝莫塔。塔边有池，池中有龙常守护此塔，昼夜供养。阿育王出世，欲破八塔，作八万四千塔。破七塔已，次欲破此塔。龙便现身，将阿育王，入其宫中。观诸供养具已，语王言：汝供养若能胜是，便可坏之持去，吾不与汝诤。阿育王知其供养，具非世之所有。于是便还，此中荒芜，无人洒扫。常有群象，以鼻取水洒地，取杂花香，而供养塔。"(上海古籍出版社1985年版，第86－87页)

〔3〕《弘明集》卷2晋宗炳《明佛论》："道人澄公仁圣，于石勒、虎之世。谓虎曰：临淄城中，有古阿育王寺处，犹有形像、承露盘，在深林巨树之下，入地二十丈。虎使者依图搜求，皆如言得。近姚略叔父为晋王，于河东蒲阪古老所谓阿育王寺处，见有光明，凿求得佛遗骨于石函银匣之中，光曜殊常，随略迎睹于霸上。比丘今见在新寺。由此观之，有佛事于齐晋之地久矣哉。"(上海古籍出版社1994年版，第13页上栏－中栏)北魏郦道元《水经注》卷23"获水"条："又东至彭城县北东入于泗。获水自净沟东径阿育王寺北。或言楚王英所造，未所详也，盖遵育王之遗法，因以名焉。"(中华书局2007年版，第561页)明屠介孙辑《十六国春秋》卷11《后赵录一》："是年(永嘉六年，312)，青州临淄城中有阿育王寺，其形像露盘在深林巨树下，佛图澄知之，令人往取，入地二十余丈，获之。遂大兴佛事。"(《四库全书》本)同卷56《后秦录四》："是年(弘始三年，401)，河东蒲坂阿育王寺时出光明，人咸异之，掘得佛骨于石函中，照耀殊常。"(《四库全书》本)《十六国春秋》虽为明人屠介孙所辑，从"阿育王寺"材料特征来看，尚有可信之处。

〔4〕《出三藏记集》卷12《〈法苑杂缘原始集〉目录序第七》之"杂图像上卷第八"条下："长干寺阿育王金像记第一。"(中华书局1995年版，第487页)

〔5〕《高僧传》卷13《晋并州竺慧达传》，中华书局1992年版，第477－479页。

"转轮王"治国理念的环境有着更广泛的联系。[1] (2)深层的原因,应该与汉族僧人成为了汉地佛教主导力量、汉地信众成为了汉地佛教主体的新局面有关。虽然齐、梁间建康等地仍存在着侨居胡人聚落佛教(详见下文),但在如释僧佑、释慧皎等汉族僧人的心目中,似乎已经忽略了侨居汉地胡人佛教在汉地佛教格局中的位置,如释僧佑在《〈弘明论〉后序》云:[2]

> 夫神化隐显,孰测始终哉?寻羲皇缅邈,政绩犹湮;彼有法教,亦安得闻之。昔佛图澄知临淄伏石有旧像露盘,犍陀勒见槃鸱山中有古寺基墌,众人试掘,并如其言。此万代之遗征,晋世之显验,谁判上古必无佛乎?

释僧佑竟将前朝侨居胡人佛教遗迹,当成汉地"上古"存在佛教的证据了。至唐代释道世编纂《法苑珠林》时,当然更不知道汉地历史上曾有侨居胡人佛教的存在,如《法苑珠林》卷13云:

> 吴时于建邺后园平地,获金像一躯。讨其本缘,谓是周初育王所造,镇于江府也。何以知然?自秦汉魏,未有佛法南达,何得有像,埋瘗于地?

7.2 汉晋时期胡人佛教遗物地理分布

7.2.1 交州:交趾郡、合浦郡

7.2.1.1 材料

(1)《太平寰宇记》卷170引晋刘欣期《交州记》记载:

> 泥黎城,在定安县东南隔水七里。阿育王所造塔、讲堂尚在。有采薪者时见金像。[3]

(2)《高僧传》卷12《晋并州竺慧达传》记载:

晋咸安元年（371），交州合浦县采珠人董宗之，于海底得一佛光。

7.2.1.2 背景

交州位于汉晋间汉族国家南疆，是中西交通从海道进入汉地的门户，地位"犹之西域之于阗也"，[1] 故与泛海而来之西域胡人接触亦早，特别在西北陆路绝没后，中西交通转而南循海道，于是位于南海的交州地位遂凸显了出来。交州治所交趾郡（今越南河内境内），于武帝元鼎六年（前111）置。东汉延熹九年（166），已见西域诸国开始从海道遣使献贡并通商交趾：

> 汉桓帝延熹九年，大秦王安敦遣使自日南徼外来献，汉世唯一通焉。其国人行贾往往至扶南、日南、交趾。[2]

东汉末年，又有康居商人从天竺移居到交趾，《出三藏记集》卷13《康僧会传》记有：

> 康僧会，其先康居人，世居天竺。其父因商贾，移于交趾。

康僧会出生于东汉末年，为交趾"土生胡"，说明当时交趾已有商胡活动，我们可以在《三国志》卷49《士燮传》中得到印证：

> 燮兄弟并为列郡，雄长一州，偏在万里，威尊无上。出入鸣钟磬，备具威仪，笳箫鼓吹，车骑满道，胡人夹毂焚烧香者，常有数十。

东汉、东吴之际，在交州从事贸易活动的商胡已有奉佛民族，故交趾境内出现胡人佛教亦在情理之中。东汉以来康居民族已有奉佛习俗，[3] 上引《出三藏记集》卷13《康僧会传》亦明确记载了康僧会出家为僧事：

> 会年十余岁，二亲并亡，以至性闻。既而出家，砺行甚峻。

如果同意本人关于胡人聚落、佛寺和僧人三者之间大体上具有同族性

---

〔1〕冯承钧：《中国南洋交通史》，上海书局1984年版，第8页。

〔2〕《南史》卷78《夷貊上》，中华书局1975年版，第1961页。

〔3〕《汉书》卷96上《西域传》："康居国，……与大月氏同俗。"（中华书局1962年版，第3892页）月氏在迦腻色迦时期已经奉佛，故此时康居亦应奉佛。《出三藏记集》、《高僧传》等史籍亦记汉末康居国人康孟详、康巨、康僧铠等奉佛行事，可印证。

质的假设,[1]那么,侨居交趾的康居族人康僧会出家为僧,即意味着交趾境内存在着一定规模的康居聚落及其供奉的佛寺。

晋人所记交趾郡属县定安县城东南七里有"阿育王塔"及"金像"(材料1),似为废寺,应是前朝奉佛胡人活动的遗迹。

两晋时期,交趾境内仍能不时看到胡僧的身影,如《高僧传》卷9《晋洛阳耆域传》记载:

> 耆域者,天竺人也。周流华戎,靡有常所。……自发天竺,至于扶南,经诸海滨,爰及交广,并有灵异。

又,《高僧传》卷2《晋京师道场寺佛驮跋陀罗传》亦曾记载:

> 会有秦沙门智严,西至罽宾。……严既要请苦至,贤遂愍而许焉。于是舍众辞师,裹粮东逝。步骤三载,绵历寒暑。既度葱岭,路经六国,国主矜其远化,并倾心资奉。至交趾,乃附舶,循海而行,……至青州东莱郡。

东晋以来,随着汉族编民出家渐多,交州开始出现汉族僧人的行迹,其中欲去天竺巡礼的汉僧,亦有取道南海的,其中大多途径交州,如东晋初期北方汉僧于法兰师徒。《高僧传》卷4《晋剡山于法兰传》记载:

> 居剡少时,欻然叹曰:"大法虽兴,经道多阙。若一闻圆教,夕死可也。"乃远适西域,欲求异闻,至交州遇疾,终于象林。

《高僧传》卷4《晋燉煌于道邃传》亦记载:

> 于道邃,炖煌人。……后随兰适西域,于交趾遇疾而终。春秋三十有一矣。

东晋义熙九年(413),法显到天竺取经东归,亦取海道。由汉族僧人在交州的行踪,我们大致可以推断交州已有汉族民众奉佛。刘宋时期,交州出现了汉族民众供奉的佛寺——仙山寺。《高僧传》卷12《齐交阯仙山释昙弘传》曾记载:

> 晚又适交阯之仙山寺,诵无量寿及观经,誓心安养。以孝建二

---

〔1〕请参见本书第6章《汉晋时期汉地月氏国、康居国侨居人口之地理分布》。

年(455),于山上聚薪,密往薪中,以火自烧。

由于交州位于汉地南疆,交州又成了贬斥罪人的南荒地区。《高僧传》卷7《宋京师彭城寺释道渊传》曾记载:

> 宋世祖雅重琳,引见常升独榻。颜延之每以致讥,帝辄不悦。后著《白黑论》,乖于佛理。衡阳太守何承天与琳比狎,雅相击扬,著《达性论》,并拘滞一方,诋呵释教。颜延之及宗炳捡驳二论,各万余言。琳既自毁其法,被斥交州。

又,《高僧传》卷7《宋京师灵根寺释僧瑾传》载有:

> 后义嘉构衅,时人谚斌云,为义嘉行道,遂被摈交州。

由此我们可以感受到,由于交州的特殊环境,一方面首先出现来自西域侨居胡人的佛教,另一方面又接收汉人佛教的南下行化,胡、汉佛教并行的现象会更加突出明显。

合浦郡,于西汉武帝元鼎六年(前111)置,除东吴黄武年间分交州北部四郡置广州时曾短期属广州外,皆属交州。合浦港是南海交通传统出发港口之一,《汉书》卷28下《地理志下》记载:

> 自日南障塞、徐闻、合浦,船行可五月,有都元国。又船行可四月,有邑卢没国。又船行可二十余日,有谌离国。步行可十余日,有夫甘都卢国。自夫甘都卢国船行可二月余,有黄支国。……自黄支船行可八月,到皮宗。船行可二月,到日南、象林界云。黄支之南,有已程不国,汉之译使自此还矣。

东晋中合浦县民于海底捞得佛像配件佛光(材料2),说明此地与交趾一样,都属于西域胡人活动频繁的地区。

7.2.2 广州:南海郡

7.2.2.1 材料

(3)《高僧传》卷6《晋庐山释慧远传》记载:

> 又昔浔阳陶侃经镇广州,有渔人于海中,见神光每夕艳发,经旬弥盛,怪以白侃。侃往详视,乃是阿育王像。

(4)《法苑珠林》卷14记载:

> 齐建元(479—482)中,番禺毗耶离精舍,旧有扶南国石像,莫

知其始。形甚异常,七八十人乃能胜致。此寺草茨,遇火延及,屋在下风,烟焰已接。尼众十余,相顾无计。中有意不已者,试共三四人捧之,飘然而起,曾无钧石之重。像既移矣,屋亦焚焉。

7.2.2.2　背景

南海郡为秦时所置古郡,秦亡,郡城番禺(今广州)为南越国都城。武帝时南越国归顺汉朝,南海郡隶交州。东吴黄武五年(226),分交州北部四郡置广州,寻重归交州。永安七年(264),复置广州。置郡以来,郡城番禺即为南方商业"都会"。[1]

东汉桓帝朝,广州已见安息国僧人踪迹,《出三藏记集》卷13《安世高传》记载:

> 安清,字世高,安息国王政后之太子也。……以汉桓帝之初,始到中夏。……初,世高自称先身已经为安息王子,与其国中长者子,俱共出家。分卫之时,施主不称,同学辄怒。世高屡加呵责,同学悔谢,而犹不悛改,如此二十余年,乃与同学辞诀,云:"我当往广州,毕宿世之对。……既而遂适广州,值寇贼大乱。行路逢一少年,唾手拔刀曰:"真得汝矣。"世高笑曰:"我宿命负卿,故远来相偿。卿之忿怒,故是前世时意也。"遂伸颈受刃,容无惧色,贼遂杀之。观者填路,莫不骇其奇异。既而神识还为安息王太子,即今时世高身也。……世高后复到广州,寻其前世害己少年,时少年尚在,年已六十余。世高径投其家,共说昔日偿对时事,并叙宿缘,欢善相向。

轮回报应事属神异,与思维方式有关,但将胡人置于广州空间叙述,应该有历史依据的。如果安世高事迹可信,那么,广州就应该有安息国商人活动的背景。

两晋之际,广州又见月氏国"土生胡",宋刘敬叔《异苑》卷6记载:

---

〔1〕《史记》卷129《货殖列传》:"番禺亦其一都会也,珠玑、犀、玳瑁、果、布之凑。"(中华书局1982年版,第3268页)《汉书》卷28下《地理志下》:"粤地,牵牛、婺女之分野也。今之苍梧、郁林、合浦、交趾、九真、南海、日南,皆粤分也。……处近海,多犀、象、毒冒、珠玑、银、铜、果、布之凑,中国往商贾者,多取富焉。番禺,其一都会也。"(中华书局1962年版,第1669-1670页)

沙门有支法存者,本自胡人,生长广州。妙善医术,遂成巨富。

胡人姓"支",视为月氏人应无问题。所谓"妙善医术",史籍记他曾为晋室南渡后之中原士人治疗脚气而知名。[1] 支法存"生长广州",是为"土生胡"无疑,说明西晋时期广州已有月氏聚落存在。

由于广州商业发达,西晋时甚至有王族宗室成员遣使至广州贸易图利,《晋书》卷37《义阳城王望传》曾记载:

奇亦好畜聚,不知纪极,遣三部使,到交、广商货,为有司所奏。

太康九年(288),诏贬为三纵亭侯。

东晋初陶侃镇广州时(318—323),有渔人于海中发现了"阿育王像"(材料3),应是前朝胡人驻留的遗物吧?

晋宋间,广州仍见侨居商胡及胡僧往来,《高僧传》卷12《晋江陵辛寺昙摩耶舍传》曾记载:

昙摩耶舍,此云法明,罽宾人。……以晋隆安中,初达广州,住白沙寺。……耶舍有弟子法度,善梵汉之言,常为译语。度本竺婆勒子,勒久停广州,往来求利。中途于南康,生男,仍名南康,长名金迦,入道名法度。度初为耶舍弟子,承受经法。

刘宋时,亦有汉族僧人南下广州,可见佛教亦已在汉人社会传播,《高僧传》卷12《齐交阯仙山释昙弘传》云:

宋永初(420—422)中,南游番禺,止台寺。

宋齐间,广州与扶南国之间交通密切,《南齐书》卷58《东南夷传》记有:

宋末,扶南王姓侨陈如,名阇耶跋摩,遣商货至广州。

材料4记齐时广州番禺毗耶离寺"旧有扶南国石像,莫知其始",胡人色彩很明显,说明毗耶离寺有可能是前朝扶南国人聚落佛寺。佛寺形态为"草茨",与东吴时康僧会在建业"设像行道"、"营立茅茨"的佛寺形态相同,应该是南海地区通行的房屋形态。

---

〔1〕《孙真人备急千金要方》卷22,载张继禹主编《中华道藏》(第22册),华夏出版社2004年版,第171页。

7.2.3 扬州：会稽郡、临海郡

7.2.3.1 材料

(5)《高僧传》卷12《晋并州竺慧达传》记载：

> 顷之，进适会稽，礼拜鄮塔，此塔亦是育王所造。岁久荒芜，示存基蹠。

(6)《高僧传》卷12《晋并州竺慧达传》记载：

> 有临海渔人张系世，于海口得铜莲华趺，浮在水上，即取送县。[1]

7.2.3.2 背景

会稽郡治山阴（今浙江绍兴），乃先秦越国旧都，秦时置郡。[2] 汉末时，境内已见胡人活动，《出三藏记集》卷13《安世高传》记载：

> 世高后复到广州，寻其前世害己少年，时少年尚在，年已六十余。世高径投其家，共说昔日偿对时事，并叙宿缘，欢善相向，云："吾犹有余报，今当往会稽毕对。"广州客深悟世高非凡，豁然意解，追悔前愆，厚相资供。乃随世高东行，遂达会稽，至便入市。正值市有斗者，乱相殴击，误中世高，应时命终。

除了安世高行迹到达会稽外，安世高来会稽"毕对"应以会稽郡已有胡人存在为前提，否则，作为一个外国人，安世高孤身一人老远跑到会稽郡就显得非常费解。事实上，安世高进入会稽郡的"市"，已经透露了安息商胡存在的消息。

东晋宁康（373—375）间，北僧释慧达至会稽郡鄮县所见之"阿育王塔"基址（材料5），应是前朝奉佛胡人之遗迹。宋元嘉间，西域罽宾僧人昙摩蜜多在鄮县"建立塔寺"，疑即在"阿育王塔"遗址上重建，其

---

[1]《梁书》卷54《诸夷传》之"扶南国"条："经一岁，捕鱼人张系世，于海口忽见有铜花趺浮出水上，系世取送县，县以送台，乃施像足，宛然合。……像趺先有外国书，莫有识者，后有三藏那求跋摩识之，云是阿育王为第四女所造也。"（中华书局1973年版，第792－793页）此处铜莲花趺上"有外国书"，但没有说明捕鱼人张系世所属县郡，而《高僧传》明记捕鱼人张系世为临海郡人，却含含糊糊地说"外国书"位置在佛像上。两者说法虽稍异，似存在共同的资料源头，引述于此，备考。

[2]《汉书》卷28上《地理志上》，中华书局1962年版，第1590页。

中或许隐含着对前世胡人佛教的感念。《高僧传》卷3《宋上定林寺昙摩蜜多传》记载：

> 昙摩蜜多，此云法秀，罽宾人也。……会稽太守平昌孟𫖮，深信正法，以三宝为己任。素好禅味，敬心殷重。及临浙右，请与同游。乃于鄮县之山，建立塔寺。东境旧俗，多趣巫祝，及妙化所移，比屋归正。自西徂东，无思不服。元嘉十年（433），还都，止钟山定林下寺。

如果上述推测可取，那么，梁大同二年（536）所开鄮县"旧塔"，可能就是100年前胡僧昙摩蜜多修建的"新塔"。《梁书》卷54《诸夷传》"扶南国"记载：

> ［大同］二年（536），改造会稽鄮县塔，开旧塔出舍利，遣光宅寺释敬脱等四僧及舍人孙照暂迎还台，高祖礼拜竟，即送还县，入新塔下，此县塔亦是刘萨何所得也。

宋、齐间，会稽郡似仍见月氏人侨居，《名僧传抄》第十《齐上虞城山寺释僧行传》记载：

> 和上讳僧行，本姓支，会稽山阴人。年十三出家，为基法师弟子，住城傍寺。……和上以人间喧动，乃移住法华寺。自非法事，足不下山。永明中，上虞县城山寺是蔡兴宗所立，年岁稍久，风范雕丧。既阙总领，请和上镇正，乃拂衣就之。……春秋五十九，永明十一年（493）卒。

释僧行俗姓"支"，为侨居会稽郡山阴县之月氏人的可能性还是很大的。

临海郡（今浙江台州）治所设在章安县，孙吴太平二年（257），由会稽郡东部析置。材料6记晋咸和（326—334）间临海郡发现"铜莲华趺"，《梁书》还谓此像趺上刻有"外国书"，为阿育王像的一部分：

> 像趺先有外国书，莫有识者，后有三藏那求跋摩识之，云是阿育王为第四女所造也。[1]

---

〔1〕亦见于《高僧传》卷13《晋并州竺慧达传》，中华书局1992年版，第478页。

临海郡渔人获得铜莲华跌的"海口",应即今浙江台州椒江口,属当时临海郡治所在地章安县管辖范围内,故送铜莲华跌至"县"应即章安县。在东晋咸和时发现"阿育王像"部件,可见东晋以前,临海郡境内已有胡人活动。东晋时,章安县境内尚有胡人活动踪迹,据《高僧传》卷11《齐始丰赤城山释慧明传》记载:

> 释慧明,姓康,康居人。祖世避地于东吴。明少出家,止章安东寺。齐建元(479—482)中,与沙门共登赤城山石室。……以建武之末(494—497)卒于山中,春秋七十矣。

按释慧明卒年和寿龄推算,其出生年头当在宋初,则"祖世避地于东吴"自在东晋时矣。释慧明既是"少出家,止章安东寺",应是就近出家,可见"东吴"一词,当虚指临海郡治章安县境内,则知临海郡亦有胡人侨居。

7.2.4　六朝都城:建业

7.2.4.1　材料

(7)《出三藏记集》卷13《康僧会传》记载:

> 皓虽闻正法,而昏暴之性,不胜其虐。后使宿卫兵入后宫治园,于地中得一立金像,高数尺,以呈皓。

(8)《高僧传》卷12《晋并州竺慧达传》记载:

> 昔晋咸和(326—334)中,丹阳尹高悝于张侯桥浦里,掘得一金像,无有光跌,而制作甚工。前有梵书,云是育王第四女所造。悝载像还至长干巷口,径趣长干寺。

(9)《高僧传》卷12《晋并州竺慧达传》记载:

> 晋宁康(373—375)中,至京师。先是简文皇帝(371—372)于长干寺造三层塔,塔成之后,每夕放光。达上越城顾望,见此刹杪,独有异色,便往拜敬,晨夕恳到。夜见刹下,时有光出,乃告人共掘。掘入丈许,得三石碑,中央碑覆中有一铁函,函中又有银函,银函里金函,金函里有三舍利,又有一爪甲及一发。发申长数尺,卷则成螺,光色炫耀。乃周敬王时阿育王起八万四千塔,此其一也。

(10)《高僧传》卷13《晋京师瓦官寺释慧力传》记载:

欧·亚·历·史·文·化·文·库·

司徒王谧尝入台,见东掖门口有寺。人掷樗戏,樗所著处,辄有光出。怪令掘之,得一金像,合光趺长七尺二寸。谧即启闻,宋高祖迎入台供养。宋景平末,送出瓦官寺,今移龙光寺。

(11)《高僧传》卷13《宋京师崇明寺释僧慧传》记载:

晋义熙中,共长安人行长生,立寺于京师破坞村中。始迁(迁)域其处,起草屋数间,便集僧设斋。至中夜,堂内两灯忽自然行,进前数十步,油纂如故,无所倾覆。大众惊嗟,访诸耆老,咸言灯所移处,是昔时外国道人起塔之基,于是就共修立。以灯移表瑞,因号崇明寺焉。

7.2.4.2 背景

东吴都城建业(今江苏南京)是在汉秣陵县基础上建立起来的。自黄龙元年(229)孙权迁都于此,始盛。晋室南渡后,又是东晋、宋、齐、梁、陈等南方政权都城所在,史称"六朝古都"。东汉末年,中原发生战乱,民众南奔避乱不在少数,其中即有洛阳土生贵霜月氏人支谦"率乡人数十"奔吴。《出三藏记集》卷13《支谦传》记载:

献帝之末,汉室大乱,与乡人数十,共奔于吴。……后吴主孙权闻其博学,……拜为博士,使辅导东宫,甚加宠秩。……后太子登位,遂隐于穹隘山,不交世务。

从支谦一直"辅导东宫"到"登位"来看,支谦应该在黄龙元年迁都时随"东宫"到了建业,那么,跟随支谦的"乡人数十"也应该来到建业,也就是说,在东吴迁都到建业时,就有了月氏胡人聚落。

综观孙吴一朝,一方面胸怀天下,致力于与曹魏、刘蜀逐鹿中原;另一方面又放眼南海,致力于开拓南疆。特别在孙权时期,建安十五年(210),即遣步骘为交州刺史,依靠地方势力,采取相对宽松的羁縻政策,"南州无事";[1] 又遣中郎康泰、宣化从事硃应使扶南国,宣扬威德。[2] 至孙休永安七年(264),分析交州置广州,皆可见孙吴政权经略南疆之成果。[3] 正是在孙吴政权积极面向南海的大背景下,东吴赤乌十年(247),交州"土生胡"康居僧人康僧会来到建业。《出三藏记集》卷13《康僧会传》记载:

> 康僧会,其先康居人,世居天竺。其父因商贾,移于交趾。会年十余岁,二亲并亡,以至性闻。既而出家,砺行甚峻。……时孙权称制江左,而未有佛教。会欲运流大法,乃振锡东游,以赤乌十年至建业,营立茅茨,设像行道。……权大嗟服,即为建塔,以始有佛寺,故曰建初寺,因名其地为"佛陀里"。由是江左,大法遂兴。

康僧会出身于商胡家庭,故其游历东吴都城建业,恐怕也有康居国商人侨居聚落存在的背景,建初寺所在的"佛陀里",疑为康居聚落。元张铉《至正金陵新志》"宫苑记":

> 吴大帝立大市,在建初寺前,其名亦名大市寺[4]

建初寺及所在地"佛陀里"紧邻建业大市,可见康僧会活动空间与商胡相关的商业活动空间之密切关系。

上引《康僧会传》又记东吴孙皓时,宫廷后园曾出土"立金像"(材料7),看来宫廷后园与前朝胡人活动空间亦有关。《高僧传》卷12《晋并州竺慧达传》记东晋咸和年间又在建康张侯桥浦里出土"阿育王像"(材料8),毫无疑问,亦是前朝胡人供奉的遗物,那么,此地应该也是前

---

[1]《三国志》卷61《陆凯传》注引《江表传》,中华书局1982年版,第1409页。

[2]《梁书》卷54《诸夷传》之"扶南国"条:"吴时,遣中郎康泰、宣化从事硃应使于寻(引者注:范寻,扶南国王)国。"(中华书局1973年版,第789页)又,《三国志》卷60《吕岱传》:"岱既定交州,复进讨九真,斩获以万数。又遣从事南宣国化,暨徼外扶南、林邑、堂明诸王,各遣使奉贡。权嘉其功,进拜镇南将军。"(中华书局1982年版,第1385页)故《南史》卷78《夷貊上》系朱应、康泰出使在孙权时期:"及吴孙权时,遣宣化从事朱应、中郎康泰通焉。其所经过及传闻则有百数十国,因立记传。"(中华书局1975年版,第1947页)

[3]陈健梅:《孙吴政区地理研究》第三章《交广两州的羁縻与开发》,岳麓书社2008年版,第316-323页。

[4]转引自清刘世珩《南朝寺考》卷1"建初寺"条,广陵书社影印光绪三十三年刊本,第14页。刘氏谓"寺前立大市,又称大市寺焉",似先有佛寺后有大市之意。我们以为,应该是先有大市后有佛寺更为合理。

·欧·亚·历·史·文·化·文·库·

朝胡人聚落所在。而丹阳尹高悝安置"阿育王像"之长干寺,据上引书《晋并州竺慧达传》又记传主在寺内阿育王塔故址掘得佛舍利(材料9),看来长干寺所在长干里,亦为前朝胡人聚落空间也。《梁书》卷54《诸夷传》追寻长干寺沿革云:

> 吴时有尼居其地,为小精舍,孙綝寻毁除之,塔亦同泯。吴平后,诸道人复于旧处建立焉。晋中宗初渡江,更修饰之。至简文咸安(371—372)中,使沙门安法师程造小塔,未及成而亡,弟子僧显继而修立。至孝武太元九年,上金相轮及承露。

到了梁大同三年(537),梁武帝改造长干寺阿育王塔,又"出旧塔下舍利及佛爪发",[1]大作佛事。此外,《高僧传》卷13《晋京师瓦官寺释慧力传》还记载了刘宋时建康皇城东掖门口佛寺亦出土佛像(材料10),皇城东掖门口的佛寺,可能也是一座古寺。

东晋时期,都城建康除了出土可观的前朝侨居胡人遗物之外,仍可见到西域侨民活动的踪迹。《高僧传》卷13《晋京师祇洹寺释法平》曾记载:

> 释法平,姓康,康居人,寓居建业。与弟法等,俱出家,止白马寺,为昙籥弟子,共传师业。

可惜现在已无法知道侨居建康的康居国人释法平、释法等兄弟与东吴时期康僧会所在的康居聚落有无渊源关系。宋时又有侨居天竺的康居僧人至建康,《高僧传》卷3《宋京师中兴寺求那跋陀罗传》:

> 时又有沙门宝意,梵言阿那摩低,本姓康,康居人,世居天竺。以宋孝建中,来止京师瓦官禅房。

东晋、宋、齐间,建康除了康居国侨民,还存在着月氏国侨民,释法平、释法等兄弟的出家师"昙籥",也为月氏国侨民。《高僧传》卷13《晋京师建初寺支昙籥传》记载:

> 支昙籥,本月支人,寓居建业。少出家,清苦蔬食,憩吴虎丘山。晋孝武初,敕请出都,止建初寺。孝武从受五戒,敬以师礼。

---

[1]见《梁书》卷54《诸夷传》"扶南国",中华书局1973年版,第790页。

又,《高僧传》卷13《齐乌衣寺释昙迁传》载:

> 释昙迁,姓支,本月支人,寓居建康。笃好玄儒,游心佛义,善谈庄老,并注《十地》。又工正书,常布施题经。巧于转读,有无穷声韵,梵制新奇,特拔终古。彭城王义康、范晔、王昙首,并皆游狎。迁初止祇洹寺,后移乌依寺。……齐建元四年(482)卒,年九十九。

释昙迁"笃好玄儒","又工正书",为土生胡无疑。推算其生年,当在东晋太元中,与支昙籥生活年代相及,可见东晋以来,建康存在月氏聚落是肯定的。

康居国侨民释法平兄弟师从同是侨民身份的月氏国僧人支昙籥出家现象,值得我们注意,除了显示都城建康存在着西域诸国侨民之外,似乎还透露了在汉族社会大环境中不同民族之间相互往来、"同类"相从的意味。

晋室南渡以来,由于建康乃都城所在,"是时贡使商旅,方舟万计"。[1] 濒海的西域国家如天竺国、扶南国等商胡来到建康渐多,似乎开始主导着建康的侨居胡人社会。《高僧传》卷3《齐建康正观寺求那毗地传》记载:

> 求那毗地,此言安进,本中天竺人。……齐建元(479—482)初,来至京师,止毗耶离寺。……毗地为人弘厚,故万里归集,南海商人,咸宗事之,供献皆受,悉为营法。于建邺淮侧,造正观寺居之,重阁层门,殿堂整饰。以中兴二年(502)冬,终于所住。

天竺僧求那毗地整体上仍保持着非常天竺化的特征,我们不仅有理由认为"咸宗事之"的"南海商人"是指以天竺国商人为主体的南海商胡,而且同样也有理由认为,京师建康的毗耶离寺以及求那毗地倡建的正观寺皆为侨居建康的以天竺国商人为主体的南海商胡所供奉的佛寺。其中正观寺所处的秦淮河边,很容易让我们联想到与南海商胡活动空

---

[1]《宋书》卷33《五行志》:"晋安帝元兴二年(403)十二月……其明年(404)二月庚寅夜,涛水入石头。是时贡使商旅,方舟万计,漂败流断,骸骼相望。"(中华书局1974年版,第956页)

间关系密切,极有可能是南海侨居商胡聚落所在地。唯其如此,后来又有南海扶南国僧人来此驻锡。《续高僧传》卷1《梁扬都正观寺扶南沙门僧伽婆罗传》记载:

> 僧伽婆罗,梁言僧养,亦云僧铠,扶南国人也。……闻齐国弘法,随舶至都,住正观寺,为天竺沙门求那跋陀之弟子也。

从地点、时间来看,"求那跋陀"应该就是倡建正观寺的求那毗地吧。僧伽婆罗驻锡正观寺后,似乎还招来了伙伴,上引书同传又记:

> 梁初,又有扶南沙门曼陀罗者,梁言弘弱。大赍梵本,远来贡献。敕与婆罗共译《宝云》、《法界体性》、《文殊般若经》三部,合一十一卷。虽事传译,未善梁言,故所出经,文多隐质。

正观寺自萧齐时创建至萧梁末,一直有南海胡僧前来驻锡。《续高僧传》卷1《陈南海郡西天竺沙门拘那罗陀传》记载:

> 拘那罗陀,陈言亲依,或云波罗末陀,译云真谛,并梵文之名字也。本西天竺优禅尼国人焉。……以大同十二年(546)八月十五日,达于南海,沿路所经,乃停两载。以太清二年(548)闰八月,始届京邑。……会元帝启祚(552),承圣清夷,乃止于金陵正观寺,与愿禅师等二十余人,翻《金光明经》。

由此我们容易判断,期间建康一直有南海商胡群体的存在。

我们已经注意到,大致以刘宋朝为界,此前建康的侨居胡人社会似以西域内陆国家如康居国、月氏国等为主,此后则以西域濒海国家如天竺国、扶南国等为主,这是否意味着两者来到建康的路径不同?前者似经西北陆路至中原,然后南移到建康,而后者则是直接从南方海道来到建康?目前我们掌握的材料太少,尚有待日后做进一步研究。

7.2.5 荆州:南郡

7.2.5.1 材料

(11)《高僧传》卷5《晋荆州长沙寺释昙翼传》记载:

> 昙翼,本姓姚,生羌土中。……后还长沙寺。……每叹寺足众僧,形像尚少。尝闻阿育王多造佛像,随缘流布,而独不至此,岂非精诚未诣邪?于是弥致恳恻。太元十九年(394)二月八日夜,忽

有像现城北,身光照夜,明若晨曦。阖洲惊骚,远近云集。时白马寺遣迎百人,展力折不能动。翼曰:"此必阿育王像,当往长沙寺,非强力所能移。"金曰:"请效甚验。"翼乃稽首致敬,命弟子擎捧,裁有五人,飘然轻举,四众推伏。……罽宾禅师僧伽难陀,从蜀下,入寺礼拜,云是外国像。寻觅铭题佛光,果有胡书,读曰阿育王造也。

7.2.5.2 背景

荆州、南郡治江陵,楚故都,秦旧郡。自古是北上两京、西趋益州、东达建业、南通交广的孔道,也是古代商业都会。[1] 荆州至迟在西晋后期,已见胡人活动。《高僧传》卷9《晋洛阳耆域传》记载:

> 耆域者,天竺人也。周流华戎,靡有常所。……自发天竺,至于扶南,经诸海滨,爰及交广,并有灵异。既达襄阳,欲寄载过江,船人见梵沙门,衣服弊陋,轻而不载。船达北岸,域亦已度。

天竺僧人耆域自海路抵广州入境,北上洛阳,既然经过襄阳,理当经过江陵,所循应是古老官道。又,《晋书》卷66《陶侃传》记荆州东境武昌郡时势云:

> 顷之,[侃]迁龙骧将军、武昌太守。时天下饥荒,山夷多断江劫掠。侃令诸将诈作商船以诱之。劫果至,生获数人,是西阳王兼之左右。侃即遣兵逼兼,令出向贼,侃整阵于钓台为后继。兼缚送帐下二十人,侃斩之。自是水陆肃清,流亡者归之盈路,侃竭资振给焉。又立夷市于郡东,大收其利。

结合《晋书》卷5《孝愍帝纪》记载,可知陶侃在武昌太守任内于郡东"立夷市",时在西晋建兴三年(317),即晋室南渡之年,此时中原鼎沸,"天下饥荒",但长江流域荆州境内西域商胡活动似并未中断。

东晋时,有"天竺五舶"循江直达荆州江陵。《高僧传》卷2《晋京师道场寺佛驮跋陀罗传》记载:

---

〔1〕《汉书》卷28下《地理志下》:"江陵,故郢都,西通巫、巴,东有云梦之饶,亦一都会也。"(中华书局1962年版,第1666页)

佛驮跋陀罗，此云觉贤，本姓释氏，迦维罗卫人，甘露饭王之苗
裔也。祖父达摩提婆，此云法天，尝商旅于北天竺，因而居焉。
……闻鸠摩罗什在长安，即往从之，什大欣悦。……后语弟子云：
"我昨见本乡，有五舶俱发。"既而弟子传告外人，关中旧僧咸以为
显异惑众。……贤志在游化，居无求安，停止岁许，复西适江陵。
遇外国舶至，既而讯访，果是天竺五舶，先所见者也。

从"天竺五舶"到达江陵的规模来看，推定江陵存在天竺国商人侨居聚
落应该是合理的。而出身于天竺国商人家族的僧人佛驮跋陀罗游化
江陵，大概正是因为江陵存在有天竺国商人聚落吧。材料11记载东晋
太元年间荆州有"阿育王像""现城北"，《太平御览》卷657引《高僧
传》作"金像现于渚宫城北路上"，出土地点更为具体。荆州"渚宫城
北"地区在前朝应该也是奉佛胡人聚落所在。

本章的目标是通过考察侨居汉地奉佛胡人的佛教遗物——"阿育
王像"和"阿育王塔"，揭示汉地胡人佛教存在的事实。本章将使用的
基础材料尽量限制在汉族国家禁止汉人奉佛的汉、三国、西晋时期，只
是为了更加清晰地凸现汉地胡人佛教的存在。事实上，汉地胡人佛教
不仅存在于汉族国家禁止汉人奉佛的汉、三国、西晋时期，也存在于东
晋以降佛教日渐流传汉族社会的时期。[1] 不言而喻，在汉族国家禁止
汉人奉佛时期，以胡人信众为主体的胡人佛教是汉地佛教的主体，极
少数汉族信徒只是胡人佛教的附庸，但在以汉族信众为主体的汉人佛
教日渐成为汉地佛教主体以后，汉地的胡人佛教一方面随着汉人佛教
规模日渐扩大而相对缩小，另一方面则随着时间推移而逐渐同化于汉
人佛教的海洋中。

---

〔1〕《洛阳伽蓝记》卷3《城南》所记西域胡人聚居地慕义里内建有胡人供奉的菩提寺（上海
古籍出版社1978年版，第173页），是东晋以后汉地存在胡人聚落奉佛的完整实例之一。又，《洛阳
伽蓝记》卷4《城西》记西域乌场国僧人昙摩罗在西阳门外御道北立法云寺，与洛阳大市很近
（第201-209页），疑法云寺周边亦为商胡聚居地，也就是说，法云寺为西域商胡聚落供奉之佛
寺。

第三编　汉人佛教

8 魏、西晋时期汉族知识僧人 与名士群体之关系

——以都城洛阳及周边地区为中心

在汉、魏、西晋时期,佛教主要流传于侨居汉地都邑的胡人聚落空间内。而从文献反映的早期汉族僧人材料看,代表人物主要有魏、西晋时期朱士行、支孝龙[1]、刘元真、竺法深等人。由于魏、西晋时期汉族国家仍然禁止汉人出家,汉人社会舆论环境也不支持汉人出家,故出家汉僧的生活空间基本上离不开奉佛的侨居胡人生活空间。我们不难设想,当时汉地社会佛寺很少,即使有,也大多处于商业比较发达的城市侨居胡人聚落内。当时汉僧的活动空间是非常狭窄的,不像后来汉人佛教发展后到处都有汉人营建的佛寺,汉僧可以随寺居止,游方范围可以很大。所以,我们考察早期汉僧的籍贯和生活区域,应该具有非常重要的意义,不仅有助于我们认识胡人佛教传播汉族名士空间的具体途径或机制,更有助于我们对汉传佛教历史及其性质的整体性把握。

早期汉僧的籍贯和生活区域,不是偶然的,不仅与当时的汉地社会政治、经济、文化中心区域有关,同时也与汉末以来名士群体兴起并建立政权的特定社会环境联系在一起。据《出三藏记集》、《名僧传抄》、《高僧传》等佛教史籍记载,朱士行是颍川人,支孝龙是淮阳(陈郡)人,刘元真具体籍贯不详,只称"中州",应该也生活在洛阳地区,竺法深是琅邪人。这些早期的汉族僧人代表人物籍贯和活动区域,基本上都处于都城洛阳及周边地区。在东汉、魏、西晋三朝,这些地区是汉

---

[1]本传未明言支孝龙种族,但梁释宝唱在《名僧传》目录中将其明列为"中国法师"类,当是汉僧无疑。

·欧·亚·历·史·文·化·文·库·

地政治、经济、文化中心区域,既是产生名士最多的地区,[1]也是胡人活动频繁的地区。胡人活动频繁,其中也有奉佛胡人,自然就有胡僧,这是汉人能够出家的前提条件。而汉武帝开西域以来,汉地贵族渐渐形成崇尚"胡风"的习气,特别是名士社会对具有反名教色彩的佛教的"偏爱",则为佛教僧人与名士交往并进而成为名士成员提供了条件。在此过程中,毫无疑问,汉族知识僧人充当了极其重要的角色。

8.1　胡人佛教活动区域
与名士活动区域之重叠

中原地区胡人活动状况与中原国家与西域诸国之间通塞状况直接有关。据史书记载,大概在东汉灵帝建宁五年(172)中原军队对西域军事行动失利后,[2]中原国家与西域诸国交通即陷于断绝状态。至曹操执政时期,中原国家又致力于恢复与西域的交通,西域诸国开始"遣使奉献",见《三国志》卷2《文帝纪》:

> [延康元年,220]三月,涉貊、扶余单于、焉耆、于阗王皆各遣使奉献。

> [黄初三年,222]二月,鄯善、龟兹、于阗王各遣使奉献,诏曰:"西戎即叙,氐、羌来王,诗、书美之。顷者西域外夷并款塞内附,其遣使者抚劳之。"是后西域遂通,置戊己校尉。

故《三国志》卷30《乌丸鲜卑东夷传》云:

> 魏兴,西域虽不能尽至,其大国龟兹、于寘、康居、乌孙、疏勒、月氏、鄯善、车师之属,无岁不奉朝贡,略如汉氏故事。

在中原国家与西域诸国交通恢复的背景下,都城洛阳及周边地区

---

[1]金发根:《东汉党锢人物的分析》,史语所集刊第34本下册(1963)。胡宝国:《汉晋之际的汝颍名士》,载《历史研究》1991年第5期,第127-139页。刘蓉:《汉魏名士研究》,中华书局2009年版,第54-129页。

[2]《后汉书》卷88《西域传》:"自阳嘉以后,朝威稍损,诸国骄放,转相陵伐。元嘉二年(152),长史王敬为于阗所没。"(中华书局1965年版,第2912页)"(建宁)五年(172),凉州刺史孟佗遣从事任涉将敦煌兵五百人,与戊己司马曹宽、西域长史张晏,将焉耆、龟兹、车师前后部,合三万余人,讨疏勒,攻桢中城,四十余日不能下,引去。"(第2927页)

出现西域胡人活动踪迹，其中中原与于阗国的交通引人注目。如《出三藏记》卷13《朱士行传》记载：

> 朱士行，颍川人也。……少怀远悟，脱落尘俗。出家以后，便以大法为己任，常谓入道资慧，故专务经典。初，天竺朔佛以汉灵帝时，出《道行经》，译人口传，或不领，辄抄撮而过，故意义首尾，颇有格碍。士行常于洛阳讲《小品》，往往不通。每叹此经大乘之要，而译理不尽，誓志捐身，远迎《大品》。遂以魏甘露五年（260），发迹雍州，西渡流沙。既至于阗，果写得《正品》梵书胡本九十章，六十万余言。遣弟子不如檀（晋言法饶）凡十人，送经胡本还洛阳。……遂得送至陈留仓垣水南寺。

对朱士行弟子不如檀（应该是于阗胡僧）回中原后情况，《出三藏记》卷7《放光经记》中有更详细的描述：

> 以太康三年（282），遣弟子弗如檀（引者注：即不如檀），晋字法饶，送经胡本至洛阳，住三年。复至许昌二年，后至陈留仓垣水南寺。以元康元年（291）五月十五日，众贤者皆集议，晋书正写。时执胡本者于阗沙门无叉罗，优婆塞竺叔兰口传，祝太玄、周玄明共笔受，正书九十章，凡二十万七千六百二十一言。时仓垣诸贤者等，大小皆劝助供养，至其年十二月二十四日，写都讫，经义深奥。又前后写者，参校不能善悉。至太安二年（303）十一月十五日，沙门竺法寂来至仓垣水北寺（引者注：疑为"水南寺"误写）求经本，写时捡取现品五部并胡本，与竺叔兰更共考校书写，永安元年（304）四月二日讫，于前后所写捡，最为差定，其前所写，可更取校。晋胡音训，畅义难通，诸开士大学文生书写、供养、讽诵读者，愿留三思，恕其不逮也。

由于魏、西晋时期国家仍然禁止汉人奉佛，佛教活动仍局限在胡人活动空间内，故朱士行及其弟子不如檀等行迹所到，基本上为胡人活动空间，表现着比较胡化的气息。由上引材料可以判断，不如檀回中原后所停留的都城洛阳、颍川郡许昌、陈留郡仓垣等地，应该皆有来自于阗国的胡人聚落。材料中提到的"仓垣水南寺"，无疑是于阗侨居聚

·欧·亚·历·史·文·化·文·库·

落内的佛寺,故亦有于阗沙门无叉罗参与译事。我们知道,仓垣位于黄河水道南岸(今河南开封市西北),魏、西晋时期,属陈留郡。"永嘉之乱"晋军主力为石勒所败,洛阳危急,朝廷曾有迁都仓垣之议。《晋书》卷5《孝怀帝纪》记载:

> [永嘉五年,311年]五月,……大将军苟晞表迁都仓垣,帝将从之。

可见仓垣城市规模是很可观的,商业应该比较发达,当有西域胡人聚落存在。

朱士行让弟子不如檀送回的《放光经》由竺叔兰等译为汉文后不久,早期汉僧支孝龙亦曾来"披阅"。《高僧传》卷4《支孝龙传》记载:

> 时竺叔兰初译《放光经》,龙既素乐无相,得即披阅,旬有余日,便就开讲。

引起我们注意的是,在陶潜《群辅录》里,支孝龙又作"于法龙",[1]其法名结构与同时期的"于法兰"相同,按常例推断,"于"姓僧人应与于阗国背景有关,那么,这不是更容易解释支孝龙来于阗侨人聚落内仓垣水南寺"披阅"新出汉文《放光经》的行为吗?

支孝龙除了在仓垣水南寺阅经的因缘外,还与仓垣所在的陈留郡阮瞻、董昶、谢鲲等人交游,并成为名士集团——"八达"的成员之一。并且我们还注意到,陈留阮氏家族姑家有"胡婢",后成为阮咸的爱妾,生子阮孚,见《晋书》卷29《阮咸传》:

> 而[咸]居母丧,纵情越礼。素幸姑之婢(胡婢),姑当归于夫家,初云留婢,既而自从去。时方有客,咸闻之,遽借客马追婢,既及,与婢累骑而还,论者甚非之。咸妙解音律,善弹琵琶。虽处世不交人事,惟共亲知弦歌酣宴而已。……二子:瞻、孚。
> …………

---

〔1〕〔晋〕陶潜《群辅录》:"陈留董昶字仲道、琅琊王澄字平子、陈留阮瞻字千里、颍川庾凯字子高、陈留谢鲲字幼舆、太山胡毋辅之字彦国、沙门于法龙、乐安光逸字孟祖。右晋中朝八达,近世闻之故老。"(收入《五朝小说大观》,中州古籍出版社1991年版,影印扫叶山房1926年石印本,第105页)

孚字遥集。其母，即胡婢也。孚之初生，其姑取王延寿《鲁灵
光殿赋》曰"胡人遥集于上楹"而以字焉。

《世说新语·任诞第二十三》引"竹林七贤论"谓阮咸"素幸姑之婢"为
"鲜卑婢"。汉武帝开西域以来，汉地贵族社会渐渐形成了好尚"胡风"
的习气，西晋一朝犹盛，[1]阮氏亦染此习气。阮咸"妙解音律、善弹琵
琶"、娶"胡婢"，长子阮瞻与僧人支孝龙交游等，显然都是好尚"胡风"
的具体表现，由此我们可以看到陈留郡名士生活空间内亦有胡人存
在。名士生活空间内存在胡人现象，对名士社会接受佛教或者说佛教
僧人进入名士空间，是非常重要的提示，我们在后面还会进行详细
探讨。

前引材料中还提到不如檀"复至许昌二年"，亦应值得我们注意。
许昌是颍川郡治所，不如檀在许昌停留两年，是不算短的时间，应该有
合适的生活空间可以依止。《出三藏记》卷7《般舟三昧经记》曾提到
一个"许昌寺"：

般舟三昧经，光和二年（178）十月八日，天竺菩萨竺朔佛于洛
阳出。时传言者月支菩萨支谶，授与河南洛阳孟福字元士，随侍菩
萨张莲字少安笔受，令后普著。在建安十三年（208），于佛寺中校
定，悉具足。后有写者，皆得南无佛。又言，建安［十］三年（208）
岁在戊子八月八日，于许昌寺校定。

按汉地早期寺名大多以地名命名习惯，结合不如檀在许昌停留两年的
可能背景，我们将材料中的"许昌寺"理解为许昌的佛寺，应该是合理
的。如果依此理解，则上述材料大意为：光和二年在洛阳出经，建安十
三年在洛阳佛寺校定，又有人说在许昌佛寺校定。如果汉末以来颍川
郡许昌已经出现佛寺，那么，前引《出三藏记集》卷13《朱士行传》说
"朱士行，颍川人也"，"少怀远悟，脱落尘俗"就显得容易理解。由此我
们还可以进一步推测颍川可能也存在着于阗国人生活空间，并推测朱

---

〔1〕请参见本书第1章《"致远人"与老子化胡神话》第2节《汉晋时期"胡风"影响下黄老信
仰中的佛教元素》。

士行可能是依于阗僧人出家。也正因为如此,才能解释朱士行日后去西域取胡本佛经的目的地是于阗国,而不是其他国家。

又,据《出三藏记集》卷13《竺叔兰传》记载:

> 竺叔兰,本天竺人也。祖父娄陀,笃志好学,清简有节操。时国王无道,百姓思乱。有贼臣将兵得罪,惧诛,以其国豪,呼与共反。娄陀怒曰:"君出于微贱,而任居要职。不能以德报恩,而反为逆谋乎? 我宁守忠而死,不反而生也。"反者惧谋泄,即杀之而作乱。娄陀子达摩尸罗,齐言法首,先在他国。其妇兄二人,并为沙门。闻父被害,国内大乱,即与二沙门奔晋,居于河南。生叔兰。叔兰幼而聪辩,从二舅咨受经法,一闻而悟。善胡、汉语及书,亦兼诸文史。……以晋元康元年(291),译出《放光经》及《异维摩诘》十余万言,既学兼胡汉,故译义精允。后(306)遭母难。……明年[永嘉元年,307],石勒果作乱,寇贼纵横,因避地奔荆州。后无疾,忽告知识曰:"吾将死矣。"数日便卒。

由此可知都城洛阳有天竺侨居聚落存在。综合竺叔兰母亲卒年及本传中还提到的他在乐广为河南尹期间(291—304)醉酒事件,亦可推断其父母奔晋应在西晋前期。他的两个舅舅是天竺沙门,应该活动于洛阳天竺聚落空间内。从前引材料中沙门竺法寂来仓垣水南寺写经时还捡取"胡本"行为来看,竺法寂应该是天竺胡僧,竺法寂来仓垣水南寺,显然由竺叔兰带来。那么,此竺法寂会不会是竺叔兰的舅舅之一呢? 同时,我们由此还可以看出,洛阳暨周边地区于阗国人与天竺国人之间交往比较密切。

除了朱士行、不如檀、竺叔兰为线索的都城洛阳、颖川郡许昌、陈留郡仓垣等地区于阗国人、天竺国人侨居聚落存在及其活动以外,与此几乎同时期的具有月氏国背景的竺法护行踪,亦值得我们观察。据《出三藏记集》卷13《竺法护传》记载,竺法护来到中原后,主要活动空间在长安。《出三藏记集》卷7《须真天子经记》记其于泰始二年(266)到达长安:

> 《须真天子经》,太始二年十一月八日,于长安青门内白马寺

中,天竺菩萨昙摩罗察(引者注:竺法护)口授出之。时传言者安文惠、帛元信。手受者聂承远、张玄泊、孙休达,十二月三十日未时讫。

此时竺法护尚不会说汉语,需要译人"传言","传言者安文惠、帛元信"应是侨居长安的胡人无疑。《出三藏记》卷7《魔逆经记出经后记》又记其于太康十年(289)到达洛阳:

太康十年(289)十二月二日,月支菩萨法护手执梵书,口宣晋言,聂道真笔受,于洛阳城西白马寺中始出。折显元写,使功德流布,一切蒙福度脱。

竺法护到达洛阳时,已经能够"口宣晋言",但使用汉字仍然需要汉族知识分子帮助。显而易见,竺法护到达长安、洛阳等地,应该都有月氏国人侨居聚落背景。据文献记载,两汉以来,除了大宛出"天马"外,月氏马亦著称于世,当时曾流传俗语:中国人众,大秦宝众,月氏马众。[1] 故疑长安、洛阳以"白马寺"命名的佛寺,可能皆与月氏国人侨居聚落背景有关。又《出三藏记》卷8《正法华经后记》记载:

永熙元年(290)八月二十八日,比丘康那律于洛阳写《正法华品》竟。时与清戒界节优婆塞张季博、董景玄、刘长武、长文等手执经本,诣白马容对,与法护口校古训,讲出深义。以九月本斋十四日,于东牛寺中施檀大会,讲诵此经,竟日尽夜。无不咸欢,重已校定。

据此材料描述,隐约可见竺法护是以洛阳白马寺为居点,康那律是以东牛寺为居点。我们应有理由推测东牛寺为洛阳康居侨居聚落内佛寺,由此则可见月氏国人与康居国人交往比较密切。

康那律、竺法护在洛阳的活动,似与早期汉僧之一竺法深有关,据《高僧传》卷4《晋剡东仰山竺法潜传》记载:

年十八(284)出家,事中州刘元真为师。……潜伏膺已后,剪

---

〔1〕〔宋〕王应麟《小学绀珠》卷2《地理类》引《外国传》:"三众:中国人众,大秦宝众,月支马众。"(《四库全书》本)

削浮华,崇本务学,微言兴化,誉洽西朝。风姿容貌,堂堂如也。至
年二十四(290),讲《法华大品》,既蕴深解,复能善说,故观风味道
者,常数盈五百。

据竺法深卒年(晋宁康二年,374)和寿龄(89岁),可以推算出竺法深
讲《法华大品》时在永熙元年(290),此年正是康居僧人康那律在洛阳
东牛寺译出《正法华品》的年头。如果竺法深所讲的《法华大品》底本
与康那律抄写的《正法华品》有关,那么,我们完全可以感受到竺法深
的活动空间与康那律的活动空间有关。虽然我们已无法知道刘元真、
竺法深师徒在都城洛阳的活动情况,但我们推测刘元真、竺法深与以
康那律为主导、东牛寺为中心、《法华经》为主要经典的洛阳康居聚落
空间关系极大,并与以竺法护为主导、白马寺为中心的洛阳月氏国人
侨居聚落关系密切。也就是说,竺法深的"竺"姓,可能意味着他的师
资与竺法护不远。竺法深是晋室南渡后江左僧界领袖人物,也是南朝
清谈圈子的名士。其师刘元真当时"驰名中原",但面貌却非常模糊,
其背景似不出康那律、竺法护等都城洛阳及周边地区以侨居奉佛胡人
为中心的佛教空间。

洛阳周边地区的胡人活动见于上述陈留郡、颍川郡以外,亦见于
陈郡淮阳。[1] 1907年敦煌出土粟特文古信札2号信(年代:西晋末
年)[2]中曾提到淮阳,说明淮阳有商胡活动:

爵爷,安玛塔萨其在酒泉一切顺利;安萨其在姑藏也好。但是
爵爷,自从一粟特人从内地来此,已有三年。不久,我为古地萨其
准备行装,他一切都好。后来他去了淮阳,现无人从他处来。

《高僧传》卷4《晋淮阳支孝龙传》谓支孝龙为淮阳人,支孝龙师资应亦
与"支"姓胡僧有关,如果支孝龙是在淮阳出家为僧,那么,我们据此可

---

〔1〕《汉书》卷28下《地理志下》:"淮阳国,高帝十一年置。"(中华书局1962年版,第1635
页)《后汉书》卷4《孝和孝殇帝纪》:"(章和二年,88)三月丁酉,改淮阳为陈国。"(中华书局1965
年版,第165页)

〔2〕陈国灿在《敦煌所出粟特文信札的书写地点和时间问题》一文中,认为这8封粟特文信
件"书写时间在西晋永嘉六年八月,即公元312年10月",载氏著《敦煌学史事新证》,甘肃教育出
版社2002年版,第56-72页。

以推测淮阳存在着月氏背景的胡人聚落。

上面我们大略考察了魏、西晋时期都城洛阳以及周边陈留郡、颍川郡、陈郡等区域胡人佛教活动情况。都城洛阳及周边地区是当时汉地政治、经济、文化中心,不仅人口最为集中,商业也最为发达。我们知道,西域诸国胡人(包括奉佛胡人)来到汉地主要有两类:一是官方朝贡人员(使者和侍子);二是民间从事商业活动的商胡。显然,第一类官方派出的朝贡人员,主要停留在都城洛阳;第二类主要是商胡,大多在商业发达的城市从事贸易活动。由于都城洛阳及周边地区的地域优势,故胡人活动相对比较频繁,其中包括奉佛胡人的佛教活动。

我们注意到,作为汉地政治、经济、文化中心的都城洛阳及周边地区,也是东汉末年名士群体兴起以来产生名士最多的区域。金发根先生曾统计过东汉末年名士人数,[1] 如表 8－1。

表 8－1　金发根统计的东汉末年名士

司隶	河南郡 3 人,河内郡 1 人,弘农郡 3 人,京兆 5 人,扶风 1 人。
豫州	颍川郡 21 人,汝南郡 17 人,梁国 1 人,沛国 5 人,陈国 3 人,鲁国 4 人。
冀州	魏郡 2 人,中山郡 2 人,河间郡 3 人,清河郡 1 人,渤海郡 5 人。
兖州	陈留郡 15 人,东郡 2 人,东平郡 2 人,任城郡 1 人,泰山郡 1 人,山阳郡 28 人。
徐州	东海郡 1 人,琅邪郡 1 人,彭城郡 1 人,下邳郡 1 人。
青州	平原郡 2 人,北海郡 1 人,东莱郡 1 人。
荆州	南阳郡 6 人,南郡 2 人,江夏郡 2 人,桂阳郡 1 人。
扬州	庐江郡 2 人,会稽郡 2 人,吴郡 1 人,豫章郡 1 人。
益州	汉中郡 2 人,巴郡 1 人,蜀郡 2 人,犍为郡 1 人。
凉州	安定郡 1 人,敦煌郡 2 人。
并州	上党郡 1 人,太原郡 8 人。
幽州	渔阳郡 1 人。

其中都城洛阳、陈留郡、颍川郡、陈郡 4 郡名士人数合计 42 人,约占全国名士总数 170 人的 1/4。曹魏政权是以颍川名士为核心的政治

---

[1] 金发根:《东汉党锢人物的分析》,史语所集刊第 34 本下册(1963)。

集团,洛阳及周边地区名士群体优势更加明显。[1] 司马氏禅代曹魏以后,地域政治格局并没有大的变化。如具有广泛影响力、名为"竹林七贤"的名士集团:河内山涛、谯国嵇康、陈留阮籍、陈留阮咸、沛国刘伶、琅邪王戎、河内向秀等。又如名为"八达"的名士集团:陈留董昶、琅邪王澄、陈留阮瞻、颍川庾凯、陈留谢鲲、太山胡母辅之、淮阳沙门于法龙(支孝龙)、乐安光逸等。我们从中都可以直观看到洛阳及周边地区名士群体的明显优势。

综上所述,我们可以得到如下认知:胡人佛教活动空间与名士活动空间的重叠关系,是汉族知识僧人与名士群体发生交往非常重要的环境条件。

8.2　汉族知识僧人进入、融入名士空间

魏、西晋时期胡人佛教传播汉族名士空间,除了上述胡人佛教活动区域与名士活动区域"重叠"的外部环境条件之外,我们认为还有一个重要的内在原因,就是西晋司马氏政权鉴于曹魏政权严酷对待"正始名士"的严重后果,对"异端"名士群体的"过激行为"有所宽容,其中包括对名士社会在好尚"胡风"传统习气下招引僧人甚至出家为僧的宽容。

自汉武帝开西域以来,汉地贵族上层渐渐流行"胡风"习气,并渐渐向社会蔓延。至西晋时期,名士社会亦沾染好尚"胡风"习气,如上文已经提及的陈留名士阮氏家族内拥有一个"胡婢"。名士拥有"胡婢"似为时风,亦见于名士石崇家内,见《拾遗记》卷9记载:

> 石季伦爱婢名翔风,魏末于胡中得之……妙别玉声,巧观金色。……珍宝奇异……皆殊方异国所得,莫有辨识其出处者。乃使翔风别其声色,悉知其处。

但是像阮咸这样纳"胡婢"为妾生子,显然已超越礼法限度,故《晋书》

---

〔1〕刘蓉:《汉魏名士研究》,中华书局2009年版,第107-113页。

本传谓其"任达不拘","放达为行","当世礼法者讥其所为"。但是最高统治者对于诸阮"无礼"行为还是非常宽容的,如阮籍"不拘礼教","礼法之士疾之若仇,而帝每保护之"。[1] 我们认为,正是司马氏政权对于名士群体的特殊偏护环境,才会出现汉人出家为僧现象。

据此,我们大致可以判断,首先,最初出家为僧的汉人,应该大多具有名士家族背景。如早期汉僧之一竺法深,即出身于西晋名士望族琅邪王氏,《高僧传》卷4《晋剡东仰山竺法潜传》记载:

> 竺潜,字法深,姓王,琅琊人。晋丞相武昌郡公敦之弟也。

支孝龙的家族背景虽不清楚,但名士派头已经十足,《高僧传》卷4《晋淮阳支孝龙传》记载:

> 少以风姿见重,加复神彩卓荦,高论适时。常披味小品,以为心要。陈留阮瞻、颖川庾凯,并结知音之交,世人呼为"八达"。时或嘲之曰:"大晋龙兴,天下为家。沙门何不全发肤,去袈裟,释胡服,被绫罗?"龙曰:"抱一以逍遥,唯寂以致诚,剪发毁容,改服变形。彼谓我辱,我弃彼荣。故无心于贵而愈贵,无心于足而愈足矣。"其机辩适时,皆此类也。

材料所记行为,"神彩卓荦","常披味小品,以为心要",皆当时名士风度,故谓其"风姿见重";所记言论,"彼谓我辱,我弃彼荣","无心于贵而愈贵,无心于足而愈足",皆当时名士腔调,故谓其"高论适时"。

史传最早汉僧朱士行的家族背景也很不清楚,《出三藏记》卷13《朱士行传》记载:

> 朱士行,颖川人也。志业清粹,气韵明烈,坚正方直,劝沮不能移焉。少怀远悟,脱落尘俗。出家以后,便以大法为己任,常谓入道资慧,故专务经典。……士行常于洛阳讲《小品》,往往不通。每叹此经大乘之要,而译理不尽,誓志捐身,远迎《大品》。

但从他生活在名士产生最多的颖川,"少怀远悟,脱落尘俗"的品质,以及讲述佛教般若学说的能力,成长于有知识的家庭是肯定的。

---

〔1〕《晋书》卷49《阮籍传》,中华书局1974年版,第1361页。

虽然史传材料对早期汉僧的描述非常有限,如朱士行与名士空间的交往叙述不显,而支孝龙与胡人空间的关系隐晦,竺法深其师刘元真的面貌非常模糊,但如果将朱士行、支孝龙、竺法深的材料结合起来观察,那么,西晋时期汉族知识僧人的生活面貌还是非常清晰的。他们大多是具有名士家族背景,师资源于胡人空间,又有能力出入名士空间的汉族知识僧人。不言而喻,正是早期汉僧大多是具有名士家族背景的知识僧人,才是早期汉僧大多表现出与名士空间发生关联的根本原因。

其次,最早汉人出家为僧,可能是作为名士的"异行"而出现。两汉以来,汉族国家皆以名教立国,标榜"以孝治天下"的儒教理念,讲续嗣继后,保全父母所遗之"身体发肤";而佛教在外在特征上即显得非常"反名教",佛教出家,轻视现世,毁容绝嗣,这应该正是汉、魏、西晋历朝禁止汉人出家的理由。《弘明集》卷8《灭惑论》引《三破论》举汉人出家不孝"五大罪状"云:

> 人生之体,一有毁伤之疾,二有髡头之苦,三有不孝之逆,四有绝种之罪,五有亡体从诚。唯学不孝,何故言哉?诚令不跪父母,便竟从之。儿先作沙弥,其母后作阿尼。则跪其儿,不礼之教,中国绝之,何可得从?

虽然佛教教义并不直接反对儒教孝道,但汉人出家为僧行为的后果,则与儒教孝道冲突不可谓不尖锐,由此可知当时佛教在汉地社会舆论环境之处境,故支孝龙出家为僧,即遭到汉人社会舆论的嘲笑。《高僧传》卷4《晋淮阳支孝龙传》曾记载:

> 时或嘲之曰:"大晋龙兴,天下为家。沙门何不全发肤,去袈裟,释胡服,被绫罗?"

但从西晋政权对名士"异行"相对宽容的社会环境看,我们也许将支孝龙出家为僧的行为,理解为支孝龙为了成为名士而有意违逆舆论,并借助佛教"剪发毁容、改服变形"的外在形式表现其强烈异端个性更加合适,这可能正是支孝龙被名士社会所接受并成为"八达"名士集团成员的主要资本。我们知道,要成为"八达"名士集团成员之一,是有标准的,所谓"达",无疑是指"放达"。什么叫"放达"?我们先看看"八达"其他成员被称为"达"的典型行迹,如《晋书》卷49《谢鲲传》:

> 太傅东海王越闻其名,辟为掾,任达不拘,寻坐家童取官稾除名。于时名士王玄、阮修之徒,并以鲲初登宰府,便至黜辱,为之叹恨。鲲闻之,方清歌鼓琴,不以屑意,莫不服其远畅,而恬于荣辱。邻家高氏女有美色,鲲尝挑之,女投梭,折其两齿。时人为之语曰:"任达不已,幼舆折齿。"鲲闻之,敖然长啸曰:"犹不废我啸歌。"

又,同书同卷《胡毋辅之传》记载:

> 复求外出,为建武将军、乐安太守。与郡人光逸昼夜酣饮,不视郡事。成都王颖为太弟,召为中庶子,遂与谢鲲、王澄、阮修、王尼、毕卓俱为放达。尝过河南门下饮,河南驺王子博箕坐其傍,辅之叱使取火。子博曰:"我卒也,惟不乏吾事则已,安复为人使!"辅之因就与语,叹曰:"吾不及也!"荐之河南尹乐广,广召见,甚悦之,擢为功曹。其甄拔人物若此。

又,同书同卷《光逸传》记载:

> 寻以世难,避乱渡江,复依辅之。初至,属辅之与谢鲲、阮放、毕卓、羊曼、桓彝、阮孚散发裸袒,闭室酣饮已累日。逸将排户入,守者不听,逸便于户外脱衣露头于狗窦中窥之而大叫。辅之惊曰:"他人决不能尔,必我孟祖也。"遽呼入,遂与饮,不舍昼夜。时人谓之"八达"。

据此我们对"放达"可以形成大概认识,严格地说,"放达"就是突破名教;通俗地说,"放达"就是不落俗套,是异端另类。现在我们再回过头来,体会支孝龙出家为僧在当时"放达"语境中的意味,是与后来汉人出家为僧见怪不怪的环境有很大区别的。在"放达"的语境中,支孝龙出家为僧行为本身,就是"放达"的极端表现。我们甚至可以感觉到,在当时名教社会看来,名士与胡人(包括僧人)交接,可能都是属于"交往失类",难免受到社会舆论讥刺。唯其如此,不仅名士出家为僧为"放达"的表现,而且名士与僧人交游也是"放达"的表现。

这里我们顺便对"放达"语境中的汉僧与胡僧角色加以区别。"放达"是汉人社会特有语境，汉人出家为僧被汉人社会视为"放达"，而胡人出家为僧则被视为正常胡俗，不算"放达"。我们还注意到西晋时期胡僧如竺法护、耆域等都没有与名士交接的记述，在特殊的条件下，胡僧虽然也有机会与汉族官员接触，如《高僧传》卷9《晋洛阳耆域传》记载：

> 时衡阳太守南阳滕永文在洛，寄住满水寺，得病经年不差，两脚挛屈，不能起行。域往看之，曰："君欲得病疾差不？"因取净水一杯，杨柳一枝，便以杨柳拂水，举手向永文而咒，如此者三。因以手搦永文两膝令起，即起行步如故。

但传记中我们看不到胡僧耆域在洛阳与名士相接的记载，除了可能的语言障碍，主要应该还是对胡人与汉人名士空间的隔绝。作为一个反例，东晋初期龟兹僧帛尸梨蜜因受到王导赏识，虽不通汉语而获得名士们的激赏，见《高僧传》卷1《晋建康建初寺帛尸梨蜜传》：

> 蜜性高简，不学晋语，诸公与之语言，蜜虽因传译，而神领意得，顿尽言前。莫不叹其自然天拔，悟得非常。

大概这正是名士文化的"放达"处。

我们再来看与支孝龙有密切关系的胡人"侨客"、《放光经》传译者竺叔兰的"放达"行为，《出三藏记》卷13《竺叔兰传》记载：

> 性嗜酒，饮至五六升方畅。尝大醉，卧于路傍，仍入河南郡门唤呼，吏录送河南狱。时河南尹乐广与宾客共酣，已醉，谓兰曰："君侨客，何以学人饮酒？"叔兰曰："杜康酿酒，天下共饮。何以侨旧？"广又曰："饮酒可尔，何以狂乱乎？"答曰："民虽狂而不乱，犹府君虽醉而不狂。"广大笑。时坐客曰："外国人那得面白？"叔兰曰："河南人面黑尚不疑，仆面白复何怪耶？"于是宾主叹其机辩，遂释之。

毫无疑问，这则竺叔兰醉酒与乐广"清谈"的材料，即使在齐、梁之际释僧佑的叙述中，显然也是为了塑造竺叔兰作为"放达"名士形象来使用的，这是两晋名士文化仍在南朝流传的体现。在这里，我们还看到了身为地方长官的名士乐广对名士竺叔兰的偏爱、宽容态度，与西晋武帝偏爱、宽容阮籍如出一辙。

在充分认识西晋洛阳时代"八达"性质后,我们接下来看晋室南渡后重新组合的"八达"名士集团,就非常清晰。后"八达"是前"八达"的直接延续,具体成员是:胡毋辅之、谢鲲、阮放、毕卓、羊曼、桓彝、阮孚、光逸。其中胡毋辅之、谢鲲、光逸3人是旧成员,其他5人是新成员,我们很容易推断后"八达"的大概风度。为了丰富对后"八达"的印象,再举新成员几则材料,来说明"放达"价值观在江左的延续。《晋书》卷49《毕卓传》记载:

> 卓少希放达,为胡毋辅之所知。太兴末,为吏部郎,常饮酒废职。比舍郎酿熟,卓因醉夜至其瓮间盗饮之,为掌酒者所缚,明旦视之,乃毕吏部也,遽释其缚。卓遂引主人宴于瓮侧,致醉而去。

《晋书》卷49《羊曼传》亦记载:

> 曼任达穨纵,好饮酒。……敦败,代阮孚为丹阳尹。时朝士过江初拜官,相饰供馔。曼拜丹阳,客来早者得佳设,日宴则渐罄,不复及精,随客早晚而不问贵贱。

晋室南渡后,一部分僧人追随名士到建康,荫附于名士空间,"奉行中朝之旧习",[1]所以,我们可以比较准确地把握以竺法深、支遁为代表的"名僧"荫附在权臣王导、谢安为核心的名士空间中行止、言论的性质。在新都城建康的名士权力空间里,僧人并不是自主的具有完整宗教人格的佛教徒,而是名士世界中的一员。在名士权力空间里,名士是主体,僧人是荫客;玄学是"锦",佛学是"花",佛学附丽于玄学,只是锦上添花而已。竺叔兰译出《放光经》等,皆有迎合玄学之意。名士谈佛学般若,只是为了激发话题,提升思辨,并不是为了传播佛教,与奉佛礼俗更存在着很长距离。但经过朱士行、支孝龙、竺法深、支遁等出色表现,僧人在名士空间内的地位更加突出鲜明,故东晋名士孙绰为僧人名士题名,以拟"竹林七贤",《出三藏记集》卷13《竺法护传》记载:

> 后孙兴公制《道贤论》,以天竺七僧方竹林七贤。

---

〔1〕汤用彤:《汉魏两晋南北朝佛教史》,上海书店1991年版,据商务印书馆1938年版影印,第173页。

分别以帛法祖比嵇康，[1]以于法兰比阮籍，[2]以竺法护比山涛，[3]以支遁比向秀，[4]以竺法深比刘伶，[5]以于道邃比阮咸，[6]以竺法乘比王戎。[7] 僧人的名士色彩，至梁代仍然存在，这应该也是释宝唱《名僧传》之"名僧"一词的应有含义。

名士空间是魏、晋名士政权的政治空间，其基本功能：一是维护士族权威，二是选拔国家人才。佛教僧人进入、融入名士空间，甚至成为名士集团的成员，在丰富、强化了名士空间的政治功能的同时，也形成了自身在名士空间的崇高地位，汉族僧团由此逐渐发展壮大，汉传佛教基本特质由此成长，西域佛教在汉地长出了奇异的花朵。

两晋时期汉族知识僧人进入、融入名士空间甚至成为名士集团成员，为胡人佛教向汉人社会传播并在汉人社会上层顺利展开最终形成汉人佛教，创造了很重要的条件，可谓"晋之盛德也"。[8] 两晋时期汉族知识僧人所构建的与名士空间的交往，也成为汉传佛教僧人重要原型之一：知识僧人与国家权力空间内知识官僚阶层保持交往关系，一直是汉传佛教政教关系的重要纽带。

---

[1]《高僧传》卷1《晋长安帛远传》："孙绰《道贤论》，以法祖匹嵇康。《论》云，帛祖衅起于管蕃，中散祸作于钟会。二贤并以俊迈之气，昧其图身之虑，栖心事外，经世招患，殆不异也。"（中华书局1992年版，第27页）

[2]《高僧传》卷4《晋剡山于法兰传》："孙绰《道贤论》以比阮嗣宗。《论》云，兰公遗身，高尚妙迹。殆至人之流，阮步兵傲独不群，亦兰之俦也。"（中华书局1992年版，第166页）

[3]《高僧传》卷1《晋长安竺昙摩罗刹传》："后孙兴公制《道贤论》，以天竺七僧方竹林七贤，以护比山巨源。其论云，护公德居物宗，巨源位登论道。二公风德高远，足为流辈。其见美后代如此。"（中华书局1992年版，第24页）

[4]《高僧传》卷4《晋剡沃洲山支遁传》："孙绰《道贤论》以遁方向子期。《论》云，支遁向秀，雅尚庄老。二子异时，风好玄同矣。"（中华书局1992年版，第163页）

[5]《高僧传》卷4《晋剡东仰山竺法潜传》："孙绰以深比刘伯伦。论云，深公道素渊重，有远大之量。刘伶肆意放荡，以宇宙为小。虽高栖之业，刘所不及，而旷大之体同焉。"（中华书局1992年版，第157页）

[6]《高僧传》卷4《晋燉煌于道邃传》："孙绰以邃比阮咸。"（中华书局1992年版，第170页）

[7]《高僧传》卷4《晋燉煌竺法乘传》："孙绰《道贤论》以乘比王浚冲。《论》云，法乘安丰，少有机悟之鉴。虽道俗殊操，阡陌可以相准。"（中华书局1992年版，第155页）

[8]《出三藏记集》卷5《新集安公注经及杂经志录》："佛之著教，真人发起。大行于外国，有自来矣。延及此土，当汉之末世。晋之盛德也。"（中华书局1995年版，第227页）

9 东晋时期佛教
在名士家族空间之表现
——以琅邪王氏家族为实例

"永嘉之乱"后,西晋王朝分裂为南方汉族政权和北方胡族政权对立的局面,此为中国汉地佛教史之大变局。在中原板荡之际,原有的都邑胡族社区秩序被冲垮,胡人及僧人随之流散,其中一部分与名士群体关系密切的僧人(主要是汉族知识僧人)继续追随名士南渡至江南,开创了东晋佛教的新天地;而大部分僧人则滞留在胡族主导的政权统治区域弘化,由于北方胡族统治者亦有奉佛者,如后赵政权和后秦政权,北方的佛教形势因此亦发生大变,从此形成了南方佛教和北方佛教大交流的新局面。

从思想史角度研究佛教僧人与玄学名士的关系,前人已有可观的成果。[1] 本章主要从社会学角度,通过考察东晋时期南渡僧人群体继续对名士权力空间(特别是名士家族权力空间)的依附关系,描述佛教在汉族士族上层社会传播的过程。我们认为,将东晋境内的佛教置于东晋初期侨居政权的特殊处境中,即东晋政权内部北来士族权力集团与江南豪族势力集团既联合又抗衡的格局中,审视僧人追随中原士族南渡,并作为北来士族文化霸权的构成部分发挥作用,最为透彻。特别在中原士族南渡江南初期,寄居江南豪族领土,建立侨居政权,主要依靠中原士族门阀文化优势,其中前朝都城洛阳士族以"清谈"作为修养、身份、地位等文化性标志,被东晋初期侨居士族用来抑制、平衡江南

〔1〕从思想史角度研究佛教僧人与玄学名士关系的代表性成果,主要有汤用彤《汉魏两晋南北朝佛教史》第七章《两晋际之名僧与名士》,上海书店出版社 1991 年版,据商务印书馆 1938 年版影印,第 153 – 186 页。

·欧·亚·历·史·文·化·文·库·

本土豪族，[1]以非常夸张的姿态表现出来。毫无疑问，僧人在其间起到了推波助澜的作用，佛教亦因此获得在汉族上层社会传播的机会。由此我们看到，由于魏晋以来玄学兴起的特定历史性机遇，佛教以汉族知识僧人为中介，进入名士文化权力空间，开始在汉族上层社会传播，对汉地佛教影响极其深远。

我们注意到，东吴一朝的政治、经济、文化中心区域——建康、吴会一带，亦为东晋王朝根本之所在。[2] 在国家大力拓殖江南地区的背景下，具有高级品秩的北来士族大多集中在此"求田问舍"，购置家族产业。[3] 北来僧人大多依附于北来士族，故这些地区佛教亦相对兴盛，佛寺分布密度亦相对较高。东晋士族代表——琅邪王氏的家族产业，亦主要分布在建康、吴兴郡、吴郡、会稽郡一带，所以，本文主要通过考察僧人活动空间与琅邪王氏宗族权力空间的关系，对僧人在名士权力空间的具体表现，亦即佛教在汉族士族上层社会的传播过程，作一初步的描述。

9.1　南渡初期，北来僧人萌附于名士集团权力空间

由于东晋佛教的起点是接续了西晋都城洛阳的名士"清谈"，[4]所以南渡以后，首先表现为北来僧人追随、投靠北来名士集团，并在名士

---

〔1〕《晋书》卷 58《周顗传》："时中国亡官失守之士避乱来者，多居显位，驾御吴人，吴人颇怨。"（中华书局 1974 年版，第 1574 页）

〔2〕《宋书》卷 60《范泰传》载泰谏宋少帝书，其中亦云："今之吴会，宁过二汉关河，根本既摇，于何不有。"（中华书局 1974 年版，第 1619 页）

〔3〕唐长孺：《三至六世纪江南大土地所有制的发展》，上海人民出版社 1957 年版，第 55－73 页。

〔4〕汤用彤：《汉魏两晋南北朝佛教史》第七章《两晋际之名僧与名士》"玄风之南渡"条，上海书店 1991 年版，据商务印书馆 1938 年版影印，第 168－174 页。

集团权力空间内寻求立足,然后逐渐伸展开来。[1] 田余庆先生指出,东晋初期的"王马"(王衍与司马越)朝廷与西晋末年的"王马"(王导与司马睿)朝廷,有着比较直接的继承关系。西晋末年团聚在司马越、王衍周围的名士,"多数人陆续过江,庇托于江左政权",成为新朝廷"百六掾"的主干。[2] 故过江前曾与司马越、王衍周围名士集团相接或本来就是名士集团成员的僧人,过江后大多落脚新都建康,自觉荫附于北来名士集团权力空间,如竺法深,见《高僧传》卷4《晋剡东仰山竺法潜传》:

> 竺潜,字法深,姓王,琅琊人。晋丞相武昌郡公敦之弟也。年十八(283)出家,事中州刘元真为师。……潜伏膺已后,剪削浮华,崇本务学,微言兴化,誉洽西朝。风姿容貌,堂堂如也。至年二十四(289),讲法华大品,既蕴深解,复能善说,故观风味道者,常数盈五百。晋永嘉(307—313)初,避乱过江。中宗元皇及萧祖明帝、丞相王茂弘、大尉庾元规,并钦其风德,友而敬焉。建武太宁(323—326)中,潜恒着屐至殿内,时人咸谓方外之士,以德重故也。

由于竺法深身份的特殊性,应是最早过江的僧人之一。再举一个胡僧例子,以明当时过江僧人民族构成之多元,同上书卷1《晋建康建初寺帛尸梨蜜传》:

> 帛尸梨蜜多罗,此云吉友,西域人。时人呼为高座。……晋永嘉(307—313)中,始到中国。值乱,仍过江,止建初寺。丞相王导一见而奇之,以为吾之徒也,由是名显。太尉庾元规、光禄周伯仁、太常谢幼舆、廷尉桓茂伦,皆一代名士,见之终日累叹,披衿致契。

〔1〕关于晋室南渡以后北来僧人活动空间重叠于北来名士集团权力空间,也可以从语言交流角度加以观察。陈寅恪先生对东晋南朝语言使用问题曾做过专题研究,结论是:"东晋南朝官吏接士人则用北语,庶人则用吴语,是士人皆北语阶级,而庶人皆吴语阶级。"(见《东晋南朝之吴语》,载氏著《金明馆丛稿二编》,上海古籍出版社1980年版,第269页)特别在东晋前期,北来僧人和北来士人的日常会话主要使用北语,所以,北来僧人依附于北来名士空间及其"游化"区域,语言的制约都是不可忽视的因素。随着土著僧人的成长,语言对于僧人活动空间的制约才会渐渐消解。

〔2〕田余庆:《东晋门阀政治》,北京大学出版社2005年版,第6—14页。

即使此后的北来僧人,亦大多径奔建康,投靠名士,意图非常明确,如来自释道安僧团的竺法汰。梁释慧皎《高僧传》卷5《晋长安五级寺释道安传》曾记载:

> 迨冉闵之乱,人情萧素。安乃谓其众曰:"今天灾旱蝗,寇贼纵横。聚则不立,散则不可。"遂复率众,入王屋女休山。顷之,复渡河,依陆浑山,木食修学。俄而,慕容俊逼陆浑,遂南投襄阳,行至新野。谓徒众曰:"今遭凶年,不依国主,则法事难立。又教化之体,宜令广布。"咸曰:"随法师教。"乃令法汰诣扬州,曰:"彼多君子,好尚风流。"[1]

毫无疑问,此处"好尚风流"的"君子",即指雅好"清谈"的北来名士。竺法汰抵达建康后,正是由新朝"清谈"盟主王导之子王洽的接济而立足,《世说新语·赏誉第八》云:

> 初,法汰北来,未知名,王领军(王洽)供养之。每与周旋,行来往名胜许,辄与俱。不得汰,便停车不行。因此名遂重。

为了能更快地打入南下的名士圈子,决定南渡的僧人亦事前费尽心思,《世说新语·假谲第二十七》云:

> 愍度道人始欲过江,与一伧道人为侣,谋曰:"用旧义在江东,恐不办得食。"便共立"心无义"。既而此道人不成渡。愍度果讲义积年。后有伧人来,先道人寄语云:"为我致意愍度,无义那可立?治此计,权救饥尔!无为遂负如来也。"

有些僧人在初来乍到时,处境艰难,"乞丐自资",但以后有机会与名士交接,处境随之改变,如康僧渊,见《高僧传》卷4《晋豫章山康僧渊传》:

> 康僧渊,本西域人,生于长安。貌虽梵人,语实中国。……晋成之世,与康法畅、支敏度等俱过江。……渊虽德愈畅度,而别以

---

[1]《世说新语·赏誉第八》之"法汰北来未知名"条下刘孝标注引车频《秦书》亦记其事:"释道安为慕容隽所掠,欲投襄阳,行至新野,集众议曰:今遭凶年,不依国主,则法事难立。乃分僧众,使竺法汰诣扬州,曰:彼多君子,上胜可投。法汰遂渡江,至扬土矣。"(上海古籍出版社1993年版,第480页)

清约自处，常乞丐自资，人未之识。后因分卫之次，遇陈郡殷浩。浩始问佛经深远之理，却辩俗书性情之义。自昼之曛，浩不能屈，由是改观。

也有些僧人大概不擅长义学讲论或其他原因，处境始终非常艰难，如竺僧显，见《高僧传》卷11《晋江左竺僧显传》：

> 竺僧显，本姓傅氏，北地人。贞苦善戒节。蔬食诵经，业禅为务。常独处山林，头陀人外。或时数日入禅，亦无饥色。时刘曜寇荡西京，朝野崩乱。显以晋太兴之末，南逗江左。复历名山，修己恒业。后遇疾绵笃，乃属想西方，心甚苦至。见无量寿佛，降以真容，光照其身，所苦都愈。

表面上看，这些"头陀人外"的禅僧已经逸出了名士"清谈"空间，但实际上还是没有逸出清谈名士的"视野"。《高僧传》卷11《晋始丰赤城山竺昙猷传》记载：

> 竺昙猷，或云法猷，燉煌人。少苦行，习禅定。后游江左，止剡之石城山。乞食坐禅。……赤城山，山有孤岩独立，秀出千云。猷拊石作梯，升岩宴坐。接竹传水，以供常用。禅学造者，十有余人。王羲之闻而故往，仰峰高挹，致敬而反。……晋义熙末，隐士神世标入山登岩，故见猷尸不朽。其后欲往观者，辄云雾所惑，无得窥也。

名士"清谈"并不停留在语言层面，更根本的是对生活方式层面养成的风度、人格之推崇。

这里需要强调的是，魏晋时期主要由汉族知识僧人弘扬的般若佛学只是玄学的支流。[1] 在名士主导的"清谈"空间内，名士是主，僧人是客，故从名士立场来看，僧人只是门下的"谈客"而已。所以，特别在东晋前期，我们还不能将名士与僧人"清谈"，直接等同于名士信奉佛教，虽然有个别名士信奉，如何充兄弟。[2] 前引材料中丞相王导径视

---

〔1〕汤用彤：《魏晋玄学论稿》，人民出版社 1957 年版，第 42－47 页。
〔2〕《晋书》卷 77《何充传》（中华书局 1974 年版，第 2030－2031 页），同书卷 93《何准传》（第 2471 页）。

·欧·亚·历·史·文·化·文·库·

胡僧帛尸梨蜜"以为吾之徒也",而帛尸梨蜜在名士"清谈"空间也没有摆出"门师"的姿态,[1]这都清楚地表明了东晋前期僧人附庸名士的关系。名士膺服佛教般若义学、膺服僧人特殊生活方式养成的风度是一回事,名士信奉佛教是另一回事。其次,我们也不能将个人奉佛与家族奉佛等同起来,典型的例子是郗超奉佛,但郗氏家族却是信奉天师道世族,可见郗超奉佛属于个人行为。从名士膺服佛教般若义学、僧人风度到名士奉佛,从名士个人奉佛到家族成员全体奉佛,都存在较大的距离,需要一个过程,也需要其他条件。

9.2　名士家族奉佛和家族功德寺

现在我们从家族信仰需求角度,观察名士家族佛教信仰形态以及佛教在名士家族空间内传播过程。下面以琅琊王氏家族为例,本文(包括注文)所及琅邪王氏家族成员的谱系,如图 9-1 所示。早在西晋时代,琅邪王氏已是关东望族,王浑子王戎为"竹林七贤"之一,[2]王乂子王衍是惠、怀间名士集团的首领,[3]其弟王澄与汉僧支孝龙同被时人列为"八达"。[4]　王氏家族成员奉佛最著名的莫过于王基支族的竺法深(王敦弟),他是早期中原士族成员出家的汉僧之一,据《高僧传》卷4《晋剡东仰山竺法潜传》记载:

> 竺潜,字法深,姓王,琅琊人。晋丞相武昌郡公敦之弟也。年
> 十八出家,事中州刘元真为师。元真早有才解之誉,故孙绰赞曰:

〔1〕《世说新语·简傲第二十四》云"高坐道人于丞相坐"下刘孝标注引《高坐传》:"王公曾诣和上,和上解带偃伏悟言神解。见尚书令卞望之,便敛衿饰容。时叹皆得其所。"(上海古籍出版社1993年版,第771页)僧人随俗形象跃然纸上。

〔2〕《晋书》卷43《王戎传》,中华书局1974年版,第1235-1239页。又同书卷49《嵇康传》:"所与神交者惟陈留阮籍、河内山涛,豫其流者河内向秀、沛国刘伶、籍兄子咸、琅邪王戎,遂为竹林之游,世所谓竹林七贤也。"(中华书局1974年版,第1369-1374页)

〔3〕《晋书》卷43《王衍传》,中华书局1974年版,第1235-1239页。

〔4〕〔晋〕陶潜《群辅录》:"陈留董昶字仲道、琅邪王澄字平子、陈留阮瞻字千里、颍川庾凯字子高、陈留谢鲲字幼舆、太山胡毋辅之字彦国、沙门于法龙、乐安光逸字孟祖。右晋中朝八达,近世闻之故老。"(收入《五朝小说大观》,中州古籍出版社1991年版,影印扫叶山房1926年石印本,第105页)

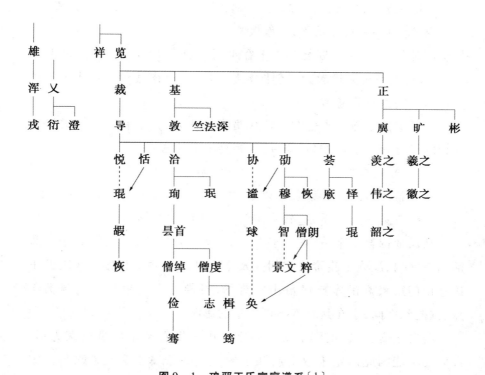

图 9－1　琅邪王氏家庭谱系[1]

（虚线表示无嗣，箭头斜线表示出继）

---

[1]谱系编制材料来源：《晋书》卷33《王祥传》、卷43《王戎传》、卷65《王导传》、卷80《王羲之传》、卷98《王敦传》；《宋书》卷60《王韶之传》、卷85《王景文传》、卷58《王球传》、卷63《王昙首传》；《南齐书》卷32《王琨传》、卷33《王僧虔传》、卷49《王奂传》；《梁书》卷7《太宗王皇后传》、卷21《王志传》、卷33《王筠传》；《高僧传》卷4《晋剡乐仰山竺法潜传》。

"索索虚衿,翳翳闲冲。谁其体之,在我刘公。谈能雕饰,照足开蒙。怀抱之内,豁尔每融。"潜伏膺已后,剪削浮华,崇本务学,微言兴化,誉洽西朝。风姿容貌,堂堂如也。至年二十四,讲《法华》大品,既蕴深解,复能善说,故观风味道者,常数盈五百。晋永嘉(307—313)初,避乱过江。中宗元皇及萧祖明帝、丞相王茂弘、大尉庾元规,并钦其风德,友而敬焉。

竺法深师徒在西晋时期已经"誉洽西朝",南渡后又为江左"道俗标领",[1]是东晋汉人佛教的开创性人物,同时也是南渡僧人进入名士集团权力空间的重要通道。

王氏家族王裁一支也有一位成员奉佛出家,是丞相王导之弟释道宝,其行迹附传于《高僧传》卷4《晋剡葛岘山竺法崇传》:

> 时剡东仰山复有释道宝者,本姓王,琅邪人,晋丞相导之弟。弱年信悟,避世辞荣,亲旧谏止,莫之能制。香汤澡浴,将就下发,乃咏曰:"安知万里水,初发滥觞时。"后以学行显焉。

从汉地佛教史来看,在佛教传入汉地社会早期,佛教仍囿于胡族活动空间内,汉族士族阶层与胡人及僧人基本上并不相接。像琅邪王氏这样门第极高的家族成员出家为僧,对佛教在汉地社会的传播起点、方向和空间,实在是有着不可估量的影响。

两晋之交,尽管琅邪王氏家族宗支中分别有两个成员出家为僧,我们还不能因此确定王敦支族和王导支族是否属于家族性奉佛。家族性奉佛的一个重要标志,是建立具有家族事务性质(主要是具有汉族传统的奉祀先人功能)的功德寺。家族功德寺应该与中原汉族传统的宗庙制度有关,如佛教发愿文中一般都会提到的"七世父母",应该就有中原汉族传统七庙制度(宗庙制度最高级别)的背景。我一直酝

---

〔1〕《高僧传》卷4《晋剡东仰山竺法潜传》,中华书局1992年版,第156页。

酿着一个观点,认为家族功德寺是汉族传统宗庙功能的延伸。[1] 准确地说,由于佛教传入汉地社会时期,正值《孝经》价值观主导社会秩序,故家族功德寺应是佛寺功能契入汉族传统宗庙礼制空间内的具体表现。在佛教传播汉族生活空间初期的东晋时期,确实有僧人讲述汉族传统丧礼经典,文献材料首见僧人讲《丧服经》者是释慧远。《高僧传》卷6《晋庐山释慧远传》记载:

> 远内通佛理,外善群书,夫预学徒,莫不依拟。时远讲《丧服经》,雷次宗、宗炳等,并执卷承旨。次宗后别着《义疏》,首称雷氏。宗炳因寄书,嘲之曰:"昔与足下共于释和上间,面受此义,今便题卷,首称雷氏乎?"……远以凡夫之情难割,乃制七日展哀,遗命使露骸松下。

由于释慧远在当时的权威地位和影响力,对佛寺功能与汉地传统丧礼的结合应起着关键性作用。至萧齐时期,尚有僧人讲述《丧服经》者,《高僧传》卷8《齐京师灵根寺释法瑗传》记载:

> 及孝武即位(454),敕为西阳王子尚友,辞疾不堪,久之获免。因庐于方山,注《胜鬘》及《微密持经》。论议之隙,时谈《孝经》、《丧服》。后天保改构,请瑗居之。因辞山出邑,纲维寺网。刺史王景文往候,正值讲《丧服》,问论数番,称善而退。

如果上述家族功德寺为汉族传统宗庙功能佛教化表现的观点成立,那么,家族功德寺就应该置于汉地传统礼制框架内,并与礼制所规定的宗庙等级制度、官僚品秩制度等联系起来加以审视。简要地说,宗庙是国家品官家族奉祀祖先亡魂的礼制空间。家族功德寺作为宗庙功能的延伸,应与家族祖先奉祀情况有关。东晋时期是属于非常特殊

---

[1]佛教传入汉地社会前期,人们大多视佛寺为宗庙,故《魏书》卷114《释老志》谓:"塔亦胡言,犹宗庙也,故世称塔庙。"(中华书局1974年版,第3028页)塔为早期佛寺重心所在,以塔代称佛寺。由于佛寺与宗庙功能有相通之处,故常见塔庙并称,如《唐少林寺碑》:"稠禅师探求正法,住持塔庙。"(碑现存河南嵩山少林寺钟楼前)《南史》卷78《天竺国传》:"孝武宠姬殷贵妃薨,为之立寺,贵妃子子鸾封新安王,故以新安为寺号。前废帝杀子鸾,乃毁废新安寺,驱斥僧徒,寻又毁中兴、天宝诸寺。明帝定乱,下令修复。"(中华书局1975年版,第1963页)杀人毁寺,其用意正与传统杀人毁庙同。佛寺和宗庙,皆先人魂神生活空间也。

177

的时期,南渡士族的祖先宗庙和墓地皆在北方故地,在"土断"以前,人们至少在心理上还是希望有朝一日回归北方故地。故在东晋前期,特别是第一代南渡士族亡故以前,人们不会有安身江南的愿望。"土断"以后,才会渐渐有安身江南的考虑。东晋时期国家对于品官家族宗庙制度的实施有一个过程,家族功德寺更是随着奉佛品官家族宗庙制度实施过程而衍生。一般地说,东晋时期奉佛品官家族功德寺应在"土断"后,最早也应在第一代品官亡故后才会出现。

我们先看王敦支族的奉佛情况。从竺法深在都城建康与王导等名士交游近 20 年来看,在都城应有自己的住处。但没有资料直接显示竺法深的住处是家族功德寺,还是仅用于个人静居的精舍,我们不好忖测。王导死后,庾冰辅政,限制佛教,竺法深"乃隐迹剡山,以避当世",本传记其"卒于山馆"。[1] 从字面看,"山馆"不像佛寺,似像精舍。但竺法深为自己家族建功德寺的可能性应该是很大的,因为竺法深不仅仅是一个"清谈"僧,也是一个能为信徒"屡兴法祀"的斋僧[2]。也就是说,竺法深所在的王敦支族家族性奉佛可能性很大,特别是太宁二年(324)王敦叛逆败亡后,尽管王敦"庙食"的资格彻底丧失了,但遗留的家族成员奉佛倾向会更大。[3]

再看王导支族的奉佛情况。前面已经指出王导生前曾视胡僧帛尸梨蜜"以为吾之徒也",可见王导尽管接引僧人,但尚未奉佛。我们从释道宝出家时"亲旧谏止,莫之能制"的态度中也看出,王导支族当时似乎还没有家族性奉佛的气氛。王导支族家族性奉佛,应以王导死后家族营建供奉王导的功德寺为标志,《高僧传》卷3《宋京师枳园寺释智严传》记载:

---

〔1〕《高僧传》卷4《晋剡东仰山竺法潜传》,中华书局 1992 年版,第 156 – 158 页。

〔2〕《高僧传》卷4《晋剡东仰山竺法潜传》,中华书局 1992 年版,第 156 – 158 页。

〔3〕《晋书》卷98《王敦传》:"有司议曰:王敦滔天作逆,有无君之心,宜依崔杼、王凌故事,剖棺戮尸,以彰元恶。于是发瘗出尸,焚其衣冠,跽而刑之。敦、充首同日悬于南桁,观者莫不称庆。敦首既悬,莫敢收葬者。尚书令郗鉴言于帝曰:昔王莽漆头以载车,董卓然腹以照市,王凌倮土,徐馥焚首。前朝诛杨骏等,皆先极官刑,后听私殡。然《春秋》许齐襄之葬纪侯,魏武义王修之哭袁谭。由斯言之,王诛加于上,私义行于下。臣以为可听私葬,于义为弘。诏许之,于是敦家收葬焉。"(中华书局 1974 年版,第 2565 – 2566 页)

晋义熙十三年(417),宋武帝西伐长安,克捷旋旆,涂出山东。时始兴公王恢从驾,游观山川,至严精舍。见其同止三僧,各坐绳床,禅思湛然。恢至,良久不觉,于是弹指。三人开眼,俄而还闭,问不与言。恢心敬其奇,访诸耆老,皆云:"此三僧隐居,求志高洁,法师也。"恢即启宋武帝,延请还都,莫肯行者。既屡请恳至,二人推严随行。恢怀道素笃,礼事甚殷。还都,即住始兴寺。严性爱虚靖,志避喧尘。恢乃为于东郊之际,更起精舍,即枳园寺也。

从"始兴寺"名字看,应是供奉"始兴公"王导的功德寺。王导在太宁二年(325)所封"始兴公",[1]死后由长子王悦房支嗣爵,悦无子,由次子恬子琨继嗣;琨卒,子嘏嗣;嘏卒,子恢嗣。[2] 始兴寺营建时间已不可知,由上引材料表明,至迟在东晋义熙末已经存在,地点在都城建康。

始兴公王恢在东郊为释智严所建的枳园寺,《广弘明集》卷16梁沈约《南齐仆射王奂枳园寺刹下石记》却记为王导五子王劭所建:

> 晋故车骑将军琅邪王劭玄悟独晓,信解渊微。于承祖文献公清庙之北,造枳园精舍。其始,则芳枳树篱,故名因事立。虽房殿严整,而宝刹未树。

王劭卒于太元四年(379),[3]据此可推知王劭建枳园寺当不晚于此年。王劭建枳园寺时间要比王恢建枳园寺时间,至少早出38年以上。这里需要辨别的是,《晋书》卷65《王导传》记导宗门内有两个"王恢",上述

---

〔1〕《晋书》卷6《明帝纪》:"[太宁]二年[325],……封司徒王导为始兴郡公,邑三千户,赐绢九千匹。"(中华书局1974年版,第162页)

〔2〕《晋书》卷65《王导传》:"悦无子,以弟恬子琨为嗣,袭导爵丹阳尹,卒,赠太常。子嘏嗣,尚鄱阳公主,历中领军、尚书。卒,子恢嗣,义熙末,为游击将军。"(中华书局1974年版,第1755页)

〔3〕王劭卒年据《晋书》卷74《桓冲传》:"坚遣其将苻融寇樊、邓,石越寇鲁阳,姚苌寇南乡,韦钟寇魏兴,所在陷没。……冲既惮坚众,又以疾疫,还镇上明。表以夏口江沔卫要,密迩强寇,兄子石民堪居此任,辄版督荆江十郡军事、振武将军、襄城太守。寻阳北接强蛮,西连荆郢,亦一任之要。今府州既分,请以王荟补江州刺史。诏从之。时荟始遭兄劭丧,将葬,辞不欲出。"(中华书局1974年版,第1951页)又据《晋书》卷9《孝武帝纪》记载,桓冲抗击苻坚南侵时在太元四年(379),可知王劭卒年即在此。

179

导长子悦曾孙名恢,导五子劭三子亦名恢,皆生活在晋宋之际。[1]《高僧传》作者释慧皎似将两个"王恢"合二为一了。我们的意见是将"始兴公"的王恢和为释智严建枳园寺的王恢分析为两人,即将"始兴公"王恢视为"始兴寺"的功德主,将王劭、王恢父子视为修建枳园寺的功德主。这样,王劭玄孙王奂修建枳园寺塔(详后)就变得理所当然。这个问题涉及东晋时期宗族奉祀制度与佛寺的关系,有待日后进一步仔细研究。

宋、齐间又有释法楷、释法匮师徒等驻锡枳园寺,《高僧传》卷 10《齐京师枳园寺沙弥释法匮传》记载:

> 释法匮,本姓阮,吴兴於潜人。少出家,为京师枳园寺法楷弟子。楷素有学功,特精经史,琅琊王奂、王肃并共师焉。匮为性恭默,少语言,朴然自守,不涉人事,诵《法华经》一部。寺有上座尘胜法师老病,匮从为依止,营护甚至。及胜亡,殡葬如法。每斋会得直,聚以造栴檀像,像成,自设大会。其本家侨居京师大市,是旦还家。又至定林,复还枳园。后三处考覆,皆见匮来中食。实是一时,而三处赴焉。尔日晚,还房卧,奄然而卒。尸甚香软,手屈二指,众咸悟其得二果。……文惠、文宣并到房顶礼,为营理葬瘗。百姓云赴,嚫施重叠。仍以所得利养,起枳园寺塔。是岁齐永明七年(489)也。

枳园寺造塔资金实由劭玄孙王奂"捐割蓄俸"而来,释法匮圆寂时之"所得利养"只是有所附益而已,前引梁沈约《南齐仆射王奂枳园寺刹下石记》详载其事:

> 劭玄孙尚书仆射南徐州大守王奂深达法相,洞了宗极。勤诚外着,仁隐内弘。食不过中者,一十一载。虽翼务朝端,而事邻奈圃。日者作翰湘州,树庵蠡服。位与年升,秩随岁厚。顾惟恩隆主眄,宠结皇情。任处东方,寄深外屏。徒欲尽能竭虑,知无不为。

---

[1]王导宗门内子孙中重名现象还见于"王珉":导次子恬子名珉,出继为悦子(《晋书》卷 65《王导传》,中华书局 1974 年版,第 1755 页),导六子荟孙亦名珉(《南齐书》卷 32《王珉传》,中华书局 1972 年版,第 577 页)。

下彼民和,上宣圣泽。而自以力弱途远,终惭短效。且义止今生,
报褰来果。非所以酬鸿贶于冥津,畅丹诚于遐劫。自乘传衡皋,辞
簪派渚。誓于旧寺,光树五层。捐割蓄俸,十遗其一。凡厥所收,
三十有六万。齐之永明六年(488)六月三日。

可见枳园寺造塔工程始于齐永明六年(488),完成于次年。枳园寺是
先建"房殿",后造像建塔,由此亦可窥见南朝佛寺形态成长的一种
方式。

王导三子王洽长子王珣于晋隆安元年(397)在京师又建立一所佛
寺,《高僧传》卷1《晋庐山僧伽提婆传》记载:

> 僧伽提婆,此言众天,或云提和,音讹故也。本姓瞿昙氏,罽宾
> 人。……至隆安元年(397),来游京师。晋朝王公及风流名士,莫
> 不造席致敬。时卫军东亭侯琅琊王珣,渊懿有深信,荷持正法,建
> 立精舍,广招学众。提婆既至,珣即延请,仍于其舍讲《阿毗昙》,
> 名僧毕集。提婆宗致既精,词旨明析,振发义理,众咸悦悟。时王
> 弥(王珉)亦在座听,后于别屋自讲。珣问法纲道人:"阿弥所得云
> 何?"答曰:"大略全是,小未精核耳。"其敷析之明,易启人心如此。
> 其冬,珣集京都义学沙门释慧持等四十余人,更请提婆重译《中阿
> 含》等。罽宾沙门僧伽罗叉执梵本,提婆翻为晋言,至来夏方讫。

唐释法琳《辩正论》卷3《十代奉佛》上篇记"晋太仆卿王珣克意令
终,造石涧寺",大概即王珣所建之精舍吧。

王导六子王荟任职会稽郡太守期间,在山阴县建立功德寺,可见
王导支族在山阴亦有家业存在。《高僧传》卷5《晋虎丘东寺竺道壹
传》记载:

> 及帝崩汰死,壹乃还东,止虎丘山。……时若耶山(引者注:
> 在会稽郡山阴县境内)有帛道猷者,本姓冯,山阴人。少以篇牍著
> 称。性率素好丘壑,一吟一咏,有濠上之风。与道壹经有讲筵之
> 遇。后与壹书云:……壹既得书,有契心抱。乃东适耶溪,与道猷
> 相会,定于林下。于是纵情尘外,以经书自娱。顷之,郡守琅琊王
> 荟,于邑西起嘉祥寺。以壹之风德高远,请居僧首。

181

王荟任职会稽郡内史时间在太元六年（381）前后一段时期，[1]当在此期间所立。高僧释慧虔、释昙机、释慧皎等先后驻锡此寺。[2]

综合上述，京师始兴寺由王导长子王悦房支（大房）奉祀，京师枳园寺由王导四子王协房支（四房）和五子王劭房支（五房）共同奉祀（王协无子，由王劭子王谧继嗣），[3]山阴嘉祥寺由王导六子王荟房支（六房）奉祀，王导三子王洽房支（三房）也在京师建有佛寺，这是否意味着当时存在各房支分立功德寺奉祀共祖的礼俗？

透过王导支族各房支功德寺的分布地点，我们还可以看到王导支族家业的大致所在。

9.3　僧人活动空间
与名士家族空间之关系

我们知道，东晋时期的僧人群体，尽管大多依附于名士集团，但由于师承多源，故整体上尚没有形成统一的佛教共同体机制。游走于名士集团权力空间中的僧人，其背景主要是以师资传承关系为基础而自

---

〔1〕据《晋书》卷65《王荟传》，王荟曾两次出任会稽内史一职（中华书局1974年版，第1759－1760页）。本传谓其第二次出任情境，"桓冲表请荟为江州刺史，固辞不拜"而传任会稽内史，据同书卷74《桓冲传》可知，王荟辞江州刺史一职的原因是"遭兄劭丧，将葬"（第1951页），结合同书卷9《孝武帝纪》的记载（第231页），可推知时在太元六年（381）。由此我们不难结论，王荟任职会稽内史时间当在太元六年（381）前后一段时期。

〔2〕《高僧传》卷5《晋山阴嘉祥寺释慧虔传》："释慧虔，姓皇甫，北地人也。少出家，奉持戒行，志操确然。憩庐山中，十有余。道俗有业志胜途者，莫不属慕风彩。罗什新出诸经，虔志存敷显，宣扬德教。以远公在山，足纽振玄风。虔乃东游吴越，嘱地弘通。以晋义熙之初，投山阴嘉祥寺，克己导物，苦身率众，凡诸新经，皆书写讲说，涉将五载。"（中华书局1992年版，第209页）《高僧传》卷7《宋山阴灵嘉寺释超进传》："时有昙机法师，本姓赵氏，亦长安人。值关中寇乱，避地东下，游观山水，至于稽邑，善《法华》、《毗昙》，时世宗奉。与进相次，郡守琅琊王琨请居邑西嘉祥寺。寺本琨祖荟所创也。"（第298页）《高僧传》卷14《序录》："此传是会稽嘉祥寺慧皎法师所撰。法师学通内外，善讲经律。著《涅槃疏》十卷、《梵网戒》等义疏，并为世轨。又著此《高僧传》十三卷。梁末承至二年（553）太岁癸酉，避侯景难，来至溢城，少时讲说。甲戌年（554）二月舍化，时年五十有八。江州僧正慧恭经始，葬庐山禅阁寺墓。龙光寺僧果同避难在山，遇见时事，聊记之云尔。"（第554页）

〔3〕《晋书》卷3《王导传》："协字敬祖，元帝抚军参军，袭爵武冈侯。早卒，无子，以弟劭子谧为嗣。"（中华书局1974年版，第1758页）

然形成的僧团组织。所谓"僧团",正是指以某一师僧为核心、以学僧为成员的僧人群体。准确地说,当我们说一个"僧团"时,就是指以一个活着的师僧为核心的僧人群体单位。当僧团发展到一定规模,甚至会以"分张徒众"方式"分裂"出新的僧团,如《高僧传》卷5《晋京师瓦官寺竺法汰传》记载:

> 竺法汰,东莞人,少与道安同学。……与道安避难,行至新野,安分张徒众,命汰下京。临别,谓安曰:"法师仪轨西北,下座弘教东南。江湖道术,此焉相望矣。至于高会净因,当期之岁寒耳。"于是分手,泣涕而别,乃与弟子昙一、昙二等四十余人,沿江东下。遇疾,停阳口。

但形成僧团更为常见的方式,应是僧人成长后,离开僧团,形成新的僧团。这方面的材料,如果我们稍加留意,就会发现在《高僧传》中随处可见,其中关于僧人"少出家"、"游学"、"宗匠"、"徒众云集"等字眼后面,往往隐含着僧团的存在。同时,释慧皎遴选"高"僧的标准很严,要求"德效四依",堪为楷模,[1]故入选《高僧传》的僧人,应该都有形成僧团的能力。

下面,我们就从僧人活动空间与名士权力空间关系的角度,分别考察作为僧团成员的僧人在名士日常生活的家族空间和地理空间中的具体表现,揭示僧团活动空间重叠于名士权力空间这一重要事实。

9.3.1 僧人在名士家族空间的流动及其交往

由于东晋时期名僧大多依附于名士,故某一名僧会与某一名士建立起相对稳定的交往关系。而这种交往关系,还往往分别被名僧的僧团成员和名士的家族成员所继承,表现为跨世代的交往关系。以竺法汰僧团与琅邪王氏家族交往关系为例。先看三则材料,一是《世说新语·赏誉第八》:

> 初,法汰北来,未知名,王领军(王洽)供养之。每与周旋,行来往名胜许,辄与俱。不得汰,便停车不行。因此名遂重。

---

〔1〕《高僧传》卷14《序录》,中华书局1992年版,第525页。

二是《高僧传》卷5《晋京师瓦官寺竺法汰传》：

> 汰下都，止瓦官寺，晋太宗简文皇帝深相敬重，请讲《放光经》。开题大会，帝亲临幸，王侯公卿，莫不毕集。汰形解过人，流名四远。开讲之日，黑白观听，士女成群，及咨禀门徒，以次骈席，三吴负帙至者千数。……领军王洽、东亭王珣、太傅谢安，并钦敬无极。

三是《高僧传》卷5《晋吴虎丘东寺竺道壹传》：

> 竺道壹，姓陆，吴人也。少出家，贞正有学业，而晦迹隐智，人莫能知。与之久处，方悟其神出。琅琊王珣兄弟，深加敬事。晋太和(366—371)中，出都，止瓦官寺，从汰公受学。数年之中，思彻渊深，讲倾都邑。……顷之，郡守琅琊王荟，于邑西起嘉祥寺。以壹之风德高远，请居僧首。壹乃抽六物，遗于寺，造金牒千像。壹既博通内外，又律行清严。故四远僧尼，咸依附咨禀。时人号曰"九州都维那"。后暂往吴之虎丘山。……壹弟子道宝，姓张，亦吴人。聪慧夙成，尤善席上。张彭祖、王秀(季)琰(引者注：王珉字季琰)皆见推重，并着莫逆之交焉。

在上引材料中我们注意到，王导三子王洽最初对竺法汰的供养，并将其引入名士集团权力空间内，既是王洽子王珣、王珉兄弟与竺法汰持续交往的基础，也是竺道壹后来受学于竺法汰的背景。王洽房支成员对竺法汰僧团门资的供养关系，如图9-2。

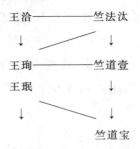

图9-2　王氏家族成员与竺法汰僧团门资供养关系

同时我们注意到，竺道壹从王导三子"王洽—王珣、王珉"房支(三房)权力空间(京师)，横向转移到了王导六子王荟房支(六房)权力空间（会稽郡山阴），僧人在这种具有家族关联性的权力空间里流动现象，应该是当时僧人流动的主要方式。我们在下文还会看到，王敦支族的竺法深及其弟子们从京师"隐迹"到会稽郡剡山，也可以说是从京师自己所属的王敦支族权力空间，先转移到王导支族的权力空间，再转移到王羲之支族的权力空间。

由此我们还直观地看到，东晋名士世族权力空间与具有师资传承关系的僧团活动空间，存在着深刻联系。这种僧人在名士世族权力空间内流动以及名士世族世世代代供养某一师资传承的僧人群体的现象，意味着两股势力的结合已经成为社会结构性的存在。其中士族政治权力世世代代与具有师资传承的僧团神学权力的结合，正是后世汉族社会同姓聚居社区或大姓主导社区佛教形态的原型。

9.3.2 僧人在名士生活的地理空间内的聚集

晋室南渡以来，大批北来士族的殖民，加速了对南方地区的开发，其中浙东地区由会稽郡循曹娥江向临海郡、永嘉郡拓展，是最为引人注目的地区之一。

会稽郡至临海郡之交通有两种：水路与陆路。水路是秦汉以来传统交通，东晋末孙恩[1]、孙季高在浙东南用兵皆取海路，[2]说明水路交通仍在使用。陆路形成似在刘宋以后，梁天监七年（508），陶弘景去浙南、闽北地区，亦首选水路，[3]大概陆路虽然已通，但仍不如水路通畅。陆路交通是中原政权向古越腹地伸展的最直接标志。陆路所连接

---

〔1〕《宋书》卷1《高祖纪》："〔隆安〕五年（401）十一月，高祖追恩于沪渎，及海盐，又破之，三战，并大获，俘馘以万数。恩自是饥馑疾疫，死者大半，自浃口奔临海。"（中华书局1974年版，第3页）

〔2〕《宋书》卷74《臧质传》：父熹，为临海太守，"郡经兵寇，百不存一。熹绥辑纲纪，招聚流散，归之者千余家。孙季高袭广州，路经临海，熹资给发遣，得以无乏。"（中华书局1974年版，第1910页）

〔3〕陶弘景《周氏冥通记》卷1："天监七年，隐居东游海岳，权住永宁青嶂山。隐居入东，本往余姚，乘海舫取晋安霍山。平晚下浙江，而潮来掣船，直向定山，非人力所能制。因仍上东阳，欲停永康。忽值永嘉人谈述彼山水甚美，复相随度峤至郡。"（据〔日〕麦谷邦夫，吉川忠夫编《〈周氏冥通记〉研究（译注篇）》整理文本，齐鲁书社2010年版，第3页）据此可知陶弘景去晋安霍山首选水路，后遇大潮才改行陆路。

的郡、县及经过地区,不仅是中原政权政治、经济、文化等力量重心所在,同时也是北来士族家业田产分布带[1]

自东晋开发以来,会稽郡境内循曹娥江上溯,经过始宁县、剡县,跨过天台山脉至临海郡始丰县境内,其间"有佳山水,名士多居之"[2]。故与名士交往密切的僧人,准确地说,东晋名士圈子不可或缺的僧人,亦随之而来。所以,自会稽郡至临海郡沿线佛教兴起的性质,可以认为是名士文化在地理空间的延伸:自洛阳→建康→会稽→天台山。

毫无疑问,会稽郡南境剡县佛教在东晋前期兴起,然后向南伸展到临海郡北境天台山脉,竺法深是有开辟之功的。但竺法深为什么选择剡山,占有剡山土地的性质,以及产生了什么样的后果? 都是值得探讨的问题。

据《高僧传》卷4《晋剡东仰山竺法潜传》可知,竺法深来到剡山的时间,应在王导、庾亮死后不久(王导死于339年,庾亮死于340年):

中宗萧祖升遐,王、庾又薨,乃隐迹剡山,以避当世。

竺法深为了"以避当世"而"隐迹剡山",大概与庾冰执政时期排佛、抑王是有关的。竺法深在其出身的琅邪王氏家族权力影响力和自身影响力空间内,之所以选择会稽郡南境剡山,主要原因应该还是剡山的环境优胜;可以说,竺法深也是因顺了国家拓殖浙东南过程中"会稽有佳山水,名士多居之"的时代潮流而选择了剡山。

竺法深占有剡山土地的性质,涉及佛寺财产权的性质,是佛教社会史最重要的基本问题之一。唐长孺先生关于3至6世纪江南豪族地主土地所有制的研究成果,非常值得我们重视。唐先生曾提到东晋时期豪族强占国家山泽盛行,屡禁不止:

---

〔1〕陈寅恪:《述东晋王导之功业》,见氏著《金明馆丛稿初编》,生活·读书·新知三联书店2001年版,第69–71页。

〔2〕称赞会稽郡至临海郡陆路官道沿线山水的材料很多,除了孙绰《天台山赋》、谢灵运《山居赋》外,还有:《晋书》卷80《王羲之传》:"羲之雅好服食养性,不乐在京师。初渡浙江,便有终焉之志。会稽有佳山水,名士多居之,谢安未仕时亦居焉。孙绰、李充、许询、支遁等皆以文义冠世,并筑室东土,与羲之同好。"(中华书局1974年版,第2098–2099页)《高僧传》卷4《晋剡山于法兰传》:"于法兰,高阳人。……后闻江东山水剡县称奇,乃徐步东瓯,远瞩嶀嵊,居于石城山足,今之元华寺是也。"(中华书局1992年版,第166页)

自汉代以来,豪强虽然常常私占山泽,但法律上从来没有承认其合法。只有皇帝才有权对山泽加以封禁。未封禁的山林川泽应该是公开给一切人的。东晋以至宋初,政府还是力图保持这一条禁令,甚至加重其处罚。……"壬辰诏书"是东晋时所颁布。以后义熙九年(413)、元嘉十七年(440)、元嘉三十年(453)、大明七年(463)曾经屡次下令封禁山泽。所以要加重处罚和屡次下令,自然因为当时私占山泽的盛行。但事实上,中央和地方政权以及私人都在继续封禁山泽的行为,中央企图借此加强其日益削弱的财政基础,地方官吏则以此扩大其收入。而聚居于吴会区域的南北士族为了满足其土地贪欲,也由平地发展到了山林湖泊地区。[1]

竺法深来到会稽郡剡县并在仰山建立佛寺的性质,[2]可能就属于琅邪王氏权力影响力下占有山林的结果。这一点也可以从他给支遁书信的语气中体会到,《高僧传》卷4《晋剡东仰山竺法潜传》曾记载:

> 支遁遣使求买仰山之侧沃洲小岭,欲为幽栖之处。潜答云:"欲来辄给,岂闻巢由买山而隐遁?"

竺法深显然是没有通过购买或其他合法的途径取得剡山的土地。尽管文献记载琅邪王氏在都城建康、吴兴郡之乌程县、吴郡、会稽郡之山

〔1〕唐长孺:《三至六世纪江南大土地所有制的发展》,上海人民出版社1957年版,第67页。
〔2〕《高僧传》卷4《晋剡东仰山竺法潜传》,中华书局1992年版,第157页。

·欧·亚·历·史·文·化·文·库·

阴县、上虞县等地皆有家业分布，[1]但还没有发现在剡山拥有田园的
材料。《晋书》卷80《王徽之传》记载：

> 尝居山阴，夜雪初霁，月色清朗，四望皓然，独酌酒，咏左思
> 《招隐诗》，忽忆戴逵。逵时在剡，便夜乘小船诣之，经宿方至，造

---

[1]东晋至梁琅邪王氏家业分布情况，主要以王导一族和王羲之所属的王正一族为例。王导
一族家业分布：(1)王导一族主脉宅业应在建康乌衣巷，《南齐书》卷33《王僧虔传》："入为侍中，
迁御史中丞，领骁骑将军。甲族由来多不居宪台，王氏以分枝居乌衣者，位官微减，僧虔为此官，
乃曰：此是乌衣诸郎坐处，我亦可试为耳。"(中华书局1972年版，第592页)乌衣宅业是王导一族
主脉所在，其宅业应由嫡长子悦房支继承。所谓"王氏以分枝居乌衣者，位官微减"，即指悦房支
人才衰落而言。(2)建康禁中里马蕃巷宅业，为王导三子洽房支所居，《梁书》卷21《王志传》：
"志家世居建康禁中里马蕃巷。"(中华书局1973年版，第320页)志为导三子洽玄孙，所谓"世
居"，应是洽房支的宅业。同书卷33《王筠传》又记："太清二年(548)，侯景寇逼，筠时不入城。明
年，太宗即位，为太子詹事。筠旧宅先为贼所焚，乃寓居国子祭酒萧子云宅，夜忽有盗攻之，惊惧
坠井卒，时年六十九。家人十余人同遇害。"(第480页)筠为志亲侄，当与志同居，可知毁于侯景
之乱的"旧宅"，即为马蕃巷宅业。又，洽曾孙僧达任职吴郡太守间在郡又置有宅业，《宋书》卷75
《王僧达传》："又立宅于吴，多役公力。"(中华书局1974年版，第1954页)(3)王导四子协、五子
劭房支宅业亦在建康，同书卷85《王景文传》："元凶弑立，以为黄门侍郎，未及就，世祖入讨，景文
遣间使归款。以父在都邑，不获致身。"(第2178页)另据《南齐书》卷49《王奂传》："及晏仕世祖
府，奂从弟蕴党，世祖谓晏曰：王奂宋家外戚，王蕴亲同逆党，既其群从，岂能无异意。我欲具以启
闻。晏叩头曰：王奂修谨，保无异志。晏父母在都，请以为质。世祖乃止。"(中华书局1972年版，
第847-848页)景文为劭曾孙、奂为劭玄孙，出继协孙球，故其父母所居即宅业所在，然具体位置
不详。(4)王导六子荟房支家业在吴郡，《晋书》卷65《王荟传》："荟字敬文。恬虚守靖，不竞荣
利，少历清官，除吏部郎、侍中、建威将军、吴国内史。……子廞，历太子中庶子、司徒左长史。以
母丧，居于吴。"(中华书局1974年版，第1760页)廞在吴郡守母丧，可见荟房支家业在吴郡，大概
荟任吴国内史间在吴郡置业。另外，王导一族在建康钟山有田业，《梁书》卷7《太宗王皇后传》：
"时高祖于钟山造大爱敬寺，夺旧墅在寺侧，有良田八十余顷，即晋丞相王导赐田也。"(中华书局
1973年版，第159页)王皇后父骞为导三子洽五世孙，钟山八十余顷赐田祖业，似为洽房支继承。
又，在建康有苑囿，《晋书》卷94《隐士郭文传》："王导闻其名，遣人迎之。……既至，导置之西园，
园中果木成林，又有鸟兽麇鹿，因以居文焉。……居导园七年，未尝出入。"(中华书局1974年版，
第2440-2441页)王正一族家业分布：(1)长子晷房支家业在吴兴郡乌程县，《宋书》卷60《王韶
之传》："曾祖廙，晋骠骑将军。祖羡之，镇军掾。父伟之，本国郎中令。韶之家贫，父为乌程令，因
居县境。"(中华书局1974年版，第1625页)另一分支家业在会稽郡上虞县，同书卷92《王镇之
传》："母忧去职，在官清洁，妻子无以自给，乃弃家致丧，还上虞旧墓。"(中华书局1974年版，第
2263页)镇之为廙长子耆之孙子，既谓"旧宅"，应该是祖业所在。(2)次子廙房支家业在余杭县，
同书卷66《王敬弘传》："曾祖廙，晋骠骑将军。祖胡之，司州刺史。父茂之，晋陵太守。……旧居
余杭县，悦是举也。"(中华书局1974年版，第1729-1730页)(3)三子旷房支在羲之时置业会稽
郡山阴县，《晋书》卷80《王羲之传》："羲之雅好服食养性，不乐在京师。初渡浙江，便有终焉之
志。会稽有佳山水，名士多居之，谢安未仕时亦居焉。孙绰、李充、许询、支遁等皆以文义冠世，并
筑室东土，与羲之同好。"(中华书局1974年版，第2098-2099页)(4)四子彬房支家业在建康。
近年南京象山出土了彬房支的家族墓，可见其家业亦当在建康。(罗新，叶炜：《新出魏晋南北朝
墓志疏证》，中华书局2005年版，第13-14页)

门不前而反。

如果琅邪王氏在剡山有田园，王徽之逸事的叙述方式是否会有所不同？关于汉地佛寺财产所有权的性质，本人另有从僧人与国家的身份关系角度进行讨论的专文，[1]可参看。

竺法深进入剡山后，为后来的僧人入剡开了头。除了弟子竺法友在剡县城南立台寺外，[2]还有竺法深"赠与"支遁"仰山之侧沃洲小岭"，[3]支遁于此"立寺行道"，"晚移石城山，又立栖光寺"；[4]帛僧光于永和初（345）"投剡之石城山"，"习禅业"；[5]稍后有竺昙猷"止剡之石城山，乞食坐禅"，"后移始丰赤城山石室坐禅"；[6]于法兰、于法开师徒在升平末（362）至剡，并在石城山立"元华寺，后移白山灵鹫寺"；[7]又有竺法崇"还剡之葛岘山"。[8]竺法深在庾冰执政时期

----

〔1〕叶德荣：《东晋时期佛教汉族国家空间的处境——以僧人不敬王、不属籍为中心》（未刊稿）。

〔2〕《高僧传》卷4《晋剡东仰山竺法潜传》，中华书局1992年版，第157页。

〔3〕《高僧传》卷4《晋剡东仰山竺法潜传》，中华书局1992年版，第157页。

〔4〕《高僧传》卷4《晋剡沃洲山支遁传》，中华书局1992年版，第161页。

〔5〕《高僧传》卷11《晋剡隐岳山帛僧光传》："帛僧光，或云昙光，未详何许人。少习禅业。晋永和初（345），游于江东，投剡之石城山。……处山五十三载，春秋一百一十岁。晋太元之末（376—396），以衣蒙头，安坐而卒。"（中华书局1992年版，第402页）

〔6〕《高僧传》卷11《晋始丰赤城山竺昙猷传》："竺昙猷，或云法猷，燉煌人。少苦行，习禅定。后游江左，止剡之石城山，乞食坐禅。……后移始丰赤城山石室坐禅。……猷以太元（376—396）之末，卒于山室。"（中华书局1992年版，第403－404版）据《高僧传》卷11传主排序及竺昙猷卒年，可以判断其入剡时间应在帛僧光稍后。

〔7〕《高僧传》卷4《晋剡山于法兰传》："于法兰，高阳人。……后闻江东山水剡县称奇，乃徐步东瓯，远瞩崎嵚，居于石城山足，今之元华寺是也。……居剡少时，欻然叹曰：大法虽兴，经道多阙。若一闻圆教，夕死可矣。乃远适西域，欲求异闻。至交州遇疾，终于象林。"（中华书局1992年版，第166版）同书卷4《晋剡白山于法开传》："于法开，不知何许人。事兰公为弟子，深思孤发，独见言表。……升平五年（361），孝宗有疾，开视脉，知不起，不肯复人。康献后令曰：帝小不佳，咋呼与公视脉。直到门不前，种种辞惮，宜收付廷尉。俄而帝崩（362），获免，还剡石城，续修元华寺。后移白山灵鹫寺。……年六十，卒于山寺。"（第167－168页）

〔8〕《宋书》卷93《孔淳之传》："孔淳之，字彦深，鲁郡鲁人也。……居会稽剡县，性好山水，每有所游，必穷其幽峻，或旬日忘归。当游山，遇沙门释法崇，因留共止，遂停三载。法崇叹曰：缅想人外，三十年矣，今乃公倾盖于兹，不觉老之将至也。及淳之还反，不告以姓。……元嘉七年（430），卒，时年五十九。"（中华书局1974年版，第2283－2284页）据此可推算孔淳之生年当为晋咸安二年（372），假设孔淳之30岁左右与法崇交游，则法崇至剡县应在隆安（397—401）末。《宋书》成书早于《高僧传》，故《高僧传》卷4《晋剡葛岘山释法崇传》基本材料似源自《宋书》。

（340）入剡，"优游讲席三十余载"，于"晋宁康二年（374）卒于山馆，春秋八十有九"。[1] 我们似有理由认为，支遁、帛僧光、于法兰、于法开等入剡，皆有竺法深支持之背景；同时也意味着，存在僧人所交往的名士集团权力影响力之大背景。可见，有着琅邪王氏权力背景并有名士山水雅好的竺法深来到剡山，对以后会稽郡南境以及临海郡北境天台山一带的佛教产生了非常深远的影响，其中对南朝末年天台宗的形成，都有着直接的贡献。

东晋佛教作为汉人佛教的起点之一，僧人依附于名士，成为名士权力集团构成部分，具体表现为僧人活动空间寄寓于名士集团权力空间之内，其结果是导致了僧人显而易见的"名士化"，甚至可以称之为"光头名士"。东晋名士基本性格是政治性的，具有两张面孔：在"朝"与国家郡县制相结合，表现为官僚；在"野"与"自然"山林相结合，表现为隐士。名士的性格也在基本面上影响了僧人的性格，佛教在郡县制国家空间中出现了僧官制度，而在"自然"山林环境中造就了"隐士式"的禅僧。毫无疑问，两晋名士在日常生活中长期倾心"自然"养成的"风度"，正是后世禅僧人格的原型，也是后世禅僧与文人阶层交往的基础。汉人佛教僧人的官僚化和隐逸化，是西域佛教传播汉地社会后发生的最重要变相之一，也是汉人佛教表现出来的最显著面相之一。

---

〔1〕《高僧传》卷4《晋剡东仰山竺法潜传》，中华书局1992年版，第157页。

10　瑞像入国

——从谶纬视角看汉地
社会接受佛教之过程

汉晋时期是西域佛教传播中原汉地社会时期,也是中国历史上大变革时期,主要表现为东汉末年以来名士群体的兴起,进而建立了名士性质的魏、晋政权,社会面貌为之大变,一方面名士开创的新风气开始引领社会生活,另一方面汉代旧传统仍在发挥广泛的影响。佛教传入汉地后,也相应地受到上述两方面的影响:一方面受名士新学——玄学影响,形成了般若佛学;另一方面受汉地社会旧传统影响,形成了祥瑞佛教。佛教传播汉地后,佛教在受谶纬观念广泛影响的民众生活空间里,一直被视为祥瑞,并成为传统。事实上,随着佛教渗入汉族民众生活,谶纬对佛教具体行事层面的影响是巨大的,诚如姜忠奎先生所指出的:谶纬之学在"魏晋以来,渐为释氏所参从"。[1] 我们充分认识到,佛教在汉人传统社会环境中,一直被视为是"圣王治世"、"天下太平"的"祥瑞",一直被视为"吉"并具有辟"凶"的功能。众所周知,汉人社会传统的吉、凶观念,源于古老的神、人关系。汉族传统观念中的"神"是宽泛的,包括有意志的天、地、山、川、物以及祖灵或外鬼等等。先秦以来,汉族民众一直相信,如果人的行为符合神意,神就会奖赏人,降福于人,表现为"吉";反之,神就会惩罚人,降祸于人,表现为"凶"。建立在神、人关系上的吉凶学说,我们称之为"谶学",可以追溯

---

〔1〕姜忠奎《纬史论微》卷9:"谶纬之学,自秦汉而降,渐为道流所摽取;魏晋以来,渐为释氏所参从。"书中并引证了《晋书·艺术传》中佛图澄、鸠摩罗什、僧涉、麻襦、单道开等5则材料。(上海书店出版社2005年版,第305－314页)另外,钟肇鹏《谶纬论略》中有《谶纬与佛教》一节,亦征引了《高僧传》中康僧会、佛图澄、释僧含等3则材料。(辽宁教育出版社1991年版,第194－197页)

·欧·亚·历·史·文·化·文·库·

到先秦时期。引谶书决疑,本是先秦以来汉人社会普遍存在的风气,不仅表现在家族空间,也表现在国家空间。汉武帝尊崇儒学以后,方士们又在传统的"谶学"基础上,附会儒家经学形成了"纬学",其核心内容是关于帝王膺命、王朝兴替的预言、验证和解说。我们将传统的"谶学"与后来形成的"纬学",合称为"谶纬"。[1] 谶纬不仅表现在礼制、政令、历法、农业、医学、文艺等国家空间及意识形态各个领域,也影响到民众日常生活的方方面面。

由于谶纬对于汉人社会的广泛影响,历代学者多有论说,然"纷挐其辞,古无是也"。[2] 近代以来,值得我们重视的研究成果,主要有陈槃《古谶纬研讨及其书录解题》,姜忠奎《纬史论微》,日本安居香山、中村璋八《纬书集成》,徐兴无《谶纬文献与汉代文化构建》等。[3] 而与谶纬相关的研究成果很多,其中术数特别是易学,成果可观,其他如神话、道教等领域,亦有所表现。但从谶纬角度并以专题研究佛教的成果,至今几乎未见。同时,佛教受玄学影响方面,学界研究亦已非常深入,成果累累,并且业已成为中国大陆地区现代佛教研究的主流;而对佛教受谶纬影响方面的研究,则显得相对不足。本文尝试从谶纬角度,主要着眼于佛教与中原社会谶纬环境的关系,揭示西域佛教在中原国家"致远人"的政治空间内获得祥瑞意义,进而描述在汉人信徒成为汉传佛教主体后各地佛像崇拜的情境,并以大型"丈六"佛像(被具有谶纬意识的汉人信徒视为"瑞像")在汉地大肆兴造、传播过程为个案,呈

---

〔1〕本文有关谶纬的叙述,主要参考了陈槃先生的研究成果,见陈槃:《秦汉间之所谓"符应"略论》、《论早期谶纬及其与邹衍书说之关系》、《谶纬命名及其相关之诸问题》、《战国秦汉间方士考论》诸篇,皆载氏著《古谶纬研讨及其书录解题》,上海古籍出版社 2010 年版。但我们认为,"谶"与"纬"还是有所区别,"纬"是附会儒经而来,论述对象主要是帝王膺命、王朝兴替,基本上限于国家空间;而"谶"则宽泛得多,既表现于国家空间,也表现于家族空间。只有在国家空间中,"谶"与"纬"可以互用,但在家族空间中,则有"谶"无"纬"。通俗地说,"谶"的适用范围要大于"纬","纬"肯定是"谶",但并不是所有的"谶"都是"纬"。

〔2〕陈槃:《谶纬命名及其相关之诸问题》,载氏著《古谶纬研讨及其书录解题》,上海古籍出版社 2010 年版,第 141 – 178 页。

〔3〕陈槃:《古谶纬研讨及其书录解题》,上海古籍出版社 2010 年版。姜忠奎:《纬史论微》,上海书店出版社 2005 年版。〔日〕安居香山,中村璋八:《纬书集成》,河北人民出版社 1994 年版。徐兴无:《谶纬文献与汉代文化构建》,中华书局 2003 年版。

现佛教被汉人社会接受的过程。

10.1　从"致远人"到"梦佛入国"

中原佛教最初是由西域奉佛胡人带进来的,所以,西域胡人侨寓中原对于汉族国家的政治意义,是佛教在汉族社会环境中获得祥瑞意义即"谶"的性质的背景。

众所周知,先秦以来,在所谓"圣王分九州,制五服"的传统观念环境中,尤其在汉代儒教国家化完成以后,[1]中原汉地已经形成了以中原国家为本位的政治意识形态,并直接影响了国家汉、胡关系的构建,正如《汉书》卷70《陈汤传》中传主疏文所表达的:

> 臣闻天下之大义,当混为一,昔有唐虞,今有强汉。匈奴呼韩邪单于已称北籓,唯郅支单于叛逆,未伏其辜,大夏之西,以为强汉不能臣也。郅支单于惨毒行于民,大恶通于天。臣延寿、臣汤将义兵,行天诛,赖陛下神灵,阴阳并应,天气精明,陷陈克敌,斩郅支首及名王以下。宜县头槀街蛮夷邸间,以示万里,明犯强汉者,虽远必诛。

这种为了实现"天下之大义,当混为一"的政治理想而"将义兵,行天诛",正是汉代儒教国家政治意识形态的通俗表达,最终的政治成果则表现为"开西域,置都护","西域五十余国,悉皆纳质内属焉",[2]出现"国丰民安"、"远夷慕义"的"天下太平"景象。中原国家皇帝为了宣传"汉家天子"号令天下诸侯的形象,也会在国家重大典礼(如宗祀、上陵、巡狩等)场合,要求各藩国使者、侍子们象征性地侍候在中原皇帝身边,如《后汉书》卷2《显宗孝明帝纪》记载:

> [永平]二年(59)春正月辛未,宗祀光武皇帝于明堂,帝及公

---

〔1〕近来较有代表性的著述有:〔日〕福井重雅:《儒教的国教化》,载〔日〕佐竹靖彦主编《殷周秦汉史学的基本问题》,中华书局2008年版,第265-286页。甘怀真:《皇权、礼仪与经典诠释:中国古代政治史研究》上篇《礼观念的演变与儒教国家的成立》,华东师范大学出版社2008年版,第1-85页。

〔2〕《后汉书》卷47《班超传》,中华书局1965年版,第1582页。

卿列侯始服冠冕、衣裳、玉佩、绚屦以行事。礼毕,登灵台。使尚书令持节诏骠骑将军、三公曰:"今令月吉日,宗祀光武皇帝于明堂,以配五帝。礼备法物,乐和八音,咏祉福,舞功德,班时令,敕群后。事毕,升灵台,望元气,吹时律,观物变。群僚藩辅,宗室子孙,众郡奉计,百蛮贡职,乌桓、涉貊咸来助祭,单于侍子、骨都侯亦皆陪位,斯固圣祖功德之所致也。"

类似的例子在正史里有很多,不赘举。在中原国家传统的政治思维里,"四方来朝","奉贡纳质",是圣王实现"太平盛世"最显著的标志之一,诚如《汉书》卷99上《王莽传》所表述的那样:

莽既致太平,北化匈奴,东致海外,南怀黄支,唯西方未有加。乃遣中郎将平宪等多持金币诱塞外羌,使献地,愿内属。宪等奏言:羌豪良愿等种,人口可万二千人,愿为内臣。……问良愿降意,对曰:太皇太后圣明,安汉公至仁,天下太平,五谷成熟,或禾长丈余,或一粟三米,或不种自生,或茧不蚕自成,甘露从天下,醴泉自地出,凤皇来仪,神爵降集。从四岁以来,羌人无所疾苦,故思乐内属。宜以时处业,置属国领护。

从西汉末年王莽辅政时期中原国家的政治格局和谶纬观念中,我们已经清清楚楚看到了西域胡人及其佛教可能所处的位置、空间和面貌。

佛教作为奉佛胡人的宗教生活方式,正是在中原国家"混一六合"、"远夷慕义"的政治框架里,随着奉佛胡人传播到了中原地区。流传很广的汉明帝梦佛神话故事,也明确地描述了佛教传入中原时"国内清宁"、"远夷慕化"的情境:

汉孝明皇帝梦见神人,身长丈六,项生圆光,飞在殿前,欣然悦之。遍问朝廷,通人傅毅对曰:"臣前天竺国有得道者,号曰佛,传闻能飞行,身有白光,殆其神乎!"帝乃悟,即遣使者张骞、羽林郎秦景、博士王遵等十四人之大月氏国,采写佛经《四十二章》,秘兰台石室第十四。即时起洛阳城西门外道北立佛寺,又于南宫清凉台作佛形像及鬼子母图。帝感非常,先造寿陵,亦于殿上作佛象。

是时国丰民安，远夷慕化，愿为臣妾。佛像来中国，始自明帝时耳。[1]

显而易见，汉明帝梦佛遣使去西域取回经像、"起立塔寺"作为奉佛事件，性质上属于汉明帝时代"国内清宁"、"远夷慕化"的国家祥瑞——"谶"呈现的，而汉明帝梦佛神话作为对奉佛意义的叙述则属于"纬"。故晋、宋之际宗炳在《明佛论》中径将佛教神迹与汉地传统符瑞相提并论云：

> 今黄帝、虞舜、姬公、孔父，世之所仰而信者也。观其纵辔升天、龙潜鸟翩、反风起禾、绝粒弦歌，亦皆由穷神为体，故神功所应，倜傥无方也。今形理虽外，当其随感起灭，亦必有非人力所致而至者。河之出图，洛之出书，蓂荚无栽而敷，玄圭不琢而成，桑谷在庭，倏然大拱，忽尔以亡。火流王屋而为乌，鼎之轻重大小，皆禽歆变化，感灵而作，斯实不思议之明类也。夫以法身之极灵，感妙众而化见，照神功以朗物，复何奇不肆，何变可限，岂直仰陵九天、龙行九泉、吸风绝粒而已哉。凡厥光仪符瑞之伟，分身踊出，移转世界，巨海入毛之类，方之黄、虞、姬、孔，神化无方。向者众瑞之晻暧显没，既出形而入神，同惚恍而玄化，何独信此而抑彼哉。冥觉法王，清明卓朗，信而有征，不违颜咫尺，而昧者不知，哀矣哉。

我们还注意到，放置佛经《四十二章经》的"兰台石室"，实为汉代国家收藏谶纬典籍的特殊空间，《后汉书》卷66《王允传》记载：

> 初平元年（190），代杨彪为司徒，守尚书令如故。及董卓迁都关中，允悉收敛兰台石室图书秘纬，要者以从。既至长安，皆分别条上。又集汉朝旧事所当施用者，一皆奏之。经籍具存，允有力焉。

收藏在"兰台石室"里的"图书秘纬"，即国家秘藏之谶纬典籍也。两汉

---

[1]此处引用的汉明帝梦佛神话版本，采用了梁陶弘景《真诰》卷9《协昌期第一》引录的东晋兴宁年间（363—365）杨羲遗书版本（吉川忠夫、麦谷邦夫编：《真诰校注》，中国社会科学出版社2006年版，第298页），这是现存诸多汉明帝梦佛神话版本中最为原始的，请参见本书第2章《汉人佛教与汉明帝梦佛神话》。

·欧·亚·历·史·文·化·文·库·

以来,传统的"符应"形态已有所衍化,不仅继承了先秦以来的实物形态,也开始出现了文献形态。法国学者索安指出两汉时期方士所献的"神书",即为谶纬文献,[1]这个说法应该是可以接受的。我们发现,汉、魏时期翻译的佛教经典文本,确是非常谶纬化的。[2]东晋、宋、齐、梁间,僧俗信徒亦视佛教文献为"灵篇",[3]如东晋支道林《弥勒赞》云:

> 弥勒承神第,圣录载灵篇。乘乾因九五,龙飞兜率天。[4]

此处"灵篇"泛指佛教经典。又,宋释僧睿《大智释论序》云:

> 尔乃宪章智典,作兹释论。……释所不尽,则立论以明之。论
> 其未辨,则寄折中以定之。使灵篇无难喻之章,千载悟作者之旨,
> 信若人之功矣。[5]

---

〔1〕〔法〕索安:《国之重宝与道教秘宝》,载《法国汉学》第4辑,中华书局1999年版,第51-54页。

〔2〕在当时谶纬流行的语境中,这种谶纬化的佛经可以认为是纬书的新类型,如后汉竺大力、康孟详译《修行本起经》等,即是典型的纬书,试举该经卷上《菩萨降身品》为例:"于是能仁菩萨,化乘白象,来就母胎。用四月八日,夫人沐浴,涂香着新衣毕,小如安身。梦见空中,有乘白象,光明悉照天下,弹琴鼓乐,弦歌之声,散花烧香,来诣我上,忽然不现。夫人惊寤。……王意恐惧,心为不乐,便召相师随若耶,占其所梦。相师言:'此梦者,是王福庆,圣神降胎,故有是梦。生子处家,当为转轮飞行皇帝。出家学道,当得作佛,度脱十方。'王意欢喜。于是夫人,身意和雅。……自夫人怀妊,天献众味,补益精气,自然饱满,不复飨王厨。十月已满,太子身成。到四月七日,夫人出游,过流民树下,众花开化。明星出时,夫人攀树枝,便从右胁生,堕地,行七步,举手而言:天上天下,唯我为尊。三界皆苦,吾当安之。应时天地大动,三千大千刹土,莫不大明。……天雨花香,弹琴鼓乐,熏香烧香,捣香泽香,虚空侧塞。夫人抱太子,乘交龙车,幢幡伎乐,导从还宫。……天降瑞应。三十有二:……太子生日,国中八万四千长者,生子悉男。八万四千厩,马生驹。其一特异,毛色绝白,毦璏贯珠,以是之故,名为骞特。厩生白象,八万四千。其一白象,七肢平跱,毦尾贯珠,口有六牙,是故名为白象之宝。白马相乘,奴名车匿。"(《乾隆大藏经》第55册)字里行间充满了谶言和祥瑞。在谶纬观念流行的时代,"太子降世"事迹遵循汉地谶纬思维方式加以叙述,是很自然的。"圣神降胎",太子诞生,属于王家"福庆",故"白象"、"白马"、"交龙"、"明星出"、"天地大动"、"天雨花香"、"天降瑞应"等等,祥瑞纷呈,这是谶纬文献描述圣贤仁王降世的基本模式。"白象"、"白马"等等本是印度佛教原典的意象,但译成汉文后所呈现出来的祥瑞意义,却是汉地传统谶纬观念环境作用的结果。

〔3〕关于"灵篇"的考辨,请参见陈槃:《谶纬命名及其相关之诸问题》,载氏著《古谶纬研讨及其书录解题》,上海古籍出版社2010年版,第141-178页。陈槃先生已拈出佛教材料东晋支道林、宋释僧睿2则,本人又补充齐沈约、梁萧子云2则。

〔4〕《广弘明集》卷15东晋支道林《弥勒赞》,上海古籍出版社1991年版,第204页下栏。

〔5〕《出三藏记集》卷10宋释僧睿《大智释论序》,中华书局1995年版,第386页。

此处"灵篇"指《大智释论》。又,齐沈约《齐竟陵王发讲疏》记载:

> 大矣哉,妙觉之为妙也,无相非色,空不可极。而立言垂训,以
> 汲引为方,慈波慧水,虽可溉而莫知其源者也。灵篇宝籍,远采龙
> 藏,盖无得而言焉[1]

此处"灵篇"泛指佛教经典。又,梁萧子云《玄圃园讲赋》记载:

> 昔七觉之吐华,高人天而为长。道西被乎日用,法东流而未
> 朗。故授神莂于文昌,寄宝船于明两。……开金泥,剖玉牒,削蒸
> 栗之简,采萝树之叶。石室灵篇,南宫神筐。所以一音不已,而待
> 规重短叠者矣[2]

此处"石室灵篇"指《四十二章经》无疑。如果我们在佛教整体性层面
审视汉文佛教经典体系形成过程,那么,历史上每一次国家出面进行
佛藏结集,都是直接建立在祈求国家祥和、人民安乐的动机之上,希望
佛教的兴旺成为太平盛世来临的吉兆。

汉明帝梦佛神话版本很多,其中有个较早的版本说佛经《四十二
章经》放置在"石函"里,[3]而在两汉国家制度里,"石函"正是放置诸
如皇帝封禅告天玉牒之类的容器,如《后汉书·志第七·祭祀上》记光
武封禅事:

> 四月己卯,大赦天下,以建武三十二年为建武中元元年,复博、
> 奉高、赢勿出元年租、刍槁。以吉日刻玉牒书函,藏金匮,玺印封
> 之。乙酉,使太尉行事,以特告至高庙。太尉奉匮以告高庙,藏于
> 庙室西壁石室高主室之下。故化洽天下,则功配于天地;泽流一
> 国,则德合于山川。是以王者经略,必以天地为本;诸侯述职,必以
> 山川为主。体而象之,取其陶育;礼而告之,归其宗本。

史家在记载光武封禅事件后所作的议论中,明确提到盛放玉牒的"函"
为"石函":

> 夫神道贞一,其用不烦;天地易简,其礼尚质。故藉用白茅,贵

---

[1]《广弘明集》卷19 齐沈约《齐竟陵王发讲疏》,上海古籍出版社1991年版,第239页下栏。
[2]《广弘明集》卷29 梁萧子云《玄圃园讲赋》,上海古籍出版社1991年版,第351页中栏。
[3]《出三藏记集》卷6《四十二章经序》,中华书局1995年版,第242页。

其诚素;器用陶匏,取其易从。然封禅之礼,简易可也。若夫白石
函玉牒,非天地之性也。

可见在《四十二章经》出现时代,人们也是将佛经视为"玉牒"一类的
"神书"。盛放《四十二章经》的"石函",在北魏郦道元《水经注》卷16
"谷水"条注文里又称为"榆槾":

> 昔汉明帝梦见大人,金色,项佩白光,以问群臣。或对曰:"西
> 方有神,名曰佛,形如陛下所梦,得无是乎?"于是发使天竺,写致
> 经像。始以榆槾盛经,白马负图,表之中夏,故以白马为寺名。

《北齐书》卷19《韩贤传》记传主毁坏"榆槾"招祸事:

> 昔汉明帝时,西域以白马负佛经送洛,因立白马寺,其经函传
> 在此寺,形制淳朴,世以为古物,历代藏宝。贤无故斫破之,未几而
> 死,论者或谓贤因此致祸。

当时舆论认为韩贤毁坏"榆槾"而致死,说明在当时的观念中,"榆槾"
还具有神秘的力量。

到了北魏时期,中原地区谶纬依旧流行,[1]当时洛阳地区流传的
汉明帝梦佛神话版本里,还糅合了"白马驮经"神话,见北魏杨衒之《洛
阳伽蓝记》卷4《城西》:

> 白马寺,汉明帝所立也,佛入中国之始。寺在西阳门外三里御
> 道南。帝梦金神,长丈六,项背日月光明,胡人号曰佛。遣使向西
> 域求之,乃得经像焉。时白马负经而来,因以为名。

而在北魏郦道元《水经注》卷16"谷水"条注文里,"白马负经"又作"白
马负图",见前引。可见在当时观念里,"经"与"图"是相通的,都与神
之"谶言"有关。"白马负图"神话应该是从传统的"黄龙负图"神话蜕
化而来,《艺文类聚》卷98《祥瑞部》引梁孙柔之《瑞应图》云:

> 黄龙者,四龙之长,四方之正色,神灵之精也。能巨细,能幽

---

[1]北魏在太和九年(485)颁布禁止图谶诏令:"图谶之兴,起于三季。既非经国之典,徒为
妖邪所凭。自今图谶、秘纬及名为《孔子闭房记》者,一皆焚之。留者以大辟论。"(《魏书》卷7上
《高祖纪上》,中华书局1974年版,第155页)说明当时北方地区谶纬依然流行。

明，能短能长，乍存乍亡。王者不漉池而渔，则应和气而游于池沼。[1] 又曰：舜东巡狩，黄龙负图，置舜前。又曰：不众行，不群处，必待风雨，而游乎青气之中，游乎天外之野。出入应命，以时上下。有圣则见，无圣则处。

与"黄龙"一样，"白马"也是瑞应之物，其基本含义是相通的，都是圣王出世的征象，《宋书》卷28《符瑞中》记载：

> 腾黄者，神马也，其色黄。王者德御四方，则出。白马，硃鬣，王者任贤良，则见。

在谶纬流行的环境里，出现明显具有祥瑞内涵的汉明帝梦佛入国神话，是不难理解的。作为反面例子，我们举两个。其一，是梦佛去国为凶的例子，见《晋书》卷122《吕光载记》：

> 龟兹王帛纯距光，光军其城南，五里为一营。……[光]又进攻龟兹城，夜梦金象飞越城外。光曰："此谓佛神去之，胡必亡矣。"……战于城西，大败之，斩万余级。帛纯收其珍宝而走，王侯降者三十余国。

从史料叙述角度来看，吕光梦佛去国为凶的观念，显然是属于吕光的观念。尽管事件发生在龟兹，但吕光是关中略阳人，那么，我们是否可以认为，佛像去国为凶的观念本为中原人的流行观念？其二，是佛殿去国为凶的例子，见《广弘明集》卷15释道宣《佛像瑞集》：

> 陈朝重云殿飞入海者，此殿梁武所立，中安像设，并是珍宝。梁谢陈登，武帝既崩，须葬具，欲取殿中珠帐。人力既丰，四面齐至。忽见云气围绕，大雨滂注，雷电震击，百工奔走。又见火列空中，布焰相属，重云大殿，其中佛像，一切上腾，烟火相映，欻然东逝。倾国上望，绝目方止，雨晴即日，惟础在焉。月余，有人东州来，是日见殿乘空入海。今望海者，时往见之。

梁武帝所建之重云殿，由于主人的死亡而腾空飞去，同时也成了"梁谢

---

〔1〕《宋书》卷28《符瑞中》"黄龙"条："黄龙者，四龙之长也。不漉池而渔，德至渊泉，则黄龙游于池。能高能下，能细能大，能幽能冥，能短能长，乍存乍亡。"（中华书局1974年版，第796页）似为《艺文类聚》卷98《祥瑞部》所引梁孙柔之《瑞应图》略述，或者同源于另一更早的纬书。

陈登"的"符应"。这虽然是古人将重云殿火灾和东海的海市蜃楼现象捏合而成,但反映的观念应该是真实的。

《出三藏记集》卷13《康僧会传》记载:

> 皓问曰:"佛教所明,善恶报应,何者是耶?"会对曰:"夫明主以孝慈训世,则赤乌翔面,老人星见。仁德育物,则醴泉涌,而嘉禾出。善既有瑞,恶亦如之。故为恶于隐,鬼得而诛之。为恶于显,人得而诛之。"

康僧会是交趾的"土生胡",对汉人的谶纬一套不会太谙熟。大概是因为孙皓迷信谶纬出名,故僧传编撰者附会之。《高僧传》卷9《晋邺中竺佛图澄传》记载:

> 澄因而谏曰:"夫王者德化,洽于宇内,则四灵表瑞;政弊道消,则彗孛见于上。恒象着见,休咎随行,斯乃古今之常征,天人之明诫。"勒甚悦之。凡应被诛余残,蒙其益者,十有八九。于是中州胡晋,略皆奉佛。

《高僧传》卷7《宋京师灵味寺释僧含传》记载:

> 释僧含,不知何许人。幼而好学,笃志经史,及天文算术。长通佛义,数论兼明。……含尝密谓峻曰:"如令谶纬不虚者,京师寻有祸乱。真人应符,属在殿下。檀越善以缄之。"俄而元凶构逆,世祖龙飞,果如其言也。

《宋书》卷27《符瑞上》记载:

> 冀州有沙门法称将死,语其弟子普严曰:"嵩皇神告我云,江东有刘将军,是汉家苗裔,当受天命。吾以三十二璧,镇金一饼,与将军为信。三十二璧者,刘氏卜世之数也。"普严以告同学法义。法义以十三年七月,于嵩高庙石坛下得玉璧三十二枚,黄金一饼。

上面列举诸多材料,目的只是为了揭示佛教与汉族社会谶纬环境之间普遍、通俗而又极其深刻的联系。可以说,佛教与汉族社会谶纬环境之间的联系,是我们人人都能感受到但又长期被我们所忽视的,这一点尤其值得我们注意。

10.2 佛教在谶纬环境中之情境

从佛教义理层面来看,佛教教主更像是一位导师。但在汉族信众的观念世界里,佛的神格却是一位至高神。我们认为,佛在汉地的至高神神格是通过老子化胡神话转移过来的。自两汉黄老思想流行以来,老子已经成为生天生地的道炁之化身。当佛教被汉族民众接受后,特别是通过《老子化胡经》的论争,佛教信众即依流行的老子神格和"老子入夷狄为浮屠"神话塑造了佛的神格。由于佛被视为至高神,于是佛就不仅有了保护信众的威力,同时也就有了预示吉凶的法力。佛像作为佛的最形象的存在物,同样具备了保护信众、预示吉凶的能力。

佛教史籍皆载佛像传入中原是从汉明帝梦佛遣使取回经像开始,当然这是神话,不是信史。[1] 由于汉、魏、西晋时期,佛教主要流行于胡人聚落,佛像最初出现在侨居胡人聚落内是容易推定的,并被汉人泛称为"阿育王像"。汉晋间亦偶见汉人供奉佛像的实例,如三国笮融"作黄金涂像",[2]但极为少见。汉人崇拜并兴造佛像,应在十六国、东晋时期佛教向汉族社会扩散之后。佛像崇拜可以表现在国家、地方等"公"的空间,也可以表现在家族、个人等"私"的空间。历史文献记载有关佛像崇拜和吉凶关系的材料很多,诸如《瑞像记》、《感应记》、《冥祥记》以及僧传等等,乃至正史中的《符瑞志》、《灵征志》、《五行志》等亦有所见。[3] 这里只选取发生在国家、地方等"公"的空间里相关的佛像崇拜的例子,借以呈现佛教在汉族传统祥瑞观念环境中的具体情境。

先举兴造佛像与国运有关的例子。最有名的例子莫过于南朝梁武帝敕造"丈九"瑞像,《高僧传》卷13《梁京师正觉寺释法悦传》记载:

> 至梁初,方以事启闻,降敕听许,并助造光趺。材官工巧,随用

---

〔1〕请参见本书第2章《汉人佛教与汉明帝梦佛神话》。

〔2〕《后汉书》卷73《陶谦传》,中华书局1965年版,第2368页。

〔3〕如《五行志》见《汉书》、《后汉书》、《晋书》、《宋书》、《隋书》,《符瑞志》见《宋书》,《灵征志》见《魏书》。

·欧·亚·历·史·文·化·文·库·

资给。以梁天监八年五月三日,于小庄严寺营铸。匠本量佛身,四万斤铜。融泻已竭,尚未至胸。百姓送铜,不可称计,投诸炉冶随铸,而模内不满。犹自如先,又驰启闻,敕给功德铜三千斤。台内始就量送,而像处已见羊车传诏,载铜炉侧。于是飞辖消融,一铸便满。甫尔之间,人车俱失。比台内铜出,方知向之所送,信实灵感。工匠喜踊,道俗称赞。及至开模量度,乃踊成丈九,而光相不差。又有大钱二枚,犹见在衣条,竟不销铄,并莫测其然。寻昔量铜四万,准用有余,后益三千,计阙未满。而祥瑞冥密,出自心图。故知神理幽通,殆非人事。……其年九月二十六日,移像光宅寺。……自葱河以左,金像之最,唯此一耳。

释法悦发起兴造瑞像,朝廷"降敕听许","材官工巧,随用资给",最终安置在光宅寺,而光宅寺是国家功德寺,故释法悦兴造瑞像属于国家行为。"葱河以左,金像之最",无疑要充分显示"菩萨皇帝"梁武帝"治定功成,远安迩肃"的成就。

值得注意的是,释慧皎在《高僧传》卷13《兴福篇》末针对梁武帝时光宅寺铸造瑞像大功告成有一段议论:

> 近有光宅丈九,显曜京畿。宋帝四铄而不成,梁皇一冶而形备。妙相踊而无亏,瑞铜少而更足。故知道藉人弘,神由物感,岂曰虚哉。

释慧皎意思非常明白,"梁皇一冶而形备",象征着梁武帝时代盛世来临,乃至"丈八""踊成丈九";而"宋帝四铄不成",[1] 则隐含了国祚不祥之兆,预示了亡国。尽管为谀世之词,但所反映的观念应该是真实的。

佛像与国运有关的类似观念亦流行于北朝,《广弘明集》卷15 释道宣《佛像瑞集》记佛像是否完整与国运有关:

> 凉州西番禾县瑞石像者。元魏太延(435—439)中,沙门刘萨

---

〔1〕宋明帝铸像事件亦见《高僧传》卷13《梁京师正觉寺释法悦传》:"又昔宋明皇帝经造丈八金像,四铸不成,于是改为丈四。"(中华书局1992年版,第493页)

河行至番禾东北,望神御谷而礼,曰:"此山中有佛像出。若相不具,国乱人苦。"经八十七载,正光年初,风雨震山。像出,长三丈许。惟无其首,登即命造,随安随落。魏道陵迟,分东西矣。后四十年,州东七里洞内,获石佛首,即以安之,恰然符合。周保定中,像首又落。隋初还复,立瑞像寺。炀常西征过之,改为感通寺。今图写,多依量莫准。

又有佛像朝向与国运有关的观念,宋李昉《太平御览》卷657《释部》引《西京记》云:

> 光福坊大兴寺有阿育王金像,历宋、齐、梁、陈,数有奇异。陈国亡,忽面南向,虽止之还尔。隋文帝加载长安内中供养,后移置此寺。寺众以殿大像小不可当,乃置之于北面。明日乃自转正阳,众咸惊异,复北面,明日复还转南面。众乃忏谢,不复更动。

下面再举兴造佛像与地方社会吉凶有关的例子。《高僧传》卷13《梁京师正觉寺释法悦传》记刘宋时期彭城地方长官发起兴造佛像的事例:

> 悦尝闻彭城宋王寺,有丈八金像,乃宋车骑徐州刺史王仲德所造。光相之工,江左称最。州境或应有灾祟,及僧尼横延衅戾,像则流汗。汗之多少,则祸患之浓淡也。

类似佛像流汗告示"灾祟"的例子还有几个,如《广弘明集》卷15 释道宣《佛像瑞集》记载:

> 襄州岘山华严寺卢舍那瑞像者,本是周朝古像,法灭藏之得存。每有凶相,以涕出为期。隋文将崩,一鼻涕出,沾污于怀,金薄剥起。虽后修饰,望还如涕。贞观末年四月内,连涕不止。涂污胸怀,方可尺许。太宗升遐,方验先兆。至六月内,涕又流出,合境同惧。至七月,汉水泛溢入城郭,深丈余。今见在。

又,兴造佛像还可以为王室成员治病,《高僧传》卷13《梁剡石城山释僧护传》记载:

> 至梁天监六年,有始丰令吴郡陆咸,罢邑还国,夜宿剡溪。值风雨晦冥,咸危惧假寐,忽梦见三道人来告,云:"君识信坚正,自

然安隐。有建安殿下，感患未瘳。若能治剡县僧护所造石像，得成就者，必获平豫。冥理非虚，宜相开发也。"……像以天监十二年春就功，至十五年春竟。……自像成之后，建安王所苦稍瘳，本卒已康复。王后改封，今之南平王是也。

北魏前期还流行着以铸像卜吉凶的习俗，《魏书》卷13《皇后列传》记载：

又魏故事，将立皇后必令手铸金人，以成者为吉，不成则不得立也。

又，《魏书》卷74《尔朱荣传》记载：

天光乃见庄帝，具论荣心，帝许之。天光等还北，荣发晋阳。犹疑所立，乃以铜铸高祖及咸阳王禧等六王子孙像，成者当奉为主，惟庄帝独就。师次河内，重遣王相密来奉迎，帝与兄彭城王劭、弟始平王子正于高渚潜渡以赴之。荣军将士咸称万岁。于时武泰元年四月九日也。

材料中"以铜铸高祖及咸阳王禧等六王子孙像"，应指以"高祖及咸阳王禧等六王子孙"之名义铸造佛像。[1]

事实上，当时人们对于佛教与帝王、国运吉凶相关的观念，并不限

〔1〕金申：《北魏奇特的风俗——铸像以卜》，载氏著《佛教美术丛考续编》，华龄出版社2010年版，第169页。

于佛像,也表现于佛塔等其他信仰对象上。[1] 由于本章已设定以佛像
为研究对象,为了防止横生枝蔓,不再举例。

10.3 以"丈六"瑞像的
兴造、传播为实例

下面,我们将进一步以被汉族信徒视为"瑞像"的大型"丈六"佛像
为个案,考察其在汉地兴造、传播的具体表现,从一个层面更加清晰地
看到汉族传统社会对佛教的接受过程。

不言而喻,大型瑞像的兴造,是属于社会性的公共工程,需要社会
力量参与,故兴造瑞像的"功德",与地方社会乃至国家层面的吉凶状
况联系在一起。在下面的考察中,我们将会看到,由于佛像兴造所使用
的原材料铜材,同时也是国家货币铸造的材料,故瑞像(特别是大型
"丈六"佛像)的大量兴造,有些甚至直接使用信徒捐赠的货币浇铸,
"铸货千万,造丈六金像",[2]对国家经济领域的货币流通影响巨大,由
此可见佛教对国家经济的直接影响。这是很值得探讨的题目,有待于
今后量化研究。这里只从社会意识角度,通过考察汉地社会民众崇拜、

---

〔1〕佛塔与帝王、国运吉凶相关的观念,如《高僧传》卷 13《晋京师瓦官寺释慧力传》:"至晋
兴宁中,启乞陶处以为瓦官寺。初标塔基,是今塔之西,每夕标辄东移十余步,且取还已复随徙。
潜共伺之,见一人着朱衣武冠,拔标置东方,仍于其处起塔。今之塔处是也。记者云:寺立后三十
年,当为天火所烧。至晋孝武太元二十一年(396)七月夜,自然火起,寺僧数十,都无知者。明旦,
见塔已成灰聚。帝曰:此国不祥之相也。即敕杨法尚、李绪等速令修复。至九月,帝崩。"(中华书
局 1992 年版,第 480 页)又,《魏书》卷 112《灵征志》记洛阳永宁寺塔火灾事:"出帝永熙三年
(534)二月,永宁寺九层佛图灾。既而时人咸言有人见佛图飞入东海中。永宁佛图,灵像所在,天
意若曰:永宁见灾,魏不宁矣。渤海,齐献武王之本封也,神灵归海,则齐室将兴之验也。"(中华书
局 1974 年版,第 2913 页)永宁寺塔火灾成了国家灭亡的凶兆。亦见于《洛阳伽蓝记》卷 1《城内》
"永宁寺"条:"永熙三年二月,浮图为火所烧。帝登凌云台望火,遣南阳王宝炬、录尚书长孙稚将
羽林一千救赴火所。莫不悲惜,垂泪而去。火初从第八级中,平旦大发。当时雷雨晦冥,杂下霰
雪。百姓道俗,咸来观火,悲哀之声,振动京邑。时有三比丘赴火而死。火经三月不灭,有火入地
寻柱,周年犹有烟气。其年五月中,有人从象郡来,云:见浮图于海中,光明照耀,俨然如新,海上
之民咸皆见之。俄然雾起,浮图遂隐。至七月中,平阳王为侍中斛斯椿所使,奔于长安。十月而
京师迁邺。"(上海古籍出版社 1978 年版,第 12 页)

〔2〕《晋书》卷 10《恭帝纪》:"[帝]复深信浮屠道,铸货千万,造丈六金像。"(中华书局 1974
年版,第 270 页)

兴造佛像现象,说明汉地社会接受佛教的过程。

从佛教义理层面看,"丈六"佛像是代表着佛的"应身",即我们看得见的佛的肉身的标准形象,是外相,与"法身"(本相)相对。晋宋之交,释僧肇曾作《丈六即真论》,[1]文虽不传,但通过其所作的《注维摩诘经》,我们不难了解到,僧肇"丈六即真"的核心思想,不外是"佛身者即法身也",[2]也就是同时代释道生所说的:

> 夫佛身者,丈六体也。丈六体者,从法身出也。以从出名之,故曰即法身也。[3]

意思是不要离开"丈六"佛身另求"法身"("法身"与"丈六"的关系,与现代哲学"一"与"多"的关系有点相类)。故释慧皎在《高僧传》卷13《兴福篇》末议论说:

> 夫法身无像,因感故形,感见有参差,故形应有殊别。若乃心路苍茫,则真仪隔化;情志慊切,则木石开心。……是以祭神如神在,则神道交矣。敬佛像如佛身,则法身应矣。

从上引有限的材料中,我们已经感受到,在佛教义理层面,"丈六"佛像与吉凶观念是没有直接关系的。"丈六"佛像成为"瑞像",是在汉族传统社会特定环境里"祭神如神在"、"神道交矣"的产物。

就目前本人所及文献材料,较早记载"丈六"佛像的材料,应是晋支道林《释迦文佛像赞》:

> 伟唯丈六,体佩圆光。启度黄中,色艳紫金。
>
> 运动凌虚,悠往悠忽。八音流芳,逸豫扬采。[4]

随后亦见于晋袁宏《后汉纪》:

> 浮屠,佛也,西域天竺国有佛道焉。……佛长丈六尺,黄金色,项中佩日月光,变化无方,无所不入,而大济群生。初,明帝梦见金人,长大,顶有日月光,以问群臣。或曰:"西方有神,其名曰佛。

---

〔1〕《出三藏记集》卷12《宋明帝敕中书侍郎陆澄撰〈法论〉目录序第一》。

〔2〕《大正大藏经》第38册,第343页上栏。

〔3〕《大正大藏经》第38册,第343页上栏。

〔4〕《广弘明集》卷15支道林《释迦文佛像赞》,上海古籍出版社1992年版,第203页下栏。

陛下所梦,得无是乎?"于是遣使天竺,问其道术,[遂于中国]而图
其形象焉。[1]

"丈六"佛像成为汉地信徒们具体的崇拜对象,应该与晋、宋间西行天
竺"瞻礼"圣迹的僧人渐多有关。据季羡林先生统计,晋、宋间西行僧
人人数有 111 人之多,[2]可以说形成了小小热潮。特别是《法显传》的
出世,极大地深化了汉地社会对天竺的知识。释法显于后秦弘始元年
(399)从长安出发,晋义熙九年(413)回到汉地。《法显传》明确记载了
天竺"丈六"佛像:

> 从此东南行十八由延,有国名僧迦施。佛上忉利天三月,为母
> 说法来下处。……后阿育王欲知其根际,遣人掘看,下至黄泉,根
> 犹不尽。王益敬信,即于阶上起精舍,当中阶作丈六立像。精舍后
> 立石柱,高二十肘,上作师子。柱内四边有佛像,内外映彻,净若
> 琉璃。

我们似有理由认为,汉地"丈六"佛像的兴造,也是晋、宋间僧人"亡身"
西行天竺"瞻礼"圣迹的成果之一。

由于涉及庞大的财富,兴造"丈六"瑞像大多有地方官府或国家王
族的背景,也有地方长官或王室成员出面住持,甚至是皇帝直接敕造。
记载汉地兴造"丈六"佛像的材料,首见《高僧传》卷5《晋长安五级寺
释道安传》:

> 朱序西镇,复请还襄阳。……安以白马寺狭,乃更立寺,名曰
> 檀溪,即清河张殷宅也。大富长者并加赞助,建塔五层,起房四百。
> 凉州刺史杨弘忠送铜万斤,拟为承露盘。安曰:"露盘已讫,汝公
> 营造。欲回此铜铸像,事可然乎?"忠欣而敬诺。于是众共抽舍,
> 助成佛像,光相丈六,神好明着。每夕放光,彻照堂殿。像后又自
> 行至万山,举邑皆往瞻礼,迁以还寺。安既大愿果成,谓言:"夕死
> 可矣。"符坚遣使送外国金箔倚像(按:"倚像"即立像),高七尺,又

---

〔1〕《后汉书》卷42《楚王英传》,李贤注,中华书局1965年版,第1429页。
〔2〕季羡林:《法显》,载氏著《季羡林全集》第15卷,外语教学与研究出版社2010年版,第
239－240页。

金坐像,结珠弥勒像,金缕绣像,织成像,各一张。每讲会法聚,辄罗列尊像,布置幢幡,珠佩迭晖,烟华乱发。使夫升阶履阃者,莫不肃焉尽敬矣。

释道安在襄阳期间为365—379年,传中虽未明言凉州刺史杨弘忠送铜助铸"丈六"瑞像具体事件,自不出此限。引起我们注意的是,比较释慧皎《高僧传》、释宝唱《名僧传》、释僧佑《出三藏记集》中关于释道安三传文字,可以发现,《出三藏记集》道安传中无佛像行迹,而苻坚送"结珠弥勒像"情节为释宝唱所加,凉州刺史杨弘忠送铜助铸"丈六"瑞像情节为释慧皎所加。可笑的是,《名僧传抄》录存的《晋江陵长沙寺释昙翼传》,记载有释道安弟子昙翼铸造"丈六"瑞像事:

寻归荆州,及丘贼入境,抄掠汉南。江陵阖境,避难上明,翼又于上明造东寺。后还长沙寺,复加开佑,造大塔,并丈六金像。未有舍利,祈请累年,忽尔而得。

而释慧皎的《高僧传》卷5《晋荆州长沙寺释昙翼传》基本采录了《名僧传》材料,又恰恰删除了释昙翼铸造"丈六金像"的内容。我们认为,释慧皎是为了提升释道安的形象,有意将释道安弟子释昙翼铸造"丈六"瑞像的事迹,移植到了释道安身上。由此可见释慧皎编撰《高僧传》手法之一斑。事实上,释道安停留的襄阳,当时属于南北相接、战争频繁的地带,释道安正是在此于太元三年(378)遭苻秦军队俘虏北上长安的。在兵荒马乱的年头,哪有条件大兴土木、造寺铸像啊。

众所周知,铸造"丈六"瑞像所需的铜材,也是国家铸造货币的原材料。当时国家铜资源一直紧缺,魏、晋、南北朝正史屡记国家因为"天下铜少,宜减钱式",[1]货币越铸越薄,甚至"杂以铅锡",甚至有

―――――――――

[1]《宋书》卷75《颜竣传》:"先是,元嘉中,铸四铢钱,轮廓形制,与五铢同,用费损,无利,故百姓不盗铸。及世祖即位,又铸孝建四铢。三年,尚书右丞徐爰议曰:货贷利民,载自五政,开铸流圜,法成九府,民富国实,教立化光。及时移俗易,则通变适用,是以周、汉俶迁,随世轻重。降及后代,财丰用足,因条前宝,无复改创。年历既远,丧乱屡经,埋焚剪毁,日月销减,货薄民贫,公私俱困,不有革造,将至大乏。谓应式遵古典,收铜缮铸,纳赎刊刑,著在往策,宜宽以铜赎刑,随罚为品。诏可。铸钱形式严小,轮廓不成。于是民间盗铸者云起,杂以铅锡,并不牢固。又剪凿古钱,以取其铜,钱转薄小,稍违官式。虽重制严刑,民吏官长坐死免者相系,而盗铸弥甚,百物踊贵,民人患苦之。乃立品格,薄小无轮廓者,悉加禁断。"(中华书局1974年版,第1960–1961页)

"百姓竞铸钱,亦有盗毁金像以充铸者",[1]这是铸造大型瑞像很重要的制约条件。按当时的工艺条件,铸造一尊"丈六"瑞像,需要4万多斤铜材,其中也显然使用了信徒施舍的货币,[2]也就是说,一尊大型瑞像,本身就是一笔巨大的财富,在国家管制民间社会私铸钱币期间,"禁铸则铜转成器,开铸则器化为财"。[3] 所以,我们在考察当时铸造大型瑞像时,必须考虑到铜资源的性质以及国家对铜资源的管制。基于上述认识,我们认为释道安在襄阳铸造"丈六"金像的条件并不具备。

南方最早发起铸造"丈六"瑞像,应推东晋末期都城瓦官寺僧释僧供,据《名僧传抄》所录《宋瓦官寺释僧供传》(亦被《高僧传》所采录):

> 僧供,豫州人也。……住瓦官寺,后招率同志,造丈六金像。铸始毕,未出模,未知美恶。值义熙十二年(416)铜禁甚严,有犯入死。供为官所录,在湘府判奸。锁械坚重,无复生冀,一心念观世音,兼昼夜诵经。一月许日,梦见其所铸像,来至狱中,以手摩供头,问曰:"汝怖不?"供启言:"恐必死。"像曰:"无所忧。"供观像相貌,见胸前方一尺许,铜色燋沸。罗辟既定,至刑日,参军应来监杀。当驾车而牛不肯入,既入便奔,车即坏败。遂更克日,乃有敕至彭城,若未杀僧供者可原,遂获勉济。

《晋书》卷10《恭帝纪》亦记其事:

> [帝]复深信浮屠道,铸货千万,造丈六金像,亲于瓦官寺迎之,步从十许里。[4]

---

〔1〕《法苑珠林》卷17引〔南齐〕王琰《冥祥记》:"于时百姓竞铸钱,亦有盗毁金像以充铸者。"(中华书局2003年版,第563页)又,《北史》卷53《王则传》亦记销佛像为钱例:"元象初,洛州刺史。以前后勋,封太原县伯。则性贪,在州不法,旧京诸像,毁以铸钱,于时号河阳钱,皆出其家。"(中华书局1974年版,第1914页)

〔2〕《高僧传》卷13《梁京师正觉寺释法悦传》:"以梁天监八年五月三日,于小庄严寺营铸。……及至开模量度,乃踊成丈九,而光相不差。又有大钱二枚,犹见在衣条,竟不销铄,并莫测其然。"(中华书局1992年版,第493—494页)

〔3〕《宋书》卷75《颜竣传》,中华书局1974年版,第1962页。

〔4〕晋恭帝奉佛又见于《宋书》卷52《褚叔度传》:"及恭帝逊位,居秣陵宫,常惧见祸。……高祖将杀之,……兵人乃逾垣而入,进药于恭帝。帝不肯饮,曰:佛教自杀者,不得复人身。乃以被掩杀之。"(中华书局1974年版,第1503页)

·欧·亚·历·史·文·化·文·库·

释僧供在都城瓦官寺发动铸造瑞像,恭帝尚在藩时。可见释僧供铸造瑞像,有王室支持背景。释僧供犯禁入狱后,所谓"敕至彭城","遂获勉济",实为恭帝出面拯救结果,"梦佛"云云,古人思维方式如此。

在刘宋王朝建立过程中,可能是佛教僧人释慧义参与禅让仪式有功,[1]刘宋国家前期对佛教比较宽容,铸造"丈六"瑞像的风气亦顺势而兴起,王室成员在其中起着主导作用,《宋书》卷93《戴颙传》记载:

> 自汉世始有佛像,形制未工。逵特善其事,颙亦参焉。宋世子铸丈六铜像于瓦官寺,既成,面恨瘦,工人不能治,乃迎颙看之。颙曰:"非面瘦,乃臂胛肥耳。"既错减臂胛,瘦患即除,无不叹服焉。

"丈六"铜像"面恨瘦"、"臂胛肥",大概是采用了西域具有丰腴特征的"秣菟罗"样式所致。[2] 所谓"形制未工",只是表明与南朝上层社会流行的"秀骨清相"玄学审美趣味不相符合吧。

宋文帝时,又有僧人释僧亮在都城铸造"丈六"瑞像,《高僧传》卷13《宋京师释僧亮传》记载:

> 释僧亮,未知何人。少以戒行著名。欲造丈六金像,用铜不少,非细乞能办。闻湘州界铜溪伍子胥庙多有铜器,而庙甚威严,无人敢近,亮闻而造焉。……还都,铸像既成,唯焰光未备。宋文帝为造金薄圆光,安置彭城寺。

元嘉三年至六年(426—429)间,蜀地有僧人法成发起铸造瑞

---

〔1〕《晋书》卷10《恭帝纪》,中华书局1974年版,第270页。

〔2〕《三天内解经》:"刘氏之胤,有道之体,绝而更续,天授应图,中岳灵瑞,二十二璧,黄金一饼,以证本姓。九尾狐至,灵宝出世,甘露降庭,三角牛到,六钟灵形,巨兽双象,来仪人中,而食房庙之祇,一皆罢废。治正以道,荡除故气,此岂非太上之信乎?宋帝刘氏是汉之苗胄,恒使与道结缘。宋国有道多矣。"(《道藏》第28册,第415页上栏)又,《高僧传》卷7《宋京师祗洹寺释慧义传》:"后出京师,乃说云:冀州有法称道人,临终语弟子普严云,嵩高灵神云,江东有刘将军应受天命,吾以三十二璧镇金一饼为信。遂彻宋王,宋王谓义曰:非常之瑞,亦须非常之人,然后致之。若非法师自行,恐无以获也。义遂行。以晋义熙十三年七月,往嵩高山,寻觅未得。便至心烧香行道,至七日夜,梦见一长须老公,拄杖将义往璧处指示云:是此石下。义明便周行山中,见一处炳然,如梦所见。即于庙所石坛下,果得璧大小三十二枚,黄金一饼。此瑞详之《宋史》。义后还京师,宋武加接尤重。迄乎践祚,礼遇弥深。"(中华书局1992年版,第266页)

像，[1]《魏书》卷52《胡叟传》记载：

> 刘义隆梁、秦二州刺史冯翊吉翰，以叟才士，颇相礼接。授叟末佐，不称其怀。未几，翰迁益州，叟随入蜀，多为豪俊所尚。时蜀沙门法成，鸠率僧旅，几于千人，铸丈六金像。刘义隆恶其聚众，将加大辟。叟闻之，即赴丹阳，启申其美，遂得免焉。

元嘉九年（432），王仲德再临徐州刺史后，在彭城立佛寺，[2]并铸造瑞像，《高僧传》卷13《梁京师正觉寺释法悦传》记载：

> 释法悦者，戒素沙门也。齐末，敕为僧主，止京师正觉寺。敦修福业，四部所归。悦尝闻彭城宋王寺，有丈八金像，乃宋车骑徐州刺史王仲德所造。光相之工，江左称最。

泰始二年（466），徐州北属，[3]《魏书》卷112《灵征志》所记徐州"汗流于地"之丈八铜像，应即王仲德所铸：

> 太和十九年（495）六月，徐州表言丈八铜像汗流于地。

由于铸造大型瑞像耗铜量太大，所以在元嘉十二年（435），都城所在的丹阳尹萧摩之即奏请"自今以后，有欲铸铜像者，悉诣台自闻"，[4]获得皇帝批准后，国家开始对社会上特别是民间社会铸造大型铜像的行为进行了严格的管制。于是，在都城出现了用其他材料制作瑞像的现象，如都城龙华寺僧释道矫发动民间力量，兴造夹苧"丈六"瑞像，《名僧传抄》所录《道矫传》文字：

> 道矫，高陆人也。性清约，蔬食禅诵，住龙华寺。专当寺任，恪居客众。元嘉十六年（439），磬率衣资，开诱闻业。与建康民朱舜孙，共起佛殿三间，并诸花幡，造夹苧弥勒佛倚像一躯，高一丈六尺，神仪端俨，开发信悟。

但是，皇家铸造大型瑞像活动并没有停止。宋明帝时，又敕铸"丈八"瑞像，《高僧传》卷13《梁京师正觉寺释法悦传》记载：

---

〔1〕据《宋书》卷65《吉翰传》载传主于元嘉三年至六年间任职益州刺史推知，中华书局1974年版，第1717–1718页。

〔2〕《宋书》卷46《王懿传》，中华书局1974年版，第1393页。

〔3〕《宋书》卷8《明帝纪》，中华书局1974年版，第159–160页。

〔4〕《宋书》卷97《蛮夷传》，中华书局1974年版，第2386页。

又昔宋明皇帝经造丈八金像,四铸不成,于是改为丈四。

梁代武帝奉佛,是汉人佛教进入兴盛期的标志。梁武帝不仅在佛教仪轨上多有改革,在瑞像制度上似亦有所突破,《高僧传》卷13《梁京师正觉寺释法悦传》记载:

> 释法悦者,戒素沙门也。齐末,敕为僧主,止京师正觉寺。……悦乃与白马寺沙门智靖,率合同缘,欲改造丈八无量寿像,以申厥志。始鸠集金铜,属齐末世道陵迟,复致推斥。至梁初,方以事启闻,降敕听许,并助造光趺。材官工巧,随用资给。以梁天监八年(509)五月三日,于小庄严寺营铸。匠本量佛身,四万斤铜。融泻已竭,尚未至胸。百姓送铜,不可称计,投诸炉治随铸,而模内不满。犹自如先,又驰启闻,敕给功德铜三千斤。台内始就量送,而像处已见羊车传诏,载铜炉侧。于是飞辐消融,一铸便满。甫尔之间,人车俱失。比台内铜出,方知向之所送,信实灵感。工匠喜踊,道俗称赞。及至开模量度,乃踊成丈九,而光相不差。又有大钱二枚,犹见在衣条,竟不销铄,并莫测其然。……其年九月二十六日,移像光宅寺。……自葱河以左,金像之最,唯此一耳。

释法悦主持的瑞像铸造,应属于国家行为,"降敕听许","材官工巧,随用资给",铸成的瑞像亦安置在国寺光宅寺中。从突破传统"丈六"标准尺度为"丈八",到最后"葱河以左,金像之最"的效果来看,瑞像尺度变成"丈九"不像是误铸的结果,而是出于好大喜功的有意追求。根据本人收集的瑞像材料(见本章末附表),齐梁间出现的"丈八"瑞像,似乎表明源自佛经原典的"丈六"佛像代表佛身的观念发生了变异,或者说已经被淡化。特别从梁武帝奉佛期间的佛教信仰实况看,大概是维摩诘的偶像地位已经让位于阿育王了。

从现在所及材料看,北方地区铸造"丈六"瑞像亦有7例之多。其一是辽西黄龙国僧释僧诠所造金像,[1]其二是河西北凉沮渠蒙逊所造石像,[2]时间亦皆在东晋后期;其余 5 例为北魏平城时期,时在北魏太武帝平北凉后不久,官府在五级寺一次性为拓跋氏先帝铸造 5 尊"丈六"金像,应直接受北凉佛教的影响。《魏书》卷 114《释老志》记载:

> 兴光元年(454)秋,敕有司于五级大寺内,为太祖已下五帝,铸释迦立像五,各长一丈六尺,都用赤金二万五千斤。

上引书又云:

> 凉州自张轨后,世信佛教。敦煌地接西域,道俗交得其旧式,村坞相属,多有塔寺。太延(435—439)中,凉州平,徙其国人于京邑,沙门佛事皆俱东,象教弥增矣。

北魏迁都洛阳以后,北魏佛教受南方影响渐多,胡太后于熙平元年(516)立洛阳永宁寺后铸造"丈八"瑞像,[3]似受齐、梁间南方出现的"丈八"瑞像影响之结果。

综合上面所述,如果我们大致推定"丈六"瑞像在东晋后期开始传播到汉地,大概离事实相差不会太远。借助于南方僧人编撰传世的《出三藏记集》、《高僧传》等史籍,我们更多地看到了东晋、宋、齐、梁等南方汉族政权境内铸造"丈六"瑞像的风气。对于始终弥漫着谶纬气氛的汉族传统社会来说,每铸造一尊"丈六"瑞像,就等于举行了一次场面宏大的"瑞像入国"仪式,就等于祈求法力无边的神灵降福人间愿

---

〔1〕《高僧传》卷 7《宋余杭方显寺释僧诠传》:"释僧诠,姓张,辽西海阳人。少游燕齐,遍学外典。弱冠方出家,复精炼三藏,为北土学者之宗。后过江,止京师,铺筵大讲,化洽江南。吴郡张恭请还吴讲说,姑苏之士,并慕德归心。初止闲居寺,晚憩虎丘山。诠先于黄龙国造丈六金像。入吴,又造人中金像,置于虎丘山之东寺。"(中华书局 1992 年版,第 272 页)

〔2〕《高僧传》卷 2《晋河西昙无谶传》:"至逊伪承玄二年(429),蒙逊济河伐乞伏暮末于抱罕,以世子兴国为前驱,为末军所败,兴国擒焉。后乞伏失守,暮末与兴国俱获于赫连定也。后为吐谷浑所破,兴国遂为乱兵所杀。逊大怒,谓事佛无应,即遣斥沙门五十已下,皆令罢道。蒙逊先为母造丈六石像,像遂泣涕流泪。谶又格言致谏,逊乃改心而悔焉。"(中华书局 1992 年版,第 78 页)

〔3〕〔北魏〕杨衒之《洛阳伽蓝记》卷 1《城内》:"永宁寺,熙平元年,灵太后胡氏所立也。……中有九层浮图一所。……浮图北有佛殿一所,形如太极殿。中有丈八金像一躯、中长金像十躯、绣珠像三躯、金织成像五躯、玉像二躯,作功奇巧,冠于当世。"(上海古籍出版社 1978 年版,第 1 - 3 页)

望的尽情表达,这是汉族传统社会谶纬环境中特有的关于"吉"的活态呈现。过去如此,现在还如此。

附表 10－1:

东晋南北朝(至梁代)汉地铸造"丈六"瑞像材料一览表

	名称	年代	材料出处
1	晋襄阳檀溪寺释道安造丈六瑞像	365—379	《高僧传》卷5《释道安传》
2	晋荆州长沙寺释昙翼造丈六瑞像		《名僧传抄》
3	吴郡台寺释慧护造丈六金像		《出三藏记集》卷12
	吴郡绍灵寺丈六金像	377	《集神州三宝感通录》卷中第10
4	晋都城瓦官寺释僧供造丈六金像	416	《出三藏记集》卷12,《名僧传抄》,《晋书·恭帝纪》
5	宋荆州释僧亮造无量寿丈六金像	424—451	《出三藏记集》卷12,《高僧传》卷13
6	北凉国沮渠蒙逊造丈六石像	429	《高僧传》卷2《昙无谶传》
7	宋孝武皇帝造无量寿金像		《出三藏记集》卷12
8	都城龙华寺释道矫造夹苧丈六瑞像	439	《名僧传抄》
9	蜀地僧人法成造丈六瑞像	424—451	《魏书》卷52《胡叟传》
10	宋都城瓦官寺丈六金像	441前	《高僧传》卷13《释慧力传》记戴颙所"治"
11	彭城徐州刺史王仲德造丈八金像		《高僧传》卷13《释法悦传》
12	黄龙国释僧诠造丈六金像		《高僧传》卷7《释僧诠传》
	北魏五级寺官造丈六金像5尊	454	《魏书》卷114《释老志》
13	宋明皇帝造丈四金像	465—472	《出三藏记集》卷12,《高僧传》卷13《释法悦传》
14	谯国二戴造挟纻像		《出三藏记集》卷12
15	齐武皇帝造释迦瑞像		《出三藏记集》卷12
16	齐文皇帝造白山丈八石像		《出三藏记集》卷12
17	齐文皇帝造绣丈八像		《出三藏记集》卷12

	名称	年代	材料出处
18	都城光宅寺丈九无量寿金像	509	《出三藏记集》卷 12,《高僧传》卷 13《释法悦传》
19	都城大爱敬寺中院正殿二丈二瑞像		《续高僧传》卷 1《释宝唱传》
20	都城大爱敬寺龙渊别殿丈八金铜像		《续高僧传》卷 1《释宝唱传》
21	都城大智度寺丈八金像		《续高僧传》卷 1《释宝唱传》
22	襄州上凤林寺丈六金像		《续高僧传》卷 28《释慧诞传》

·欧·亚·历·史·文·化·文·库·

11　汉晋时期西北地区佛教之传播

——以"羌胡"群体奉佛为线索

我们将西域佛教传播中原地区的过程分为两个阶段：第一阶段是在汉武帝通西域以来，在中原国家"威德天下"的朝贡框架内展开的，佛教主要流传在京师专供四夷使者生活的蛮夷邸以及侨居各地城市的商胡聚落空间内。第二阶段是在魏、晋时期国家实行"迁戎"政策、北方诸族内迁的大背景下，特别是十六国时期北方诸族先后在中原地区建立政权，其中亦有奉佛族群为主体的"杂胡"建立的政权，导致佛教在中原地区的广泛传播。

从地缘关系看，魏、晋时期活动在西北地区（相当于西晋时期凉州、秦州和雍州）的"羌胡"奉佛状况，对西域佛教东传的第二阶段影响很大，并且在特定时期，"羌胡"可能还充当着非常关键的角色，诚如梁释僧佑《弘明集》卷8刘勰《灭惑论》引《三破论》所云：

> 寻中原人士，莫不奉道。今中国有奉佛者，必是羌胡之种。

众所周知，进入十六国羌人姚氏建立的后秦时期，西北地区开始成为当时汉传佛教的中心地区，其盛况学界论述已多，亦有可观的成果，不再赘述。而对姚秦时期以前的西北地区佛教传播状况，目前学界的讨论尚不充分。本文将从区域文化角度，同时尝试从族群动态的宏观层面，通过考察汉晋时期西北地区民族"错居混杂"的特殊状况以及中原国家郡县制度对"羌胡"群体移动空间的制约，来说明佛教在"羌胡"社会的传播特别是佛教跨种族的传播。

11.1　"羌胡"辨析

就从"羌胡"一词说起。

上引材料中的"羌胡",是泛指羌人,还是包括"羌"和"胡"?或者如唐长孺先生揭示"羯胡"那样,[1]把"羌胡"理解为以羌人为主体的杂胡群体?

先看一则材料,《后汉书》卷16《邓训传》:

> 先是小月氏胡分居塞内,胜兵者二三千骑,皆勇健富强,每与羌战,常以少制多。虽首施两端,汉亦时收其用。时迷吾子迷唐,别与武威种羌合兵万骑,来至塞下,未敢攻训,先欲胁月氏胡。训拥卫稽故,令不得战。议者咸以羌胡相攻,县官之利,以夷伐夷,不宜禁护。训曰:"不然。今张纡失信,群羌大动,经常屯兵,不下二万,转运之费,空竭府帑,凉州吏人,命县丝发。原诸胡所以难得意者,皆恩信不厚耳。今因其迫急,以德怀之,庶能有用。"遂令开城及所居园门,悉驱群胡妻子内之,严兵守卫。羌掠无所得,又不敢逼诸胡,因即解去。

在《后汉书》的语境中,"羌"与"胡"是分开的,"羌"指羌人,"胡"指小月氏人。再看一则材料,同上书卷56《种暠传》:

> 会匈奴寇并、凉二州,桓帝擢暠为度辽将军。暠到营所,先宣恩信,诱降诸胡,其有不服,然后加讨。羌虏先时有生见获质于郡县者,悉遣还之。诚心怀抚,信赏分明,由是羌胡、龟兹、莎车、乌孙等皆来顺服。

显然,在《后汉书》作者范晔的观念里,"羌"与"胡"的分界应该是清晰的,正如氐人苻坚被羌人姚苌所执时说的那样:"五胡次序,无汝羌名",[2]说明"羌"与"胡"确实是有区别的。但上引材料中的"诸胡"又是什么意思?并且又是与龟兹、莎车、乌孙等种族有所不同的。再看两则材料,同上书卷87《西羌传》:

> [永和]五年(140)夏,且冻、傅难种羌等遂反叛,攻金城,与西塞及湟中杂种羌胡大寇三辅,杀害长吏。

---

〔1〕唐长孺:《魏晋杂胡考》三"羯胡",载氏著《魏晋南北朝史论丛》,中华书局2009年版,第400－413页。

〔2〕《晋书》卷114《苻坚载记下》,中华书局1974年版,第2928页。

同上书卷58《盖勋传》：

> 中平元年（184），北地羌胡与边章等寇乱陇右，刺史左昌因军
> 兴断盗数千万。

我们还注意到，在《后汉书》里，"羌"与"胡"连用的频率是很高的。综合上述材料，我们应该可以认为，刘宋时期（相当于十六国末期）史家观念里的"胡"，主要是指活动于河西至关中地区，既有别于羌人又有别于西域国人，并且与羌人关系密切的杂胡群体。

为了更深入地把握"羌胡"的"胡"的混杂性质，我们引用了马长寿先生的研究成果及材料。[1] 马先生研究前秦时期关中部族时所使用的《邓太尉祠碑》和《广武将军□产碑》两块碑文，是昭示"羌胡"的"胡"的混杂性质的绝好材料。《邓太尉祠碑》树立于前秦建元三年（367），位于冯翊护军境内（今属陕西蒲城县）；《广武将军□产碑》树立于前秦建元四年（368），位于今属陕西省白水县，皆在当时羌胡聚居的渭北地区。碑文记录了当时参与树碑活动人员的名单，对于本文的研究非常重要，故据马先生所校正碑文转录如下。

邓太尉祠碑

> 大秦符氏建元三年（367），岁在丁卯，冯翊护军、建威将军、奉车都尉、城安县侯、华山郑能进，字宏道，圣世镇南参军、水衡都尉、石安令、治书侍御史、南军督都水使者，被除为护军。甘露四年（362）十二月二十五日到官。以北接玄朔，给兵三百人，军府吏属一百五十人，统和宁戎、鄜城、洛川、定阳五部，领屠各，上郡夫施黑羌、白羌、高凉西羌、卢水、白虏、支胡、粟特、苦水杂户七千，夷类十二种。兼统夏阳治。在职六载，邈无异才，履性忠孝，事上恪勤，夙夜匪懈。以太尉邓公祠张冯翊所造，岁久颓朽，因旧修饬，故记之。以其年六月左降为尚书库部郎、护军司马、奉车都尉、关内侯。始平解虔，字臣文，圣世水衡令、蒲子北掘令、安远将军司马、都水参

---

〔1〕马长寿：《碑铭所见前秦至隋初的关中部族》二《前秦〈邓太尉祠碑〉和〈广武将军□产碑〉所记的关中部族》，中华书局1985年版，第12—38页。

军,被除为司马。

军参事北地灵武孟□、完广。

军参事和戎钳耳□、□龙。

军门下督和戎钳耳引、世虎。

军功曹和戎钳耳叵当、世兴。

军主薄河西临晋杨万、世和。

军主薄和戎雷夫龙、道藏。

军主薄河西重泉范高、延思。

军主薄和戎雷道、子安。

军主薄和戎雷川、玉光。

军主薄和戎雷永、景文。

军主薄和戎西羌骑、世龙。

军录事和戎雷颜、道□。

军录事和戎觉陞、道陞。

军录事和戎俊蒙琕、子谅。

功曹书佐和戎雷陵、道进。

功曹书佐和戎俊蒙龙、彦详。

军参事北地富平杨洗、少论。

军门下督冯翊朱进、超石。

军功曹宁戎盖周、彦容。

军主薄宁戎郝子星、永文。

军主薄宁戎屈男道诜。

军主薄宁戎觉共、永苌。

军主薄宁戎雷树、进夒。

军录事冯翊吕骞、慎菽

军录事宁戎觉投、钦详。

军功曹书佐宁戎利非阎、永达。

治下部大钳耳丁比。[1]

在《邓太尉祠碑》上,我们很"实态"地看到了"羌胡"构成的混杂成分,包括了"屠各、上郡夫施黑羌、白羌、高凉西羌、卢水、白虏、支胡、粟特、苦水杂户七千,异类十二种"。马先生曾对碑文中的"杂户"进行了探讨,认为"杂户"是指隶属于北方"杂胡"部大所属的各族民户。马先生还结合《广武将军□产碑》上存在大量羌人部大题名材料指出,羌人自东汉入关至苻秦时期,依然流行部落制,而氐人入关虽晚于羌人,却在西晋时期已经开始成为中原国家郡县编户。[2] 马先生在社会组织形态层面对北族的论述,使我们进一步认识到,与汉化水平较高的氐人社会相比,羌人社会形态与中原社会差别更大,而更接近西域胡人社会。大概正是由于"羌"与"胡"社会性质相近,那么,基于中原汉族社会立场的汉文史籍,遂将"羌"与"胡"连称为"羌胡"。这对于我们判断西域佛教传播"羌胡"社会,是非常重要的提示。

11.2 "羌胡"中的奉佛胡人和奉佛羌人

我们知道,西域佛教兴于贵霜王朝迦腻色迦时期,约相当于东汉后期桓、灵之际,[3] 而贵霜佛教影响及于葱岭以东之西域诸国,应在汉末、曹魏时期。从目前刊布的出土材料看,曹魏后期鄯善境内出现大量贵霜官方使用的佉卢文书,其中包括佉卢文佛教典籍《法句经》,[4] 应该是贵霜势力已经影响鄯善境内的重要标志,也可以视为佛教东传到塔里木地区东缘的重要标志。而据文献记载,在曹魏时期,佛教已经由

〔1〕马长寿:《碑铭所见前秦至隋初的关中部族》二《前秦〈邓太尉祠碑〉和〈广武将军□产碑〉所记的关中部族》,中华书局 1985 年版,第 11－13 页。

〔2〕马先生认为羌人自东汉入关至苻秦时期,除了进入国家官僚体制内之外,主要流行部落制。见马长寿:《碑铭所见前秦至隋初的关中部族》二《前秦〈邓太尉祠碑〉和〈广武将军□产碑〉所记的关中部族》,中华书局 1985 年版,第 36－38 页。但在东汉光和四年(181)《殷坑君神祠碑》(原在华州郑县)碑阴题名中,则反映出编户化倾向,见宋代洪适《隶释》,中华书局 1986 年版,第 35 页。羌胡内迁关中后编户化问题,有待于系统研究。

〔3〕黄靖:《贵霜帝国的年代体系》,载《中亚学刊》1987 年第 2 辑,第 37 页。

〔4〕孟凡人:《楼兰鄯善简牍年代学研究》,新疆人民出版社 1995 年版,第 389－409 页。

大月氏侨人带到了敦煌郡，见《出三藏记集》卷13《竺法护传》记载：

> 竺法护，其先月支人也，世居燉煌郡。年八岁出家，事外国沙门高座为师。……后值惠帝西幸长安，关中萧条，百姓流移。护与门徒避地东下，至渑池，遘疾卒，春秋七十有八。

惠帝被张方夹持至长安，时在永兴元年（304），[1]结合竺法护卒年，可以推算出其生年当在魏明帝太和元年（227）。竺法护"年八岁出家"，即魏明帝青龙二年（234），其时已有"外国沙门高座"在敦煌行道了，说明敦煌已有大月氏人等西域族群侨居聚落的存在。也就是说，在曹魏时期，奉佛的西域族群已经进入羌人的生活空间，是可以确定的。如果我们据此将业已奉佛的西域族群开始进入羌人生活空间，视为羌人接受佛教的基点，应该是没有问题的。

从地缘政治看，西域胡人与西北地区羌人发生关系，应在汉武帝通西域后渐渐加强，并在国家关系层面表现出来。除了定期的朝贡制度之外，国家亦有处置侨居西域胡人的制度，如《汉书》卷28下《地理志下》曾提到安定郡有"月氏道"。钱坫《新斠注地理志》云："此以月氏国降人所置也。"[2]三国时安定郡境内有一个"月支城"，见《三国志》卷9《曹真传》：

> ［太和元年，227］诸葛亮围祁山，南安、天水、安定三郡反，应亮。帝遣真督诸军，军郿，遣张合击亮将马谡，大破之。安定民杨条等略吏民，保月支城。真进军围之。条谓其众曰："大将军自来，吾愿早降耳。"遂自缚出，三郡皆平。

疑此"月支城"即"月氏道"之旧治所在。《汉书》卷28下《地理志下》还提到上郡有"龟兹县"，师古注云："龟兹国人来降附者，处之于此，故以名云。"[3]"月氏道"、"龟兹县"都处于西北地区羌人聚居区域内，可见西域胡人进入羌人社会历史已久。虽然西汉时期西域胡人可能尚

〔1〕《晋书》卷4《惠帝纪》，中华书局 1974 年版，第 103 页。

〔2〕转引自马长寿：《碑铭所见前秦至隋初的关中部族》二《前秦〈邓太尉祠碑〉和〈广武将军□产碑〉所记的关中部族》，中华书局 1985 年版，第 20 页。

〔3〕转引自马长寿：《碑铭所见前秦至隋初的关中部族》二《前秦〈邓太尉祠碑〉和〈广武将军□产碑〉所记的关中部族》，中华书局 1985 年版，第 33 页。

·欧·亚·历·史·文·化·文·库·

未接受佛教，但中原国家安置西域胡人的行政制度却值得我们注意，为我们观察接受佛教后的西域胡人进入、融入羌人社会提供了合适的角度。

奉佛的西域胡人与羌人的关系，至迟在东汉末年文献已有记载。具有羌胡背景的凉州军阀董卓[1]部属中间，已见贵霜背景的支胡人踪迹。《后汉书》卷72《董卓传》李贤注引《献帝纪》：

> ［董卓女婿，牛］辅帐下支胡赤儿等，素待之过。急，尽以家宝与之；自带二十余饼金、大白珠璎。胡谓辅曰："城北已有马，可去也。"以绳系辅腰，瑜城悬下之，未及地丈许放之。辅伤腰，不能行。诸胡共取其金并珠，斩首诣长安。

根据本传记载，此事发生在董卓进京之后被刺杀之际，当在献帝初平三年（192）。董卓陇西临洮人，早年曾"为州兵马掾，常徼守塞下"，又"迁西域戊己校尉"，部属多凉州人，其中包括贵霜背景的支胡，亦在情理之中，由此亦可以窥见羌胡入关的途径。

此外，魏蜀争夺陇上期间频繁入蜀的羌胡群体族群构成，亦值得我们注意，我们从中可以看到月氏、康居、龟兹白氏、卢水胡等诸多种族成分。凉州军阀马超入蜀是很著名的例子，《三国志·蜀志》卷36《马超传》记载：

> 超果率诸戎以击陇上郡县，陇上郡县皆应之，杀凉州刺史韦康，据冀城，有其众。超自称征西将军，领并州牧，督凉州军事。康故吏民杨阜、姜叙、梁宽、赵衢等，合谋击超。阜、叙起于卤城，超出攻之，不能下；宽、衢闭冀城门，超不得入。进退狼狈，乃奔汉中依张鲁。……闻先主围刘璋于成都，密书请降。先主遣人迎超，超将兵径到城下。

---

〔1〕《后汉书》卷84《列女传》："安定皇甫规妻者，不知何氏女也。……及规卒时，妻年犹盛，而容色美。后董卓为相国，承其名，娉以轺辐百乘，马二十四，奴婢钱帛充路。妻乃轻服诣卓门，跪自陈请，辞甚酸怆。卓使傅奴侍者悉拔刀围之，而谓曰：孤之威教，欲令四海风靡，何有不行于一妇人乎！妻知不免，乃立骂卓曰：君羌胡之种，毒害天下犹未足邪！妾之先人，清德奕世。皇甫氏文武上才，为汉忠臣。君亲非其趣使走吏乎？敢欲行非礼于尔君夫人邪！"（中华书局1965年版，第2798页）

马超有着羌人血统,本传谓"甚得羌、胡心"。其家族在河西、陇右地区有很深的根基,上引书转引《典略》记马超家族境况云:

> 马腾者,字寿成,马援之后也。桓帝时,其父字子硕,尝为天水兰干尉。后失官,因留陇西,与羌错居。遂娶羌女,生腾。……灵帝末(188),凉州刺史耿鄙任信奸吏,民王国等及氐、羌反叛。州郡募发民中有勇力者,欲讨之,腾在募中。州郡异之,署为军行事,典领部众。讨贼有功,拜军司马,后以功迁偏将军,又迁征西将军,常屯汧、陇之间。初平(190—193)中,拜征东将军。

故马超入蜀所率部属,即以"羌胡"("诸戎")为主。

又,同上书卷33《后主传》裴松之注引《诸葛亮集》所载刘禅诏书明确提到月氏胡和康居胡入蜀:

> 凉州诸国王各遣月支、康居胡侯支富、康植等二十余人,诣受节度,大军北出,便欲率将兵马,奋戈先驱。

这件蜀国后主诏书系年于建兴五年(227)三月,诏书中凉州境内"诸国"遣月氏、康居等诸胡云云,大概亦以上述马超入蜀为背景的。

西晋时期,羌胡进一步内迁,导致关中地区"戎狄居半"的局面,这也反映侨居敦煌"土生"月氏僧竺法护在长安组织译经的成员种族结构上,据《出三藏记集》卷8《正法华经记》记载:

> 太康七年(286)八月十日,燉煌月支菩萨沙门法护手执胡经,口宣出《正法华经》二十七品。授优婆塞聂承远、张仕明、张仲政共笔受。竺德成、竺文盛、严威伯、续文承、赵叔初、张文龙、陈长玄等,共劝助欢喜。九月二日讫。天竺沙门竺力、龟兹居士帛元信共参校。元年二月六日重覆。又元康元年(291),长安孙伯虎以四月十五日写素解。

从材料直观看出,译经成员中除了竺法护为月氏裔,还有天竺"竺"姓3人、龟兹"帛"姓1人,可惜看不出是否存在羌人,故我们虽不敢说竺法护译经组织为"羌胡"群体,但视为西北地区"羌胡"语境中的"杂胡"群体,应该是可以接受的。由此不难推想,竺法护在长安留止的空间,应该在以杂胡为主的聚落内佛寺里。这是汉籍文献中有关西北地区

"杂胡"奉佛的最明确记载。

目前,我们见到记载陇上羌胡奉佛的最直接材料,见《出三藏记集》卷15《法祖法师传》:

> 帛远,字法祖。本姓万氏,河内人。……达祖见群雄交争,干戈方始,志欲潜遁陇右,以保雅操。会张辅为秦州刺史,镇陇上,祖与之俱行。……行至汧县,……忽忤辅意。辅使收之行罚,……鞭之五十,奄然命终。……初,祖道化之声,被于关陇,崤函之右,奉之若神。戎晋嗟恸,行路流涕。陇上羌胡率精骑五千,将欲迎祖西归。中路闻其遇害,悲恨不及,众咸愤激,欲复祖之仇。辅遣军上陇,羌胡率轻骑逆战。时天水故帐下督富整,遂因忿斩辅。群胡既雪怨耻,称善而还。共分祖尸,各起塔庙。

帛远似为汉人,然从师承"帛"姓来看,当源于龟兹僧人无疑。我们知道,帛法祖等所走的从汧县去陇上,也正是建立后秦政权的羌人姚氏故地,这也是有关姚氏早期奉佛最主要的证据。据《晋书》卷116《姚弋仲载记》:

> 姚弋仲,南安赤亭羌人也。……永嘉之乱,东徙榆眉,戎、夏襁负,随之者数万,自称护西羌校尉、雍州刺史、扶风公。刘曜之平陈安也,以弋仲为平西将军,封平襄公,邑之于陇上。

"刘曜之平陈安"时在太宁元年(323),与帛法祖赴陇上的时间相隔不远,《晋书》卷103《刘曜载记》所记甚详:

> 太宁元年,陈安攻曜征西刘贡于南安,休屠王石武自桑城将攻上邽,以解南安之围。安闻之惧,驰归上邽,遇于瓜田。武以众寡不敌,奔保张春故垒。……贡败安后军,俘斩万余。安驰还赴救,贡逆击败之。俄而武骑大至,安众大溃,收骑八千,奔于陇城。贡乃留武督后众,躬先士卒,战辄败之,遂围安于陇城。……曜亲征陈安,围安于陇城。安频出挑战,累击败之,斩获八千余级。右军刘干攻平襄,克之,陇上诸县悉降。……安留杨伯支、姜冲儿等守陇城,帅骑数百突围而出,欲引上邽、平襄之众还解陇城之围。安既出,知上邽被围,平襄已败,乃南走陕中。……辅威呼延清寻

其径迹，斩安于涧曲。

刘曜平陈安后，"徙秦州大姓杨、姜诸族二千余户于长安"。[1] 姚弋仲接受刘曜封号，徙居陇上，应该就在这个时候。

遗憾的是，我们对于帛法祖兄弟师资的来龙去脉，以及帛法祖究竟与"陇上羌胡"中哪个具体种族有关系都不清楚。但从《广武将军□产碑》碑阴以羌人占多数的题名中亦有 6 人以"白"或"帛"为姓，以及后来姚氏建立后秦政权时期，以有着龟兹血统的鸠摩罗什为代表的西域僧人在姚氏奉佛活动中的重要角色，我们还是可以体会到龟兹人与羌人的传统联系，准确地说，也就是汉晋以来传统的"羌胡"关系体现。

到了十六国时期，文献记载陇右、河西地区佛教材料渐多，《高僧传》卷5《晋泰山昆仑岩竺僧朗传》曾记载：

> 时泰山复有支僧敦者，本冀州人。少游汧、陇，长历荆、雍。

支僧敦是释道安同时代的僧人，年轻时曾游历汧、陇一带，可见该地区佛教传播已广。又，《高僧传》卷9《晋罗浮山单道开传》亦载：

> 以石虎建武十二年（346），从西平来，一日行七百里。至南安，度一童子为沙弥，年十四，禀受教法，行能及开。

单道开"度一童子为沙弥"的地点在南安，进一步表明姚氏生活的空间佛教的存在。

南安姚氏奉佛似乎在后赵石虎时期被东迁到冀州清河郡期间，[2] 也接受了冀州佛教的影响，《高僧传》卷5《晋荆州长沙寺释昙翼传》记载：

> 释昙翼，姓姚，羌人也，或云冀州人。年十六出家，事安公为师。……翼尝随安在檀溪寺，晋长沙太守滕含，于江陵舍宅为寺，

〔1〕《晋书》卷103《刘曜载记》，中华书局1974年版，第2694页。

〔2〕《晋书》卷116《姚弋仲载记》："及石季龙克上邽，弋仲说之曰：明公握兵十万，功高一时，正是行权立策之日。陇上多豪，秦风猛劲，道隆后服，道洿先叛，宜徙陇上豪强，虚其心腹，以实畿甸。季龙纳之，启勒以弋仲行安西将军、六夷左都督。……勒既死，季龙执权，思弋仲之言，遂徙秦、雍豪杰于关东。弋仲率部众数万迁于清河，拜奋武将军、西羌大都督，封襄平县公。"（中华书局1974年版，第2959-2960页）陇上羌胡在西晋时期已经奉佛，那么，作为石赵政权统治集团的合作者姚弋仲，率领奉佛的南安羌人"数万"东迁关东清河，必然会对中原东部地区佛教传播带来影响。

告安求一僧为纲领。安谓翼曰:"荆楚士庶,始欲师宗。成其化者,非尔而谁?"翼遂杖锡南征,缔构寺宇,即长沙寺是也。

羌人释昙翼姓姚,应该是随姚弋仲到清河的族人,故"或云冀州人"。释昙翼"年十六出家,事安公为师",应该在释道安仍在冀州行化时期,由此亦可以体会到羌人族群奉佛与河北佛教之间的可能关系。

后赵灭亡后,南安姚氏率领族人西返陇右,姚弋仲之子姚襄军中已见沙门踪迹。《晋书》卷116《姚襄载记》记载:

> 襄寻徙北屈,将图关中,进屯杏城,遣其从兄辅国姚兰略地鄜城,使其兄益及将军王钦卢招集北地戎夏,归附者五万余户。符生遣其将符飞拒战,兰败,为飞所执。襄率众西引,生又遣符坚、邓羌等要之。[姚]襄将战,沙门智通固谏襄,宜厉兵收众,更思后举。襄曰:"二雄不俱立,冀天不弃德以济黎元,吾计决矣。"会羌师来逼,襄怒,遂长驱而进,战于三原。襄败,为坚所杀,时年二十七,是岁晋升平元年(357)也。

材料中提到的雍州之北屈、杏城、鄜城、三原等渭北地区,皆是羌人最为集中的聚居地带,此时陇右羌胡已普遍奉佛,应该可以肯定的。这在该地区树立于前秦建元三年(367)《邓太尉祠碑》和建元四年(368)《广武将军□产碑》两碑所记载的种族结构中,反映得更加具体,其中明确记录了奉佛的西域胡:月氏胡、粟特(康居)胡及"白"姓龟兹胡。事实上,"羌胡"群体中包含有奉佛种族,本身就是"羌胡"奉佛的证据。

至姚兴时期,特别是西域僧鸠摩罗什到长安后,关中地区佛教始走向兴盛。《晋书》卷117《姚兴载记上》记载:

> 兴如逍遥园,引诸沙门于澄玄堂,听鸠摩罗什演说佛经。……兴与罗什及沙门僧略、僧迁、道树、僧睿、道坦、僧肇、昙顺等八百余人,更出大品,罗什持胡本,兴执旧经,以相考校,其新文异旧者皆会于理义。……兴既托意于佛道,公卿已下莫不钦附。沙门自远而至者,五千余人。起浮图于永贵里,立波若台于中宫。沙门坐禅者,恒有千数。州郡化之,事佛者十室而九矣。

11.3 "错居混杂"和编户化：
关于佛教跨种族传播的尝试性解释

我们在上面大致考察了"羌胡"中存在着奉佛胡人和奉佛羌人的情况，但"羌胡"佛教传入中原社会的过程究竟是如何实现的，这涉及佛教跨种族传播问题，也是研究西域佛教传播中原地区历史过程的核心问题之一。传统的描述诸如《高僧传》等由于受到僧人传记体例的限制，大多局限于从个体行为层面进行描述，形成"原子化"的奉佛种族僧人教化不奉佛种族民众的传统模式。但将这种模式用来解释佛教传播的宏观过程，实在是难以让人满意的。从奉佛族群移动的层面来看，佛教的跨族群传播，应以奉佛族群移动为中介，而僧人的个体传教行为，则是发生在信众群体空间的内部。按常识推想，僧人服务于自己所从属的族群信众，是日常的惯例；而以个体身份进入陌生的甚至语言不通的异族生活空间传教，肯定属于例外。所以，我们认为，佛教跨种族传播的发生，应该是奉佛族群进入、融入另一族群的结果。

我们试图突破僧人著述中的僧人本位立场，扩展到以佛教信众群体为研究单位，通过考察"羌胡"群体的移动过程，对佛教跨种族传播的宏观过程，进行初步的解释。汉晋间奉佛"羌胡"群体内迁，导致佛教内传中原社会，我们可以从两个方面来观察：其一是奉佛西域胡人进入、融入羌人社会，形成奉佛的"羌胡"群体；其二是奉佛"羌胡"群体进入、融入中原社会，形成佛教传播中原社会的局面。下面即依此展开论述。

11.3.1 奉佛西域胡人进入、融入羌人社会

羌人接受佛教以凉州地区奉佛胡人为媒介，应该可以肯定的。我们推想，在羌人与奉佛西域胡人族群发生接触后，应该是奉佛西域胡人族群进入羌人社会，形成以羌人为主体的"羌胡"群体。奉佛西域胡人族群融入羌人社会的过程，也是羌人接受佛教的过程。

我们先看西域胡人进入、融入羌人社会，形成"羌胡"群体的过程。我们知道，西北地区羌人社会组织仍通行部落制度，是与中原地区郡

·欧·亚·历·史·文·化·文·库·

县制有所不同的,"不立君臣,无相长一,强则分种为酋豪,弱则为人附落,更相抄暴,以力为雄"。[1] 事实上,"更相抄暴,以力为雄","弱则为人附落",亦表现在整个西北地区诸民族之间的社会秩序上。随着西北地区诸族群活动空间的扩大,或役属,或联姻,形成不同种族共处共存的局面,导致西北地区诸民族逐渐走向不同程度的"混杂化"。先秦以来,羌人一直是西北地区"西戎"的主体部分,是作为中原汉族国家对立面形象、"寇边"、"抄暴"的"羌胡"群体的主导性力量。汉晋时期,羌人主要生活在河西地区至泾、渭流域,其移动的起止空间,晋人江统《徙戎论》已言其大概:

> 当今之宜,宜及兵威方盛,众事未罢,徙冯翊、北地、新平、安定界内诸羌,著先零、罕并、析支之地。……廪其道路之粮,令足自致,各附本种,反其旧土,使属国、抚夷就安集之。[2]

汉、晋间北方地区战事多发,导致北方诸族群迁徙频繁,以至关中地区形成"戎狄居半"的杂居局面,不仅北方族群与汉人杂居,而且北方诸族群之间杂居,其中包括羌人与奉佛的西域胡人杂居,这在前引《邓太尉祠碑》和《广武将军□产碑》两碑题名的种族结构中,已有充分反映。据马长寿先生对《广武将军□产碑》题名族属的统计,结果如表 11 - 1。[3]

"从统计表可见,以部大等为衔的少数部族姓氏有 16 个,包括的人数共 76 人","占残碑题名总人数 134 的 50% 以上",说明碑石所在地区少数部族的比例很大。[4] 其中羌人(夫蒙氏、雷氏、傉蒙氏、同蹄氏、井氏五姓)41 人,占少数部族人数 76 的 53%;具有龟兹背景的"白"姓和"帛"姓 6 人(扬威将军酋大白安、部大帛初、部大帛大谷、行事白禽、主簿白国、大人白平君),占少数部族人数 76 的 7.8% ,"羌

---

〔1〕《后汉书》卷 87《西羌传》,中华书局 1965 年版,第 2869 页。曹魏之际,虽然陆续有西南氐人族群北上至陇右地区,北方匈奴、东北鲜卑族群西迁至河西地区,羌人仍然是河西至关中地区的主体居民。

〔2〕《晋书》卷 56《江统传》,中华书局 1974 年版,第 1532 页。

〔3〕据马长寿:《碑铭所见前秦至隋初的关中部族》二《前秦〈邓太尉祠碑〉和〈广武将军□产碑〉所记的关中部族》中表格制作,中华书局 1985 年版,第 29 页。

〔4〕据马长寿:《碑铭所见前秦至隋初的关中部族》二《前秦〈邓太尉祠碑〉和〈广武将军□产碑〉所记的关中部族》中表格制作,中华书局 1985 年版,页 28 - 29。

胡"合计占 70% 还多,又说明该地区"羌胡"人数占优势。而"羌胡"内部比例中,"羌"又占了绝对优势,处于统属地位,而"胡"则处在附从的地位。比照《后汉书》卷 87《西羌传》和《晋书》所收江统《徙戎论》[1]等文献对河西至关中地区民族状况的描述,应该说,《广武将军□产碑》题名反映羌人在西北地区民族构成中占据优势地位的情况,基本上符合史实。可见,在"羌"与"胡"接触过程中,奉佛的"胡"融入"羌"的倾向更为明显,这应该是以西域龟兹为背景的佛教传播羌人社会的途径之一。

表 11 – 1　马长寿先生对《广武将军□产碑》题名族属统计

少数部族姓氏	人数(个)	少数部族姓氏	人数(个)
夫蒙	29	李	3
王	8	爪	2
白、帛	6	秦	2
杨	6	樊	1
傉蒙	4	董	1
张	4	井	1
雷	4	韩	1
同蹄	3	司马	1
总计人数:76			

其次,在羌、胡之间接触过程中,跨种族的婚姻关系,对种族相互融入推力最直接,故对佛教传播的影响亦大。早在西汉武帝时期,匈奴击败月氏人,一部分月氏人就逃避到羌人生活空间,并与羌人相互联姻。《后汉书》卷 87《西羌传》记载:

> 湟中月氏胡,其先大月氏之别也,旧在张掖、酒泉地。月氏王为匈奴冒顿所杀,余种分散,西逾葱领。其赢弱者,南入山阻,依诸羌居止,遂与共婚姻。

〔1〕《晋书》卷 56《江统传》,中华书局 1974 年版,第 1529 – 1534 页。

当时凉州月氏人尚未去中亚建立贵霜王朝,当然谈不上奉佛。但对于本文宗旨来说,月氏人"依诸羌居止,遂与共婚姻"的方式,无疑有助于我们对汉、晋间奉佛种族融入羌人社会过程的理解,有助于我们对佛教跨种族传播过程的认识。

东汉末年,我们仍可见到小月氏人与羌人社会关系密切,《后汉书》卷72《董卓传》记载:

> [中平元年,184]其冬,北地先零羌及枹罕河关群盗反叛,遂共立湟中义从胡北官伯玉、李文侯为将军,杀护羌校尉泠征。伯玉等乃劫致金城人边章、韩遂,使专任军政,共杀金城太守陈懿,攻烧州郡。明年春,将数万骑入寇三辅,侵逼园陵,托诛宦官为名。诏以卓为中郎将,副左车骑将军皇甫嵩征之。嵩以无功免归,而边章、韩遂等大盛。

种族之间接触过程中与外族建立跨种族的婚姻关系,似为羌人社会的传统,不仅见于羌、胡之间,也见于羌、汉之间。《三国志》卷36《马超传》转引《典略》记马超家族境况云:

> 马腾者,字寿成,马援之后也。桓帝时,其父字子硕,尝为天水兰干尉。后失官,因留陇西,与羌错居。遂娶羌女,生腾。

奉佛族群与非奉佛族群的跨种族婚姻关系,也是种族相互融入很重要方式,也是佛教跨种族传播很重要途径。

第三,西域胡人进入、融入羌人社会过程,也会表现在民俗文化传播上。如表达悲痛感情而"劙面"行为,本为西域胡人特有的传统习俗,《三国志》卷16《仓慈传》已有记述:

> 又常日西域杂胡欲来贡献,而诸豪族多逆断绝;既与贸迁,欺诈侮易,多不得分明。胡常怨望,慈皆劳之。欲诣洛者,为封过所,欲从郡还者,官为平取,辄以府见物与共交市,使吏民护送道路,由是民夷翕然,称其德惠。数年卒官,吏民悲感,如丧亲戚,图画其形,思其遗像。及西域诸胡闻慈死,悉共会聚于戊己校尉及长吏治下发哀,或有以刀画面,以明血诚,又为立祠,遥共祠之。

"以刀画面"即"劙面"俗。早在东汉时期,已见"劙面"习俗传播于"羌胡"社会,《后汉书》卷16《邓训传》记载：

> 吏人羌胡爱惜,旦夕临者日数千人。戎俗父母死,耻悲泣,皆
> 骑马歌呼。至闻训卒,莫不吼号,或以刀自割,又刺杀其犬马牛羊,
> 曰"邓使君已死,我曹亦俱死耳"。

马长寿先生认为,"剺面"俗"初起于胡人,胡人又传此俗于羌族,故羌
胡俱有引刀割面之俗"。[1] 信奉佛教也是西域胡人习俗之一,西域胡
人同样也会将奉佛习俗传播到羌人社会,虽然我们现在看不到羌人接
受西域胡人奉佛习俗的直接材料,但从羌人接受西域胡人"剺面"习俗
的过程,也可以略约有所感受。

11.3.2 奉佛"羌胡"群体进入、融入中原社会

在奉佛"羌胡"进入、融入中原社会过程中,我们应该充分考虑到
中原国家郡县制度的约束、塑造作用。

首先,中原国家郡县行政管理制度对北方族群移动空间会形成制
约作用。先秦以来,虽然中原国家长期存在着北方族群寇边内侵的压
力,但除了改朝换代、社会失序时期,北方族群向关中地区内迁,包括迁
徙目的地及对其安置,基本上是由国家组织并在符合国家利益目标下
实现的。所以,北方民族的内迁,并不是完全自由的。作为北方族群构
成部分——"羌胡"的内迁,亦不例外。羌人入关始于东汉建武十一年
(35),《后汉书》卷88《西羌传》记载：

> 十一年夏,先零种复寇临洮,陇西太守马援破降之。后悉归
> 服,徙置天水、陇西、扶风三郡。

东汉国家为了杜绝陇西地区羌患,将归服的羌人安置在长安"三辅"地
区,成为中原国家郡县之下的编民,而原先的部落组织被解散,尽管在
居住方式上可能保留着族群聚居形态。东汉光和四年(181)《殽坑君
神祠碑》原在郑县(今陕西省华县),北魏郦道元《水经注》著录为《五
部神庙碑》,宋代洪适《隶释》卷2录有全文。碑阴题名有"姚堂元政、
姚恪文珪、姚豊富□"等3位姚姓,据陈连庆先生考证,认为与南安羌

---

〔1〕马长寿：《氐与羌》,广西师范大学出版社2006年版,第189页。

人姚氏有关。[1] 碑阴题名另有 3 位北宫姓：北宫世平、北宫子禄、北宫阿猛，亦值得注意。北宫氏为小月氏湟中支胡姓，史书上有明确记载，[2] 故陈连庆先生认为该碑"体现了胡汉杂居情况"。[3] 洪适则根据姓名构成特点，"如刘兴阿兴、潘京阿京之类"，认为"必编户民，未尝表其德"，[4] 应该是可取的。

至魏、晋时期，"除三辅外，安定、北地、上郡等地无不有羌"，以至于又有汉族官员出于国家安全考虑，相继建议迁戎实边，欲使关中"羌胡"重新"反其旧土"，"各附本种"。[5] 即使到了十六国"五胡"入主中原时期，虽然北方族群迁移更加频繁，但在社会秩序基本正常时期，大多沿袭了中原国家传统的郡县制度，人口流动也不是自由的。《晋书》卷 117《姚兴载记上》记载：

> 凉州胡辩，苻坚之末，东徙洛阳，讲授弟子千有余人，关中后进，多赴之请业。兴敕关尉曰："诸生谘访道艺，修己厉身，往来出入，勿拘常限。"

我们仍能感受到中原国家传统的郡县行政管理制度对北方族群移动空间的制约。

其次，中原国家郡县户籍制度对进入郡县空间内的北方族群成员的身份，具有强大的"固化"作用，也就是说，北方族群融入中原社会的过程，与其说是自愿的，不如说是被户籍制度强迫"固化"下来的。毫无疑问，北方族群进入郡县空间内被编户化，包括"羌胡"在内，也包括奉佛族群在内，既是北方族群融入中原社会最后"固化"下来的最大迫力，也是佛教"被"传播到中原社会最后"固化"下来的最大迫力。

---

〔1〕陈连庆：《中国古代少数民族姓氏研究》，吉林文史出版社 1993 年版，第 268－271 页。

〔2〕关于"北宫氏"的考证，参见陈连庆：《中国古代少数民族姓氏研究》"北宫氏"条，吉林文史出版社 1993 年版，第 377－378 页。

〔3〕陈连庆：《中国古代少数民族姓氏研究》，吉林文史出版社 1993 年版，第 269－270 页。

〔4〕〔宋〕洪适《隶释》卷 2，中华书局 1986 年版，第 35 页。

〔5〕《晋书》卷 56《江统传》，中华书局 1974 年版，第 1532 页。

11.4　论十六国时期匈奴刘氏、
氐人苻氏未奉佛

匈奴自有信仰"天神"传统习俗,据《后汉书》卷89《匈奴传》记载:

> 匈奴俗,岁有三龙祠,常以正月、五月、九月戊日祭天神。南单于既内附,兼祠汉帝,因会诸部,议国事,走马及骆驼为乐。

自曹魏时期匈奴"五部"入塞,乃至十六国时期刘氏建立"汉"、前赵政权以后,据现有所及文献材料,我们都没有看到最高统治阶层刘氏任何奉佛迹象。即使在刘曜统治长安时期,部属"胡"、"羯"、"羌"诸族中也不乏奉佛种族,[1]《晋书》卷103《刘曜载记》记载:

> 曜署刘胤为大司马,进封南阳王,以汉阳诸郡十三为国;置单于台于渭城,拜大单于,置左右贤王已下,皆以胡、羯、鲜卑、氐、羌豪桀为之。

但我们还是没有发现刘曜奉佛行为。其主要原因,应该是匈奴刘氏汉化程度很高造成的,[2]如《晋书》卷101《刘元海载记》中所见:

> 幼好学,师事上党崔游,习《毛诗》、《京氏易》、《马氏尚书》,尤好《春秋左氏传》、《孙吴兵法》,略皆诵之,《史》、《汉》、诸子,无不综览。……幽冀名儒,后门秀士,不远千里,亦皆游焉。

起兵后,并"以汉朝宗室自居,以恢复汉朝自命",[3]所以,匈奴刘氏决不会去接受西胡佛教,因为西胡佛教与其政治理念完全不相容。

关于十六国时期建立前秦政权的氐人苻氏奉佛状况,由于苻坚为

---

〔1〕请参见本书第12章《十六国时期华北地区佛教之扩散——以"羯胡"群体移动为线索》。

〔2〕"五胡"汉化程度之比较,见万绳楠整理:《陈寅恪魏晋南北朝史讲演稿》第七篇《胡族的汉化及胡汉分治》,黄山书社1999年版,第100-107页。

〔3〕万绳楠整理:《陈寅恪魏晋南北朝史讲演稿》第六篇《五种胡族问题》,黄山书社1999年版,第102页。

释道安兴兵征襄阳的说法太流行,[1]以至于人们认为氐人奉佛自不在话下,其实不然。从现有材料看,在符坚之前,我们看不到符氏奉佛踪迹,似乎没有奉佛传统。略阳氐人不奉佛,也可以在吕光身上获得旁证。吕光亦为略阳氐人,和符坚一样,都出生于枋头,其祖辈应该也是后赵延熙年间(333—334)随符洪从略阳迁徙而来。吕光不奉佛,见《出三藏记集》卷14《鸠摩罗什传》:

> [建元]十九年(383),即遣骁骑将军吕光将兵伐龟兹,及焉者诸国。临发谓光曰:"闻彼有鸠摩罗什,深解法相,善闲阴阳,为彼学之宗。朕甚思之。若克龟兹,即驰驿送什。"光军未至,什谓其王帛纯曰:"国运衰矣,当有勃敌。日下人从东方来,宜恭承之,勿抗其锋。"纯不从而战,光遂破龟兹,杀纯获什。光性疏慢,未测什智量。见其年尚少,乃凡人戏之,强妻以龟兹王女。什拒而不受,辞甚苦到。光曰:"道士之操,不逾先父,何所苦辞。"乃饮以淳酒,同闭密室。什被逼既至,遂亏其节。或令骑牛及乘恶马,欲使堕落。……停凉积年,吕光父子既不弘道,故韫其经法,无所宣化。

吕光如此虐待鸠摩罗什,父子两代都"不弘道",可以大致判定他从小就没有信仰佛教,也就是说,他所在的族群还没有奉佛习俗。但到了吕氏建立的后凉政权末年,我们也看到了最高统治者姻族中有奉佛者,见《晋书》卷96《列女传》:

> 时吕绍妻张氏亦有操行,年十四,绍死,便请为尼。吕隆见而悦之,欲秽其行,张氏曰:钦乐至道,誓不受辱。遂升楼自投于地,二胫俱折,口诵佛经,俄然而死。

可惜我们已无法知道,氐人吕氏姻族张氏是否与前朝奉佛的前凉政权

---

〔1〕《出三藏记集》卷15《道安法师传》:"安在樊河十五载,每岁常再遍讲《放光经》,未常废阙。……符坚素闻其声,每云:襄阳有释道安,是名器,方欲致之,以辅朕躬。后坚攻襄阳,安与朱序俱获于坚。坚谓仆射权翼曰:朕以十万之师取襄阳,唯得一人半。翼曰:谁耶?坚曰:安公一人,习凿齿半人也。既至,住长安城内五重寺。僧众数千人,大弘法化。"(中华书局1995年版,第563页)《高僧传》卷5《晋长安五级寺释道安传》亦传其事(中华书局1992年版,第181页)。

统治者张氏有关。[1]

比较十六国期间"五胡"文化面貌,氐人苻氏的汉化程度也是很高的。据马长寿先生研究,氐人入关虽迟,但在晋初已开始成为编户,为北方诸族最早,不仅"语言多已汉化,姓氏亦模仿汉族",典章制度取法魏、晋尤多,[2]故苻氏前秦政权建立统一中国的愿望也最为强烈。[3]早在苻健立国初期,即开始注重"修尚儒学",同上书卷112《苻健载记》:

> 起灵台于杜门,与百姓约法三章,薄赋卑官,垂心政事,优礼耆老,修尚儒学,而关右称来苏焉。

就在苻健在关中立国之际,却有高僧避离关中,应该与苻氏对佛教的态度相关。《高僧传》卷5《晋泰山昆仑岩竺僧朗传》记载:

> 竺僧朗,京兆人也。少而游方问道,长还关中,专当讲说。……以伪秦苻健皇始元年,移卜泰山。

至苻坚时代,史籍谓苻坚素慕"汉文盛德",更致力于建立以汉朝为典范的"礼仪之邦",在王猛辅政期间,境内形成了一段难得的太平景象,简直是汉朝盛世再现。《晋书》卷113《苻坚载记上》亦载:

> 自永嘉之乱,庠序无闻,及坚之僭,颇留心儒学,王猛整齐风俗,政理称举,学校渐兴。关、陇清晏,百姓丰乐,自长安至于诸州,

[1] 前凉政权建立者张氏本为西晋王朝凉州太守,中原陷落后,仍世代奉晋朝为正朔,但受当地感染,已随俗奉佛。张天锡甚至亲自主持佛经翻译活动,《出三藏记集》卷7《首楞严后记》:"咸和三年岁在癸酉(应作"咸安三年",373),凉州刺史张天锡在州出此《首楞严经》。于时有月支优婆塞支施仑,手执胡本。支博综众经,于方等三昧特善,其志业大乘学也。出《首楞严》、《须赖》、《上金光首》、《如幻三昧》。时在凉州州内正听堂湛露轩下集。时译者归慈王世子帛延,善晋胡音。延博解群籍,内外兼综。受者常侍西海赵潚、会水令马奕、内侍来恭政,此三人皆是俊德,有心道德。时在坐沙门释慧常、释进行。凉州自属辞,辞旨如本,不加文饰,饰近俗,质近道。文质兼,唯圣有之耳。"(中华书局1995年版,第271页)

[2] 马长寿:《碑铭所见前秦至隋初的关中部族》二《前秦〈邓太尉祠碑〉和〈广武将军□产碑〉所记的关中部族》,中华书局1985年版,第34—38页。

[3]《晋书》卷114《苻坚载记》记苻坚统一中国言论很多,如欲征西域时说:"汉力不能制匈奴,犹出师西域。今匈奴既平,易若摧朽,虽劳师远役,可传檄而定,化被昆山,垂芳千载,不亦美哉!"(中华书局1974年版,第2911页)又如欲征东晋时说:"吾统承大业垂二十载,芟夷逋秽,四方略定,惟东南一隅未宾王化。吾每思天下不一,未尝不临食辍铺,今欲起天下兵以讨之。……吾之志也。"(第2911—2912页)

·欧·亚·历·史·文·化·文·库·

皆夹路树槐柳,二十里一亭,四十里一驿,旅行者取给于途,工商贸贩于道。

在前秦政权统一北方事业告一段落后,氐人最高统治集团在设置国家框架时,基本上沿袭了魏、晋两朝传统的典章制度,其中也包括了对"怀柔远人"民族政策的继承。建元十九年(383)遣吕光远征龟兹时,苻坚对吕光说的一段话,最能体现前秦政权的施政特点,上引书本传又云:

> 西戎荒俗,非礼义之邦。羁縻之道,服而赦之,示以中国之威,导以王化之法,勿极武穷兵,过深残掠。[1]

我们认为,苻坚时代前秦政权对佛教的包容是肯定的,主要表现为对境内奉佛民族的怀柔政策。《高僧传》以佛教本位立场记载苻坚致敬释道安、鸠摩罗什等叙述,导致我们以为苻坚前秦政权似为一个"佛教国家",这只是一种错觉。苻坚礼敬僧人,包容佛教,只是尊重境内奉佛民族、稳定社会秩序的政治策略,并不代表着氐人族群信仰佛教。我们可以从两方面来观察:一方面,苻坚在军事征服北方的过程中,曾经借助了奉佛民族的力量,其中对羌人多有倚重,最显著的例子是南安姚氏部族。另一方面,苻坚征略地区亦大多与奉佛族群有关,如建元十二年(376),苻坚征伐奉佛的张氏前凉,据苻坚本传记载:

> 遣其武卫苟苌、左将军毛盛、中书令梁熙、步兵校尉姚苌等率骑十三万伐张天锡于姑臧。遣尚书朗阎负、梁殊衔命军前,下书征天锡。……苌至姑臧,天锡乘素车白马,面缚舆榇,降于军门。苌释缚焚榇,送之于长安,诸郡县悉降。……坚封天锡重光县之东宁乡二百户,号归义侯。

苻坚与佛教的关系最著名的史例,莫过于建元十五年(379)南征襄阳,获致释道安。《出三藏记集》卷15《道安法师传》记苻坚获致释道安过程云:

> 苻坚素闻其声,每云:"襄阳有释道安,是名器,方欲致之,以

---

〔1〕《晋书》卷114《苻坚载记下》,中华书局1974年版,第2914页。

辅朕躬。"后坚攻襄阳,安与朱序俱获于坚。坚谓仆射权翼曰:"朕以十万之师取襄阳,唯得一人半。"翼曰:"谁耶?"坚曰:"安公一人,习凿齿半人也。"既至,住长安城内五重寺。僧众数千人,大弘法化。

僧人撰述谓苻坚为释道安而出兵,只是僧人自高之辞而已。而《晋书》卷113《苻坚载记上》则云:

> 太元四年(379),晋兖州刺史谢玄率众数万次于泗沘,将救彭城。苻丕陷襄阳,执南中郎将硃序,送于长安,坚署为度支尚书。以其中垒梁成为南中郎将、都督荆、扬州诸军事、荆州刺史,领护南蛮校尉,配兵一万镇襄阳,以征南府器杖给之。

只字不及释道安。实际的情形大概是,襄阳为"石氏之乱"后北方流民南下的主要聚集地之一,释道安僧徒随流民来到了襄阳。由于石赵时期佛教已经广泛传播,北方流民中应该不乏佛教信徒,而释道安是石赵后期的佛教领袖,大致可以想象释道安在北方流民中的影响力。可以说,根植于西部关中地区的氐人苻氏政权获致释道安,同时也是对东部后赵中心地区的一种控制。所以,从僧人本位立场,谓苻坚为获致释道安而出兵,也可以理解。类似的说法亦见于苻坚获致鸠摩罗什事,见《出三藏记集》卷14《鸠摩罗什传》:

> 苻氏建元十三年(377),岁次丁丑正月,太史奏:"有星见外国分野,当有大德智人,入辅中国。"坚素闻什名,乃悟曰:"朕闻西域有鸠摩罗什,将非此耶。"十九年(383),即遣骁骑将军吕光将兵伐龟兹,及焉耆诸国。临发谓光曰:"闻彼有鸠摩罗什,深解法相,善闲阴阳,为彼学之宗。朕甚思之。若克龟兹,即驰驿送什。"光军未至,什谓其王帛纯曰:"国运衰矣,当有勍敌。日下人从东方来,宜恭承之,勿抗其锋。"纯不从而战,光遂破龟兹,杀纯获什。

苻坚获致鸠摩罗什,只是平定凉州后进一步经略西域的成果,而不是原因。

我们可以看到苻坚有礼敬僧人的行为,如《高僧传》卷5《晋长安五级寺释道安传》记载:

符坚遣使送外国金箔倚像高七尺，又金坐像，结珠弥勒像，金缕绣像，织成像，各一张。

符坚对释道安的礼敬，只是汉人社会传统的"怀柔远人"民族政策的具体表现。但我们并没有看到符坚举行佛事的事例，相反，符坚还曾有过"沙汰众僧"的举措，《高僧传》卷5《晋泰山昆仑岩竺僧朗传》记载：

秦主符坚钦其德素，遣使征请，朗同辞老疾乃止。于是月月修书嘤遗。坚后沙汰众僧，乃别诏曰："朗法师戒德冰霜，学徒清秀，昆仑一山，不在搜例。"

如果符氏所在的氏人族群有奉佛习俗，那么，符坚采取"沙汰众僧"的行为，是不可思议的。

事实上，佛教在前秦政权空间的处境，与当时在江左东晋政权士族空间的处境极为相似，如《晋书》卷114《符坚载记》附记坚之族弟符融：

融聪辩明慧，下笔成章，至于谈玄论道，虽道安无以出之。耳闻则诵，过目不忘，时人拟之王粲。尝著《浮图赋》，壮丽清赡，世咸珍之。未有升高不赋，临丧不诔，硃彤、赵整等推其妙速。旅力雄勇，骑射击刺，百夫之敌也。铨综内外，刑政修理，进才理滞，王景略之流也。

我们在此看到，符坚族弟符融完全是一副晋朝名士派头，很充分地体现了晋人文化对关中符氏族群的影响。符融身上的名士习气，应是西晋时期长安名士的遗风，《出三藏记集》卷15《法祖法师传》记载：

祖才思俊彻，敏朗绝伦，诵经日八九千言，研味方等，妙入幽微。世俗坟索，多所该贯。乃于长安造筑精舍，以讲习为业，白黑禀受，几出千人。晋惠之末，太宰河间王颙镇关中，虚心敬重，待以师友之敬。每至闲辰靖夜，辄谈讲道德。于时西府初建，俊义甚盛，能言之士，咸服其远。

符融所作的《浮图赋》，应该只是名士风度的表达。符融归降东晋后，晚年曾撰《符子》，虽已佚，但据遗文可知，颇与《庄子》同类，实在无法与奉佛行为联系起来。释道安僧团南下襄阳期间，"分张徒众"，竺法汰、释慧远诣江左,释法和入蜀,释道安至长安,[1]应该说,除了后赵时期河北地区佛教有所扩散以外,当时其他地区的佛教状况在基本面上还是类似的。关中地区的佛教,除了上述作为名士玄学附庸的佛学,主要还是局限在"羌胡"空间内,《出三藏记集》卷9《渐备经十住胡名并书叙》记载:

> 泰元元年(376)岁在丙子五月二十四日,此经达襄阳。释慧常以酉年(373)因此经寄互市人康儿,展转至长安。长安安法华遣人送至互市,互市人送达襄阳,付沙门释道安。

从释道安在襄阳时流通经书借助于完全胡化的商业网络来看,后来抵达长安后,其活动空间也是比较胡化的。[2] 关中地区佛教真正展开,当在奉佛羌人姚氏建立后秦政权以后。

通过上面的讨论,我们大致可以形成如下结论:

在汉武帝开西域、中原国家"致远人"的大背景下,奉佛的西域诸国胡人"慕乐中国",或侨居中原,或因着地缘关系进入、融入北方族群,形成了"杂胡"群体,如"羌胡"、"羯胡"等。特别是魏、晋以来,中原国家实施"迁戎"政策,奉佛西域种族或具有西域奉佛种族背景的杂胡随着北方民族内迁关中,至十六国时期达到了高潮。

第一,由于地缘关系,汉晋时期奉佛西域种族或具有西域奉佛种族背景的杂胡进入、融入西北地区羌人社会较多,故西北地区的羌人社会更容易受到影响。羌人社会在接受奉佛西域种族或具有西域奉佛种族背景的杂胡的过程中,接受了佛教。而西北地区诸族"错居混杂"的特殊社会环境,无疑是佛教传播的温床。

第二,随着奉佛"羌胡"群体内迁导致佛教跨种族传播中原社会,其表现在两个方面:一是奉佛西域胡人进入、融入羌人社会的过程中,

---

〔1〕《出三藏记集》卷15《道安法师传》,中华书局1995年版,第562页。

〔2〕释道安在长安时,曾有西域僧陆续来长安,应是长安胡化环境的反映,见《出三藏记集》卷13《僧伽跋澄传》:"僧伽跋澄,罽宾人也。……符坚之末,来入关中。"(中华书局1995年版,第522页)又,《昙摩难提传》:"昙摩难提,兜佉勒人也。……以符坚建元二十年,至于长安。"(第523页)又,《僧伽提婆传》:"僧伽提婆,罽宾人也。姓瞿昙氏。……符氏建元中,入关宣流法化。"(第524页)

·欧·亚·历·史·文·化·文·库·

特别是羌人社会通行异族婚姻,使得奉佛西域胡人融入羌人社会更加容易,形成奉佛的"羌胡"群体;二是奉佛"羌胡"群体进入、融入中原社会的过程中,中原国家郡县行政管理制度特别是户籍制度对"羌胡"融入中原社会,起到了巨大的"固化"作用。

第三,至十六国时期西北地区羌人姚氏已经奉佛而匈奴刘氏、氐人苻氏未奉佛,主要原因有:首先,同样是由于地缘上的关系,西北地区羌人社会中奉佛西域种族或具有西域奉佛种族背景的杂胡成分较多,而北方地区匈奴社会、关中地区氐人社会中奉佛西域种族或具有西域奉佛种族背景的杂胡成分相对较少;其次,是由于匈奴刘氏、氐人苻氏的汉化水平比羌人姚氏更高,在国家典章制度建设上,会更重视中原汉族社会的传统礼教而轻视来自"荒服"的西胡佛教。相比之下,羌人社会"西胡化"色彩较为浓厚。

12 十六国时期
华北地区佛教之扩散
——以"羯胡"群体移动为线索

十六国时期华北地区(相当于冀州、并州、司州)佛教的广泛传播,"中州胡晋,略皆奉佛",是中国佛教史最引人注目的事件之一,实是中国佛教史上以胡人为信仰主体向以汉人为信仰主体的转变时期。特别是后赵时期,以石氏为代表的"羯胡"群体的动态,是佛教在华北地区扩散的重要媒介。近代以来,已有几代学者对"羯胡"进行过深入的研究,[1]特别是唐长孺先生对"羯胡"群体中西域胡人成分的揭示,[2]为我们探讨十六国时期"羯胡"群体的动态与佛教传播之间的关系,奠定了坚实的基础。

长期以来,人们已经习惯于《高僧传》等叙述传统,已经习惯于在僧人个体行为层面特别是"高僧"视角的叙事,形成了局部的、微观的叙事模式,造成了完全脱离族群背景的僧人教化外族信徒的假象。因而也认为,十六国时期华北地区佛教的传播,只是西域胡僧竺佛图澄感化后赵政权最高统治者石氏的结果。这种局限于个体层面的描述,是远远不足以说明佛教传播的宏观过程。毫无疑问,在僧人个体层面描述佛教传播,使我们能够更真切地看到佛教传播的细节,但以此来说明佛教传播的宏观过程,难免"见木不见林"。佛教的广泛传播,应

---

〔1〕万绳楠整理:《陈寅恪魏晋南北朝史讲演录》第六篇《五胡种族问题》,黄山书社1987年版,第83-99页。谭其骧:《羯考》,载氏著《长水集》,人民出版社2009年版,第230-240页。姚薇元:《北朝胡姓考》第八"羯族诸姓",中华书局2007年版,第381-197页。陈连庆:《中国古代少数民族姓氏研究》,吉林文史出版社1993年版,第378-386页、410页。唐长孺:《魏晋杂胡考》三"羯胡",载氏著《魏晋南北朝史论丛》,中华书局2009年版,第400-413页。

〔2〕唐长孺:《魏晋杂胡考》三"羯胡",载氏著《魏晋南北朝史论丛》,中华书局2009年版,第400-413页。

该是相应规模的奉佛族群移动在文化层面的表现。十六国时期华北地区佛教的广泛传播,显然是以"羯胡"群体中奉佛的西域诸族在中原地区移动为背景。基于上述认识,本文尝试在宏观层面,以"羯胡"为线索,通过考察十六国时期以"深目"、"高鼻"、"多须"为特征,有着西域奉佛种族背景的"羯胡"群体的动态,探讨"羯胡"石氏奉佛的真实面貌,呈现华北地区佛教传播的时代背景,揭示族群迁移可能带来的文化后果,并借此拓宽中国佛教史的叙事空间。

12.1 说"羯胡"

对于"羯胡",中国历史上一直将其视为匈奴的一个支族。近代学术关于"羯胡"的研究成果,可以分为两个阶段:第一阶段成果以陈寅恪先生为代表,首揭"羯胡"为源于中亚西胡的一个种族;第二阶段成果以唐长孺先生为代表,指出"羯胡"是以源于中亚诸胡为主体的"杂胡"群体。

从近代研究"羯胡"的学术史来看,首倡"羯胡"为中亚西胡种族者是夏曾佑先生,[1] 而最先系统论证"羯胡"为中亚月氏种族者则是陈寅恪先生。陈先生主要结合"深目"、"高鼻"、"多须"面部特征,"羯室"、"羌渠"音义以及月氏人为康居国王等三方面材料,考定"羯胡"为中亚月氏人。[2] 谭其骧先生同样从"深目"、"高鼻"、"多须"面部特征,"羯室"、"羌渠"音义角度,并特别探讨了康居国与石国关系,认定"羯胡"为伊兰族之石国人。[3] 姚薇元先生则在其师陈寅恪先生观点的基础上,进一步探讨了"羯族诸姓"的构成,揭示"羯族"内部包括石氏、张氏、尔朱氏、乙速孤氏、沮渠氏和彭氏六姓。[4] 陈连庆先生对"羯族"进行了更为仔细的研究,将姚薇元先生的"羯族诸姓"细化出"羯胡"、"卢

---

〔1〕转引自谭其骧:《羯考》,载氏著《长水集》,人民出版社 2009 年版,第 232 页。

〔2〕万绳楠整理:《陈寅恪魏晋南北朝史讲演录》第六篇《五胡种族问题》,黄山书社 1987 年版,第 85-87 页。

〔3〕谭其骧:《羯考》,载氏著《长水集》,人民出版社 2009 年版,第 230-240 页。

〔4〕姚薇元:《北朝胡姓考》第八"羯族诸姓",中华书局 2007 年版,第 381-397 页。

水胡"和"契胡"三类。其中"羯胡"一类,通过考察石勒政权统治集团成员特别是"十八骑"成员的族属背景,分析出石氏、王氏、张氏、冀氏、吴氏、桃氏、孙氏和侯伏侯氏八姓。而将姚先生列出的尔朱氏、乙速孤氏两姓归入"契胡"类,将彭氏一姓归入"卢水胡"类[1]。陈连庆先生的《中国古代少数民族姓氏研究》一书出版于其逝世后3年(1992年,吉林文史出版社),可能是一部未定稿,在"卢水胡"类中尚未列入沮渠氏、郝氏、伊氏等大姓材料。

细读上述诸先生著述,我们可以看到,诸先生基本上都视"羯胡"为一个种族单位。唐长孺先生的观点则稍有不同,他打破了视"羯胡"为单一种族的传统观念,将"羯胡"与中亚某一种族的单一关系,扩展为相当于贵霜王朝影响力范围的西域诸国种族的关系,并认为"羯胡"只是"各种杂胡的泛称","相信西域胡在羯族中必有相当重要的地位"[2]。唐先生致力于对石氏政权统治集团成员中西域胡人成分进行详实考察,揭示出石氏、支氏、粟特康氏、帛氏以及夒氏、曹氏等西域诸姓[3]。对于本文的研究宗旨来说,唐先生的工作极具启发性的,为我们研究十六国时期"羯胡"群体与佛教传播之间的关系,铺设了平坦的大道。

"羯胡"的最初指称,是指散居在河北地区匈奴"五部"聚居地中间,主要在并州上党郡一带以石勒所在族群为代表的杂胡,诚如唐长孺先生已经指出,"羯胡"的最初含义,"严格地说应限于河北区域内亦即山西、河北间的新徙诸胡"[4],如《文选》卷59沈约《齐安陆昭王碑》李善注引朱凤《晋书》所说:

> 前后徙河北诸郡县,居山间,谓之羯胡。

---

〔1〕陈连庆:《中国古代少数民族姓氏研究》,吉林文史出版社1993年。其中"卢水胡"类,第56–58页;"羯族"类,第378–386页;"契胡"类,第387–388页。

〔2〕唐长孺:《魏晋杂胡考》三"羯胡",载氏著《魏晋南北朝史论丛》,中华书局2009年版,第401、403页。

〔3〕唐长孺:《魏晋杂胡考》三"羯胡",载氏著《魏晋南北朝史论丛》,中华书局2009年版,第400–413页。

〔4〕唐长孺:《魏晋杂胡考》三"羯胡",载氏著《魏晋南北朝史论丛》,中华书局2009年版,页401。

《魏书》卷95《羯胡石勒传》亦云：

> 其先匈奴别部，分散居于上党武乡羯室，因号羯胡。

《晋书》卷104《石勒载记上》谓石勒"上党武乡羯人也"，也是包含比较明确的地理空间含义。上党武乡正是位于"河北诸郡县"间。我们从石勒为首的"羯胡"群体在西晋末年"荼毒三魏"并成功地建立了后赵政权这一事实来看，石勒所在的上党武乡，应该正是"河北诸郡县""羯胡"分布空间的核心区域。

在两晋之际，时人对"羯胡"形象的认识应该是清晰的，如《晋书》卷86《张祚传》载永和十年（354）诏书有云：

> 昔金行失驭，戎狄乱华，胡、羯、氐、羌，咸怀窃玺。

"胡、羯、氐、羌"并列，分界清楚。张祚据河西，应该代表了西北边地对"羯胡"的认识。又，《晋书》卷91《韦谟传》记载：

> 至冉闵，又署为光禄大夫。时闵拜其子胤为大单于，而以降胡一千处之麾下。谟谏曰："今降胡数千，接之如旧，诚是招诱之恩。然胡、羯本为仇敌，今之款附，苟全性命耳。或有刺客，变起须臾，败而悔之，何所及也！"

"胡、羯本为仇敌"，当指刘曜、石勒相伐事。[1] 韦谟历仕刘曜、石虎、冉闵三朝，当然很清楚"羯胡"与匈奴的区别。而在"永嘉之乱"间，以石勒为首的"羯胡"残酷屠杀晋人主力军队及王室成员，给晋人留下了惨痛而深刻记忆。《晋书》卷59《东海孝献王越传》记载：

> 永嘉五年，薨于项。秘不发丧。以襄阳王范为大将军，统其众，还葬东海。石勒追及于苦县宁平城，将军钱端出兵距勒，战死，军溃。勒命焚越柩曰："此人乱天下，吾为天下报之，故烧其骨以告天地。"于是数十万众，勒以骑围而射之，相践如山。王公士庶死者十余万。……何伦、李恽闻越之死，秘不发丧，奉妃裴氏及毗

---

[1]《晋书》卷103《刘曜载记》："勒使石季龙率骑二万距胤，战于义渠，为季龙所败，死者五千余人。胤奔上邽，季龙乘胜追战，枕尸千里，上邽溃。季龙执其伪太子熙、南阳王刘胤并将相诸王等及其诸卿校公侯已下三千余人，皆杀之。徙其台省文武、关东流人、秦雍大族九千余人于襄国，又坑其王公等及五郡屠各五千余人于洛阳。"（中华书局1974年版，第2701－2702页）

> 出自京邑,从者倾城,所经暴掠。至泻仓,又为勒所败,毗及宗室三
> 十六王,俱没于贼。

在晋人心目中,"羯胡"的指称肯定是明确的,应该就是指以石勒为首、有着"深目"、"高鼻"、"多须"面貌特征的"羯胡"军队。结合后来冉闵煽动汉人仇杀"羯胡"来看,说明当时时人对"羯胡"群体边界的认识是明确的,《晋书》卷107《石季龙载记下》云:

> 闵、农攻斩伏都等,自凤阳至琨华,横尸相枕,流血成渠。宣令
> 内外六夷敢称兵杖者斩之。胡人或斩关,或逾城而出者,不可胜
> 数。……令城内曰:"与官同心者住,不同心者各任所之。"敕城门
> 不复相禁。于是赵人百里内悉入城,胡羯去者填门。闵知胡之不
> 为己用也,班令内外赵人,斩一胡首送凤阳门者,文官进位三等,武
> 职悉拜牙门。一日之中,斩首数万。闵躬率赵人诛诸胡羯,无贵贱
> 男女少长皆斩之,死者二十余万,尸诸城外,悉为野犬豺狼所食。
> 屯据四方者,所在承闵书诛之,于时高鼻多须至有滥死者半。

随着时间推移,特别是随着后赵政权的败亡,人们对"羯胡"的记忆渐渐淡化,于是"羯胡"的指称亦渐渐泛化。根据史料来看,撰述于齐、梁间的史籍里,"羯胡"的指称已经开始泛化,如成书于南齐的沈约的《宋书》卷60《范泰传》所录传主疏书云:

> 河南非复国有,羯虏难以理期,此臣所以用忘寝食,而干非其
> 位者也。

这里的"羯虏"指拓跋鲜卑。如果引录的疏书确是原文,那么,在刘宋时期"羯胡"一词就已经泛化。又如成书于梁代的萧子显的《南齐书》卷57《魏虏传》记载:

> 初,佛狸讨羯胡于长安,杀道人且尽。

这里的"羯胡"指卢水胡盖吴。还有成书于唐初的《晋书》卷86《张寔传》亦记载:

> 帝将降于刘曜,下诏于寔曰:"……羯贼刘载,僭称大号。"

这里的"羯贼"用在了匈奴身上。

宋、齐以降,南朝士人似乎已经将"羯胡"群体视为匈奴同类,认为

是匈奴的一个"别部"，[1]甚至有人认为是匈奴的"苗裔"，见宋刘义庆《世说新语·识鉴第七》引"石勒传"：

> 勒字世龙，上党武乡人，匈奴之苗裔也。

《晋书》卷104《石勒载记上》亦径称石勒"其先匈奴别部羌渠之胄"，显然也有苗裔的意思。直至近代，王国维先生仍然认为"晋时羯胡，皆南匈奴之裔"。[2] 南朝士人肯定没有认识到"羯胡"族群存在着源于西域种族的背景，如《弘明集》卷8梁刘勰《灭惑论》所云：

> 奸猾祭酒，造《化胡》之经，理拙辞鄙，厥隶所传。寻西胡怯弱，北狄凶炽。若老子灭恶，弃德用刑，何爱凶狄，而反灭弱胡？遂令狎犹横行，毒流万世。

在南朝士人观念中，对西域胡人大概一直保留着两汉以来传统的"商胡"形象，而对"北狄"匈奴的"凶炽"印象，却是非常的强烈。而以石勒为首的对西晋王朝造成致命打击的"羯胡"群体，显然被南朝士人视为"北狄凶炽"的重要组成部分。

12.2 "羯胡"奉佛辨析

在西域佛教传播中原地区的前期，西域奉佛诸胡无疑是最重要的媒介，其中以2—3世纪贵霜王朝影响力范围内的大月氏人、康居人、北天竺人、龟兹人、于阗人等影响最大。魏、西晋时期，西域佛教已经广泛传播至葱岭以东之塔里木、河西地区，所以，西域奉佛诸胡族群的动向，对佛教传播中原地区的影响至大。我们知道，在汉、魏、西晋时期，由于中原汉族国家一直禁止汉人奉佛，故佛教在中原地区的流传，整体上仍局限于侨居胡人聚落空间内，如《弘明集》卷12桓玄《答王谧书》云：

---

〔1〕对于"别部"的不同理解，也反映着学者们对"羯胡"的认识。谭其骧先生曾仔细考析过"别部"一词的用法，指出可以用于三种场合：（1）同种同支；（2）同种别支；（3）别种。见氏著《羯考》，载氏著《长水集》，人民出版社2009年版，第230–233页。

〔2〕王国维：《观堂集林》卷13《西胡续考》，中华书局1959年版，第619页。

曩者晋人，略无奉佛。沙门徒众，皆是诸胡。[1]

但在"永嘉之乱"后的十六国时期，北方诸族在中原、河西等地区纷纷建立政权，这些北族政权的统治集团中，不乏奉佛的西域诸胡族群的成分，甚至有奉佛的西域诸胡族群后裔主导的政权，故在文化层面出现了佛教在中原地区扩散性传播的局面。这固然是东汉末年以来中原地区持续战乱、北方诸族内迁入塞的历史性结果，同时亦反映了汉、魏期间贵霜王朝遭受西方萨珊王朝攻击而瓦解，导致境内诸胡族群向东方流徙的深远影响。[2]

　　发现"羯胡"群体是以源于西域种族，具有"深目"、"高鼻"、"多须"面貌特征人群为主体的多民族共同体，是现代学术界的新知。通过几代学者的不懈努力，我们对"羯胡"群体中的复杂民族成分已经有所认识。特别是唐长孺先生发现"羯胡"群体中包含有西域诸胡成分，为我们认识十六国时期佛教传播的真实面貌，直接打开了一条通道。唐先生一再强调，"羯胡"是一群"杂胡"，种族成分复杂。如果我们将具有"深目"、"高鼻"、"多须"面貌特征的人群归结为一个种族——"羯族"，显然是不合适的，遮蔽了"羯胡"群体中民族成分的复杂性。《北史》卷97《西域传》"于阗国"条云：

　　　　自高昌以西，诸国人等，皆深目高鼻。惟此一国（指于阗），貌不甚胡，颇类华夏。

由此可见，具有"深目"、"高鼻"面貌特征人群，多见于西域诸国。王国维先生在《西胡续考》中提到唐"安史之乱"族群时也曾说道：

---

　　〔1〕汉魏时期国家禁止汉人出家材料，见《高僧传》卷9《晋邺中竺佛图澄》所收后赵中书著作郎王度奏文："往汉明感梦，初传其道，唯听西域人得立寺都邑，以奉其神。其汉人皆不得出家。魏承汉制，亦修前轨。"（中华书局1992年版，第352页）西晋时期国家禁止汉人出家材料，见《法苑珠林》卷28引南齐王琰《冥祥记》："太康（280—289）中，禁晋人作沙门。"（《乾隆大藏经》第126册，第162页上栏）至东晋末年，桓玄《答王谧书》仍云："曩者晋人，略无奉佛。沙门徒众，皆是诸胡，且王者与之不接。故可任其方俗，不为之检耳。"（梁释僧佑《弘明集》卷12，上海古籍出版社1991年版，第82页中栏）比较系统的论证，请参考本书第二编《胡人佛教》诸章。

　　〔2〕马雍：《东汉后期中亚人来华考》，载氏著《西域史地文物丛考》，文物出版社1990年版，第46－59页。孟凡人：《楼兰鄯善简牍年代学研究》，新疆人民出版社1995年版，第492－499页。林梅村：《贵霜大月氏人流寓中国考》，载氏著《西域文明——考古、民族、语言和宗教新论》，东方出版社1995年版，第33－67页。

夫安史之众,素号杂胡,自兼有突厥、奚、契丹诸部。[1]

在中国历史上,北方民族之间由于侵占、征伐,或役属,或迁徙,形成不同程度的杂居、融合的"杂胡化"现象,是非常普遍的。

毫无疑问,"羯胡"群体的复杂民族成分,是与"羯胡"群体形成过程直接相关的。目前我们对于"羯胡"形成的过程,仍然很不清晰。有些学者基于"羯胡"是一个种族的传统观点,曾提出过不同的意见,[2]可能都只是揭示了"羯胡"群体形成的某一方面,但不足以反映"羯胡"群体形成过程的复杂性。"羯胡"群体的形成是多渠道的、多层面的,即使从"羯胡"随匈奴入塞散居并州武乡算起,那么,从最初"分散居于上党武乡羯室"的"匈奴别部",到草创时期的"十八骑"小集团,到与前汉刘氏匈奴政权合作,再到建立以"羯胡"群体为核心的后赵政权,其形成过程也是非常复杂的。由于材料的缺乏,很多细节我们都不清楚。我们从石勒武装集团形成早期的一些"小片段",也许能感受到"羯胡"群体构成过程的复杂性,《晋书》卷104《石勒载记上》云:

> 年十四,随邑人行贩洛阳。……长而壮健,有胆力,雄武好骑射。……邬人郭敬、阳曲宁驱……并加资赡。勒亦感其恩,为之力耕。……太安中,并州饥乱,勒与诸小胡亡散,乃自雁门,还依宁驱。北泽都尉刘监欲缚卖之,驱匿之,获免。勒于是潜诣纳降都尉李川,路逢郭敬,泣拜言饥寒。敬对之流涕,以带货鬻食之,并给以衣服。勒谓敬曰:"今者大饿,不可守穷。诸胡饥甚,宜诱将冀州就谷,因执卖之,可以两济。"敬深然之。会建威将军阎粹说并州刺史、东嬴公腾执诸胡于山东卖充军实,腾使将军郭阳、张隆虏群胡将诣冀州,两胡一枷。勒时年二十余,亦在其中,数为隆所驱辱。

---

〔1〕王国维:《观堂集林》卷13《西胡续考》,中华书局1959年版,第619页。

〔2〕如谭其骧先生提出"匈奴部落中有羯人之原由",是由于汉元帝间匈奴移庭康居、役属羯人,"复以匈奴之部落入居塞内"的结果,见氏著《羯考》,载氏著《长水集》,人民出版社2009年版,第236-238页。姚薇元先生据《文选》卷59沈约《齐安陆昭王碑》李善注引朱凤《晋书》所云"居山间"者"号羯胡",认为"羯胡"与《汉书》卷96《西域传》所记载的敦煌、祁连间"保南山"的小月氏有关,见氏著《北朝胡姓考》,中华书局2007年版,第382页。马长寿先生则认为"石勒的祖先原籍康居,初由康居迁到蒙古草原,再由草原迁到并州上党武乡之北原"。(见氏著《北狄与匈奴》,三联书店1962年版,第100页)

敬先以勒属郭阳及兄子时,阳,敬族兄也,是以阳、时每为解请,道路饥病,赖阳、时而济。既而卖与茌平人师欢为奴。……每耕作于野。……欢家邻于马牧,与牧率魏郡汲桑往来,勒以能相马自托于桑。尝佣于武安、临水,为游军所囚。会有群鹿旁过,军人竞逐之,勒乃获免。……遂招集王阳、夔安、支雄、冀保、吴豫、刘膺、桃豹、逯明等八骑为群盗。后郭敖、刘征、刘宝、张噎仆、呼延莫、郭黑略、张越、孔豚、赵鹿、支屈六等又赴之,号为十八骑。复东如赤龙、骥诸苑中,乘苑马远掠缯宝,以赂汲桑。

考察石勒"行贩"、"力耕"、"就谷"、被"执卖为奴"的经历,我们不难体会到,石勒的父、祖虽为"部落小率",[1]但其社会地位在当时极其低下,其交往人群亦大致局限于在社会底层,并且所交往人群的种族文化属性,亦不会相差太远。陈连庆先生曾考证石勒"十八骑"成员的民族属性,结果为:张噎仆、张越、王阳为羯人,冀保、吴豫、桃豹疑为羯人,支雄、支屈六为月氏人,夔安为天竺人,刘征、刘宝、刘膺、呼延莫为匈奴人,逯明、孔豚疑为汉人,"郭、赵等氏,不得不并入匈奴",其余不明。[2]将郭氏"并入匈奴",恐不确,因为郭黑略"素奉法",[3]而匈奴没有奉佛传统。陈先生认为"十八骑既为石勒武装集团骨干及砥柱,其中成员羯胡出身者不能不占较大比重",[4]应该是合理的。事实上,我们将以石勒为首的、种族成分复杂的"十八骑",直接看做"羯胡"群体的原型,应该更有助于我们对"羯胡"内涵的把握,也更符合唐长孺先生标示的"杂胡"一词本意。

同时,我们还注意到,以石勒为首的"十八骑",并不是完全个体化、来去自由的组织,而是各自带着家族一起移动的,《晋书》卷104《石勒载记上》云:

> 初,勒被鬻平原,与母王相失。

〔1〕《晋书》卷104《石勒载记》,中华书局1974年版,第2707页。
〔2〕陈连庆:《中国古代少数民族姓氏研究》,吉林文史出版社1993年版,第383-384页。
〔3〕〔梁〕释慧皎:《高僧传》卷9《晋邺中竺佛图澄传》,中华书局1992年版,第345页。
〔4〕陈连庆:《中国古代少数民族姓氏研究》,吉林文史出版社1993年版,第384页。

石勒"被掠平原,与母王相失",显然与同传所记石勒"卖与茌平(属平原国)人师欢为奴"为一事。石勒为奴时,是有母亲随同的,说明石勒的早期活动,并不是个体行为,而是以家族为单位的生存活动。这一点尤其值得注意,它暗示着"十八骑"存在于"羯胡"聚落空间内,并进一步暗示着当"十八骑"成员成为石氏政权武装力量首领时,可能各自存在着同一种族的部属。

在石勒势力获得了一定社会影响力之后,更有条件招诱同类,形成以"羯胡"群体为核心的武装力量,[1]这必然是日后以"羯胡"群体为核心的后赵政权成立的基础,也是后赵政权成立后佛教在河北地区扩散的背景。如石勒为濮阳太守苟晞所败后,曾赚取上党胡部大张㔛督、冯莫突的武装力量,见上引《石勒载记上》:

> 时胡部大张㔛督、冯莫突等拥众数千,壁于上党,勒往从之,深
> 为所昵。因说㔛督曰:"刘单于举兵诛晋,部大距而不从,岂能独
> 立乎?"曰:"不能。"勒曰:"如其不能者,兵马当有所属。今部落皆
> 已被单于赏募,往往聚议欲叛部大而归单于矣,宜早为之计。"㔛
> 督等素无智略,惧部众之贰己也,乃潜随勒单骑归元海。元海署㔛
> 督亲汉王,莫突为都督部大,以勒为辅汉将军、平晋王以统之。

从石勒与胡部大"深为所昵"的关系来看,两者的族属应该也很近,恐怕还存在着"十八骑"张姓成员的背景,由此皆可见"羯胡"武装力量成长过程的复杂性。

唐长孺先生从后赵政权统治阶层中,钩索出康居国石族石姓(石勒、石虎族人)、月氏族支姓(支雄、支屈六)、粟特族康姓(粟特康)、龟兹族白(帛)姓(白同)、天竺族虁姓(虁安),以及疑似西域诸族的刘姓(刘膺、刘徵、刘宝)、曹姓(曹莫)等。[2] 陈连庆先生又证得后赵政权统治阶层中王姓("十八骑"成员王阳及石勒母王氏、王朗等)、张姓

---

[1]唐长孺:《晋代北境各族"变乱"的性质及五胡政权在中国的统治》,载氏著《魏晋南北朝史论丛》,中华书局 2009 年版,第 148 页。

[2]唐长孺:《魏晋杂胡考》三"羯胡",载氏著《魏晋南北朝史论丛》,中华书局 2009 年版,第400－413 页。

（"十八骑"成员张曀仆、张越及石勒妻张氏等）等皆为"石氏同种"。另据陈先生考证，后赵政权统治阶层中还有孙姓（如太子詹事孙珍、龙骧孙伏都等），亦有"深目"、"高鼻"的西域胡特征。[1]

众所周知，2世纪以来，中亚贵霜王朝影响力范围内的大月氏、康居、北天竺、龟兹、于阗等西域诸国都已有奉佛习俗。唐先生虽然强调"这些包含在羯胡中的西域胡决非直接来自西域，大概他们的祖先已经是匈奴部族中的一部分，又以匈奴名义迁居各地"，[2]但这些有着西域背景的西域胡，大多保存着本民族传统的奉佛习俗则是肯定的，如《高僧传》卷9《晋邺中竺佛图澄传》已明确记载着"十八骑"成员郭黑略在遭遇佛图澄之前已经是"素奉法"（郭氏族属不明）。后赵政权统治阶层中包含着如此众多的具有西域奉佛族群背景的成员或部属，其中"十八骑"中至少有8人（支雄、支屈六、夔安、张曀仆、张越、王阳、郭黑略、郭敖等）具有奉佛的背景，不能不引起我们的注意。

我们应该有理由认为，石勒所在的部族以及具有奉佛背景的部属，虽然可能有所匈奴化，但应该和郭黑略一样，仍然保留着西域诸族"素奉法"的习俗，正如石勒向王浚上表所称：

勒本小胡，出于戎裔。[3]

石虎在回答中书著作郎王度奏议的诏书里说得更加明白：

朕生自边壤，忝当期运，君临诸夏。至于飨祀，应兼从本俗。佛是戎神，正所应奉。[4]

石虎在诏书里，明确地将奉佛视为自己种族的"本俗"。我们现在已经

〔1〕陈连庆：《中国古代少数民族姓氏研究》，吉林文史出版社1993年版，第384－385页。
〔2〕唐长孺：《魏晋杂胡考》，载氏著《魏晋南北朝史论丛》，中华书局2009年版，第412页。
〔3〕《晋书》卷104《石勒载记》，中华书局1974年版，第2721页。
〔4〕《高僧传》卷9《晋邺中竺佛图澄传》（中华书局1992年版，第352页）。亦见《晋书》卷95《佛图澄传》，所记文字略有出入："朕出自边戎，忝君诸夏，至于飨祀，应从本俗。佛是戎神，所应兼奉。"（中华书局1974年版，第2487页）

很难看到释慧皎撰写佛图澄本传所依据的原始材料,[1]但从石勒表文和石虎诏书所表明的种族自觉立场来看,释慧皎关于石勒受佛图澄感化而奉佛的情节是可疑的。[2] 我们认为,《高僧传》作者——南朝梁代的汉族僧人释慧皎,大概因循了前面提到的南朝士人通行认识,认为石勒是属于匈奴种族的,属于"北狄凶炽"范围。而在当时人的普遍观念里,西胡奉佛,北狄不奉佛。生活在南朝梁代的释慧皎,肯定无法想象"羯胡"群体中的主体是源于西域奉佛诸国的族群。由此,我们不难体会到释慧皎的逻辑,既然石勒属于匈奴,那么,石勒当然是不奉佛的。所以,在《高僧传》卷9《晋邺中竺佛图澄传》里,我们看到这样的描述:

> 时石勒屯兵葛陂,专以杀戮为威,沙门遇害者甚众。澄悯念苍生,欲以道化勒,于是杖策到军门。勒大将军郭黑略素奉法,澄即投止略家。略从受五戒,崇弟子之礼。略后从勒征伐,辄预克胜负。勒疑而问曰:"孤不觉卿有出众智谋,而每知行军吉凶,何也?"略曰:"将军天挺神武,幽灵所助。有一沙门,术智非常,云将军当略有区夏,已应为师。臣前后所白,皆其言也。"……[勒]召澄,……[澄]取应器盛水,烧香咒之,须臾生青莲花,光色曜目。勒由此信服。

材料描述石勒"屯兵葛陂,专以杀戮为威,沙门遇害者甚众",说明在释慧皎脑子里,已经预设了石勒在接受竺佛图澄感化之前是不信佛的,"二石凶强,虐害非道,若不与澄同日,孰可言哉"[3] 将后赵时期"中州胡晋,略皆奉佛"的局面形成,极其简单地归结为神僧佛图澄感化石勒、石虎的结果,与历史真相距离太远。

首先,在佛图澄之前,河北地区已经有佛教传播,上引材料也同时表明,在佛图澄到来之际,已有"沙门遇害者甚众"。又如《高僧传》卷

---

〔1〕《弘明集》卷11何尚之《答宋文皇帝赞扬佛教事》:"五胡乱华以来,生民涂炭,冤横死亡者,不可胜数。其中设获苏息,必释教是赖。故佛图澄入邺,而石虎杀戮减半。涾池宝塔放光,而符健椎锯用息。蒙逊反噬无亲,虐如豺虎,末节感悟,遂成善人。"(上海古籍出版社1991年版,第71页上栏)

〔2〕《高僧传》卷9《晋邺中竺佛图澄传》,中华书局1992年版,第345—357页。

〔3〕《高僧传》卷9《晋邺中竺佛图澄传》,中华书局1992年版,第356页。

13《晋中山帛法桥传》记载：

> 帛法桥，中山人。少乐转读而乏声，每以不畅为慨。于是绝粒
> 忏悔，七日七夕，稽首观音，以祈现报，同学苦谏，誓而不改。至第
> 七日，觉喉内豁然，即索水洗漱，云："吾有应矣。"于是作三契，经
> 声彻里许，远近惊嗟，悉来观听。尔后诵经数十万言，昼夜讽咏，哀
> 婉通神。至年九十，声犹不变。以晋穆帝永和（345—356）中，卒
> 于河北，即石虎末也。

如果本传材料来源可信，并假设帛法桥 30 岁出家，那么，应在西晋武帝
时代，河北地区已有佛教传播。另外，河北地区又有似年长于释道安的
僧人雁门支昙讲，从其师资来看，亦当别出佛图澄一支。[1]

其次，按常理推想，人类日常生活层面的交流，应以语言相通为前
提；在信仰层面相接，应以族属、宗派相近为方便。《高僧传》卷 9《晋邺
中竺佛图澄传》明确记载郭黑略"素奉法"，说明在佛图澄到来以前，已
有其他僧人指导其日常的宗教生活。既然郭黑略又接受了佛图澄，可
见两人的族属、教法等都应该比较接近。据本传，佛图澄"西域人也，
本姓帛氏"，明显存在龟兹种族背景，说明郭黑略与佛图澄种族不会太
远。本传还说到佛图澄曾停留过洛阳：

> 以晋怀帝永嘉四年（310），来适洛阳，志弘大法。……欲于洛
> 阳立寺，值刘曜寇斥洛台，帝京扰乱，澄立寺之志遂不果，乃潜泽草
> 野，以观世变。

可以推想，在汉族国家还处于禁止汉人奉佛的西晋时期，佛图澄来到
都城洛阳立寺，亦应以自己族属侨居聚落为依托。所以，佛图澄后来投
奔石勒，"杖策到军门"，与其说是佛图澄"欲以道化勒"，不如说是"羯
胡"群体"招诱同类"的具体表现。

第三，我们注意到《高僧传》卷 9《晋邺中竺佛图澄传》篇幅很大，
只有《高僧传》卷 2《晋长安鸠摩罗什传》篇幅相当，这在《高僧传》里非

---

［1］《出三藏记集》卷 10 释道安《道地经序》："予生不辰，值皇纲纽绝，狎犹猾夏，山左荡没，
避难濩泽，师殒友折，周爰咨谋，顾靡所询。时雁门沙门支昙讲、邺都沙门竺僧辅，此二仁者，聪明
有融，信而好古。冒险远至，得与酬酢，寻章察句，造此训传。"（中华书局 1995 年版，第 368 版）

常特别。显而易见,佛图澄本传和鸠摩罗什本传一样,叙事风格都是非常演义化的,故事基本结构也非常模式化,都是"高僧感化帝王、帝王支持佛教"的固定思维模式。这种僧人本位的即释道安所谓的"不依国主、法事难立"的价值观,正是中国佛教僧团理想的表达,也是僧人本位的中国佛教史观的母题。[1]

西域佛教在中原地区的广泛传播,必定是有相应规模,并有西域种族背景的奉佛族群在中原地区移动在文化层面的表现。我们在后赵政权统治阶层中,可以看到具有西域奉佛种族背景的"羯胡"群体人数非常可观,如《晋书》卷107《石季龙载记下》记冉闵"躬率赵人诛诸胡羯,无贵贱男女少长皆斩之,死者二十余万","高鼻多须至有滥死者半",[2]他们必定在基本面上对后赵时期佛教的传播发生重大影响。释慧皎等基于僧人本位立场,从个体行为层面描述高僧弘化、帝王支持等事迹,只是属于局部、微观性质的叙事,难以在整体上说明后赵时期佛教在中原地区传播的宏观过程。后赵时期佛教在中原地区广泛传播的最主要的原因,正是具有西域奉佛种族背景的"羯胡"群体迁移中原地区并建立政权的结果。后赵时期中原地区的佛教传播涉及统治阶层及境内民众的族群构成问题,已经远远超越了僧人与帝王个体行为层面的"感化"关系,所以,我们应该从后赵国家性质和民族政策层面,来认识后赵时期中原地区佛教传播的现象。

另一方面,我们还注意到,在石氏统治时期,有大量的关中地区人口迁徙到河北地区,也是不可忽视的因素。据史籍记载,石勒执政时期,曾"徙其(前赵)台省文武、关东流人、秦雍大族九千余人于襄国";[3]石虎执政时期,迁徙关中人口至关东有3次,规模达28万余

---

〔1〕请参见本书第2章《汉人佛教与汉明帝梦佛神话》。

〔2〕《晋书》卷107《石季龙载记》,中华书局1974年版,第2792页。

〔3〕《晋书》卷103《刘曜载记》,中华书局1974年版,第2701–2702页。

户。[1] 这些东迁人口中,羌人所占的比例当不在少数。我们知道,关中、陇右羌人在西晋末年已经接受佛教,文献有明确记载,据《出三藏记集》卷15《法祖法师传》:

> 帛远,字法祖。本姓万氏,河内人。父威达,以儒雅知名,州府辟命,皆不行。……达祖见群雄交争,干戈方始,志欲潜遁陇右,以保雅操。会张辅为秦州刺史,镇陇上,祖与之俱行。……行至汧县,……忽忤辅意。辅使收之行罚,……鞭之五十,奄然命终。……初,祖道化之声,被于关陇,崤函之右,奉之若神。戎晋嗟恸,行路流涕。陇上羌胡率精骑五千,将欲迎祖西归。中路闻其遇害,悲恨不及,众咸愤激,欲复祖之仇。辅遣军上陇,羌胡率轻骑逆战。时天水故帐下督富整,遂因忿斩辅。群胡既雪怨耻,称善而还。共分祖尸,各起塔庙。

帛远虽为汉人,然从师承"帛"姓来看,当源于龟兹僧人。我们知道,帛法祖等所走的从汧县去陇上的路,正是羌人比较集中的居住地区。《高僧传》卷5《晋泰山昆仑岩竺僧朗传》记释道安同时代僧人支僧敦曾游历汧、陇一带,可见佛教传播已广:

> 时泰山复有支僧敦者,本冀州人。少游汧、陇,长历荆、雍。

十六国以后,文献记载陇右、河西地区佛教材料渐多,《高僧传》卷9《晋罗浮山单道开传》记载:

> 以石虎建武十二年(346),从西平来,一日行七百里。至南安,度一童子为沙弥,年十四,禀受教法,行能及开。

单道开"度一童子为沙弥"的南安,正是羌人姚氏的故地,这是姚氏所在的南安羌人奉佛很难得的早期证据。《晋书》卷116《姚弋仲载记》记羯人石虎东迁羌人到清河事:

> 姚弋仲,南安赤亭羌人也。……刘曜之平陈安也,以弋仲为平

〔1〕石虎执政期间东迁关中人口材料,见《晋书》卷105《石勒载记下》:"季龙进攻集木且羌于河西,克之,俘获数万,秦、陇悉平。凉州牧张骏大惧,遣使称籓,贡方物于勒,徙氐羌十五万落于司、冀州。"(中华书局1974年版,第2745页)"徙雍、秦州华戎十余万户于关东","徙秦州三万余户于青、并二州诸郡"。(第2755页)

西将军,封平襄公,邑之于陇上。及石季龙克上邽,弋仲说之曰:"明公握兵十万,功高一时,正是行权立策之日。陇上多豪,秦风猛劲,道隆后服,道洿先叛,宜徙陇上豪强,虚其心腹,以实畿甸。"季龙纳之,启勒以弋仲行安西将军、六夷左都督。……勒既死,季龙执权,思弋仲之言,遂徙秦、雍豪杰于关东。弋仲率部众数万迁于清河,拜奋武将军、西羌大都督,封襄平县公。

作为石赵政权统治集团的合作者——奉佛的南安羌人"数万"东迁关东清河,必然会对中原东部地区佛教传播带来影响。由此我们皆可感受到,奉佛羌人族群迁徙东部地区,必然也成为推动该地区佛教传播的助力。

12.3 "羯胡"的地理分布

后赵时期佛教在中原地区广泛传播,最主要的原因是具有西域奉佛种族背景的"羯胡"群体在中原地区移动的结果。所以,我们将有关"羯胡"群体的材料,按地理空间静态地编排出来,应该是最直观地呈现出"羯胡"群体在中原地区移动情况,也最直观地呈现出佛教在中原地区的传播空间。

关于材料处理的说明:

(1)为了与"羯胡"群体的兴起至消亡过程相一致,材料反映史实的年代,大致限定在西晋至后赵灭亡;材料反映的区域,亦大致限定在后赵境内。

(2)由于"羯胡"群体发端于西晋时期,故材料的编排按西晋时期行政区划来组织,[1]以便更直观地呈现"羯胡"群体与西晋时期历史空间的关系;同时为了显示石赵时期"羯胡"群体势力及其成长对佛教传播的影响,故材料编排的次序则以"羯胡"群体势力兴起地区——并州地区为中心,然后按地缘向周边地区展开。

---

〔1〕西晋时期行政区划按谭其骧主编:《中国历史地图集》(第三册,西晋时期),中国地图出版社1982年版。

（3）材料按西晋时期行政区划州、郡两级编排。如果材料没有表明属于郡一级，则统一置于州一级之下。

（4）记同一事件的材料，并列在同一序号下。

（5）以石勒为代表的"羯胡"群体，大多出身于社会底层阶级，在起事前，谋生活动空间比较狭窄，其谋生活动大多离不开"羯胡"聚落空间。前面已经提到，即使石勒被卖到冀州为奴，也是带着家族成员相随，故视"羯胡"所到之处，即有"羯胡"聚落的存在，即为佛教存在的空间。

12.3.1　并州

（1）《晋书》卷104《石勒载记上》：

> 元海授勒安东大将军、开府，置左右长史、司马、从事中郎。……乃引张宾为谋主，始署军功曹，以刁膺、张敬为股肱，夔安、孔苌为爪牙，支雄、呼延莫、王阳、桃豹、逯明、吴豫等为将率。使其将张斯率骑，诣并州山北诸郡县，说诸胡羯，晓以安危。诸胡惧勒威名，多有附者。进军常山，分遣诸将攻中山、博陵、高阳诸县，降之者数万人。

12.3.1.1　上党郡：武乡

（2）《晋书》卷104《石勒载记上》：

> 石勒，字世龙，初名㔨，上党武乡羯人也。

（3）《晋书》卷104《石勒载记上》：

> 时胡部大张㔨督、冯莫突等拥众数千，壁于上党，勒往从之。

12.3.1.2　雁门郡

（4）《晋书》卷104《石勒载记上》：

> 太安中，并州饥乱，勒与诸小胡亡散，乃自雁门，还依宁驱。

（5）《晋书》卷104《石勒载记上》：

> 长而壮健，有胆力，雄武好骑射。……邬人郭敬、阳曲宁驱……并加资赡。勒亦感其恩，为之力耕。……

12.3.2　冀州

（6）《晋书》卷104《石勒载记上》：

257

　　勒于是潜诣纳降都尉李川，路逢郭敬，泣拜言饥寒。敬对之流涕，以带货鬻食之，并给以衣服。勒谓敬曰："今者大饿，不可守穷。诸胡饥甚，宜诱将冀州就谷，因执卖之，可以两济。"敬深然之。会建威将军阎粹说并州刺史、东嬴公腾执诸胡于山东卖充军实，腾使将军郭阳、张隆虏群胡将诣冀州，两胡一枷。

(7)《晋书》卷90《丁绍传》：

　　丁绍，字叔伦，谯国人也。……时南阳王模为都督，留绍，启转为冀州刺史。到镇，率州兵讨破汲桑有功，加宁北将军、假节、监冀州诸军事。时境内羯贼为患，绍捕而诛之，号为严肃，河北人畏而爱之。

12.3.2.1　平原国：茌平

(8)《晋书》卷104《石勒载记上》：

　　既而卖与茌平人师欢为奴。……每耕作于野。

《晋书》卷104《石勒载记上》：

　　初，勒被鬻平原，与母王相失。（案：石勒"被鬻平原，与母王相失"与"卖与茌平人师欢为奴"，应同为一事。）

12.3.2.2　清河国：绎幕

(10)《晋书》卷63《段匹磾传》：

　　及石氏之亡，末波之子勤鸠集胡、羯得万余人，保枉人山，自称赵王，附于慕容俊。俄为冉闵所败，徙于绎幕，僭即尊号。俊遣慕容恪击之，勤惧而降。

12.3.3　司州

12.3.3.1　都城：洛阳

(11)《出三藏记》卷7《魔逆经记》：

　　太康十年（289）十二月二日，月支菩萨法护手执梵书，口宣晋言，聂道真笔受，于洛阳城西白马寺中始出。折显元写，使功德流布，一切蒙福度脱。

(12)《出三藏记集》卷8《正法华经后记》：

　　永熙元年（290）八月二十八日，比丘康那律于洛阳写《正法华品》竟。时与清戒界节优婆塞张季博、董景玄、刘长武、长文等,手执经本,诣白马容对与法护,口校古训,讲出深义。以九月本斋十四日,于东牛寺中施檀大会,讲诵此经,竟日尽夜,无不咸欢。重已校定。

(13)《出三藏记集》卷13《竺叔兰传》:

竺叔兰,本天竺人也。祖父娄陀,笃志好学,清简有节操。……娄陀子达摩尸罗,齐言法首,先在他国。其妇兄二人,并为沙门。闻父被害,国内大乱,即与二沙门奔晋,居于河南。

(14)《高僧传》卷9《晋洛阳耆域传》:

耆域者,天竺人也。……以晋惠(290—306)之末,至于洛阳。诸道人悉为作礼,域胡跪晏然,不动容色。

(15)《高僧传》卷10《晋洛阳娄至山诃罗竭传》:

诃罗竭者,本樊阳人。……至元康八年(298),端坐从化。弟子依西国法阇维之,焚燎累日,而尸犹坐火中,水不灰烬,乃移还石室内。后西域人竺定,字安世。晋咸和中,往其国,亲自观视,尸俨然平坐,已三十余年。定后至京,传之道俗。

(16)《晋书》卷104《石勒载记上》:

年十四,随邑人行贩洛阳。

(17)《高僧传》卷9《晋邺中竺佛图澄传》:

以晋怀帝永嘉四年(310),来适洛阳,志弘大法。……欲于洛阳立寺,值刘曜寇斥洛台,帝京扰乱,澄立寺之志遂不果。

(18)1907年敦煌出土粟特文古信札2号信(年代:西晋末年):

自从我派出一个名叫安提胡凡达克的人,已经过去四年。因为商队从姑藏启程,所以他们在第六个月才到达洛阳。那里的印度人和粟特人后来都破了产,并且全死于饥饿。

(19)《晋书》卷103《刘曜载记》:

闻季龙进据石门,续知勒自率大众已济,始议增荥阳戍,杜黄马关。俄而洛水候者与勒前锋交战,擒羯,送之。曜问曰:"大胡自来邪?其众大小复如何?"羯曰:"大胡自来,军盛不可当也。"曜色变,使摄金墉之围,陈于洛西,南北十余里。

（20）《晋书》卷69《刘隗传》：

畴,字王乔,少有美誉,善谈名理。曾避乱坞壁,贾胡百数欲害之,畴无惧色,援笳而吹之,为《出塞》《入塞》之声,以动其游客之思。于是群胡皆垂泣而去之。永嘉中,位至司徒左长史,寻为阎鼎所杀。（案：刘畴为刘隗侄子,随父入洛,材料未言"避乱坞壁"具体州郡,暂系于洛阳之下。）

12.3.3.2　魏郡：邺县、黎阳

（21）《晋书》卷107《石季龙载记下》：

遵檄至邺,张豺大惧,驰召上白之军。遵次于荡阴,戎卒九万,石闵为前锋。豺将出距之,耆旧羯士皆曰："天子儿来奔丧,吾当出迎之,不能为张豺城戍也。"逾城而出,豺斩之不能止。

（22）1907年敦煌出土粟特文古信札2号信（年代：西晋末年）：

有一百多来自萨马尔罕的粟特贵族现居黎阳,他们远离家乡孤独在外。

12.3.3.3　广平郡：襄国、武安

（23）《晋书》卷104《石勒载记上》：

尝佣于武安、临水,为游军所困。

12.3.3.4　平阳郡：平阳、襄陵

（24）《晋书》卷5《怀帝纪》：

永嘉三年（309）七月辛未,平阳人刘芒荡自称汉后,诳诱羌戎,僭帝号于马兰山。支胡五斗叟、郝索聚众数千为乱,屯新丰,与芒荡合党。

（25）《晋书》卷104《石勒载记上》：

勒统精锐五万继之,据襄陵北原,羌、羯降者四万余落。

（26）《晋书》卷104《石勒载记上》：

勒攻准于平阳小城,平阳大尹周置等率杂户六千降于勒。巴帅及诸羌、羯降者十余万落,徙之司州诸县。

（27）《资治通鉴》卷99"晋穆帝永和九年（353）三月"条：

西域人刘康诈称刘曜子,聚众于平阳,自称晋王。

12.3.4 兖州

12.3.4.1 陈留郡:仓垣、雍丘

(28)梁释僧佑《出三藏记集》卷7《放光经记》:

> 以太康三年(282),遣弟子弗如檀,晋字法饶,送经胡本至洛阳,住三年。复至许昌,二年。后至陈留界仓垣水南寺。以元康元年(291)五月十五日,众贤者皆集议,晋书正写,时执胡本者,于阗沙门无叉罗,优婆塞竺叔兰口传。祝太玄、周玄明共笔受,正书九十章,凡二十万七千六百二十一言。时仓垣诸贤者等,大小皆劝助供养。至其年十二月二十四日,写都讫。经义深奥,又前后写者,参校不能善悉。至太安二年(303)十一月十五日,沙门竺法寂来至仓垣水北寺。求经本写时,捡取现品五部并胡本,与竺叔兰更共考校书写。永安元年(304)四月二日讫。

(29)《晋书》卷100《祖约传》:

> 初,逖有胡奴曰王安,待之甚厚。及在雍丘,告之曰:"石勒是汝种类,吾亦不在尔一人。"乃厚资遣之,遂为勒将。祖氏之诛也,安多将从人于市观省,潜取逖庶子道重,藏之为沙门,时年十岁。石氏灭后来归。

12.3.5 豫州

12.3.5.1 汝阴郡:葛陂

(30)《高僧传》卷9《晋邺中竺佛图澄传》:

> 以晋怀帝永嘉四年(310),来适洛阳,志弘大法。……欲于洛阳立寺,值刘曜寇斥洛台,帝京扰乱,澄立寺之志遂不果。乃潜泽草野,以观世变。时石勒屯兵葛陂,专以杀戮为威,沙门遇害者甚众。澄悯念苍生,欲以道化勒,于是杖策到军门。

12.3.5.2 梁国:陈县[1]

---

[1]《晋书》卷14《地理志上》:"豫州,……分颍川立淮阳郡。后汉章帝改淮阳曰陈郡。"(中华书局1974年版,第420页)

261

(31)敦煌"T.ⅩⅡ.a"号遗址出土粟特文古信札 2 号信(年代:西晋末年):

> 自从一粟特人从内地来此,已有三年。不久,我为古地萨其准备行装,他一切都好。后来他去了淮阳,现无人从他处来。

12.3.6　徐州

12.3.6.1　东莞郡:广固

(32)《晋书》卷 110《慕容俊载记》:

> 恪遂克广固,以龛为伏顺将军,徙鲜卑、胡、羯三千余户于蓟,留慕容尘镇广固,恪振旅而归。

12.3.7　雍州

12.3.7.1　京兆郡:长安

(33)《出三藏记集》卷 13《竺法护传》:

> 竺法护,其先月支人也,世居燉煌郡。……后立寺于长安青门外,精勤行道,于是德化四布,声盖远近,僧徒千数,咸来宗奉。

《出三藏记集》卷 9《渐备经十住胡名并书叙第三》:

> 元康七年(297)十一月二十一日,沙门法护在长安市西寺中,出《渐备经》,手执胡本,译为晋言。护公菩萨人也,寻其余音遗迹,使人仰之弥远。

(34)《高僧传》卷 4《晋豫章山康僧渊传》:

> 康僧渊,本西域人,生于长安。貌虽梵人,语实中国。……晋成(326—342)之世,与康法畅、支敏度等俱过江。

(35)《晋书》卷 103《刘曜载记》:

> 长水校尉尹车谋反,潜结巴酋徐库彭,曜乃诛车,囚库彭等五十余人于阿房,将杀之。光禄大夫游子远固谏,曜不从。子远叩头流血,曜大怒,幽子远而尽杀库彭等,尸诸街巷之中十日,乃投之于水。于是巴氏尽叛,推巴归善王句渠知为主,四山羌、氐、巴、羯应之者三十余万,关中大乱,城门昼闭。

(36)《晋书》卷 103《刘曜载记》:

> 置单于台于渭城,拜大单于,置左右贤王已下,皆以胡、羯、鲜

卑、氐、羌豪桀为之。

(37)《晋书》卷 114《苻坚载记下》：

> 群臣出后，独留苻融议之。……融泣曰："……陛下宠育鲜卑、羌、羯，布诸畿甸，旧人族类，斥徙遐方。今倾国而去，如有风尘之变者，其如宗庙何！监国以弱卒数万留守京师，鲜卑、羌、羯攒聚如林，此皆国之贼也，我之仇也。"

12.3.8　幽州

12.3.8.1　燕国：蓟县

(38)《晋书》卷 110《慕容俊载记》：

> 恪遂克广固，以兖为伏顺将军，徙鲜卑、胡、羯三千余户于蓟，留慕容尘镇广固，恪振旅而归。

(39)敦煌"Ｔ.ⅩⅡ.ａ"号遗址出土粟特文古信札 2 号信（年代：西晋末年）：

> 我又派纳光去敦煌。后来他又出走，不久返回，现在他又离去，他向我告别过。他负债累累，但不久在蓟城被杀死，被抢掠一空。

12.3.9　平州

12.3.9.1　辽东国

(40)《古今姓氏书辩证》卷 3"夔氏"条：

> 石虎有太保夔安，自天竺徙辽东。玄孙逸，姚秦司空。腾仕后燕。（案：唐长孺先生指出夔氏迁居辽东应在石赵灭后。[1]）

本章着重描述的中原政权统治者对佛教的态度，奉佛或者不奉佛，是与统治集团内部族群结构有关的。如刘汉（包括前赵）政权主体是匈奴人，没有奉佛传统，在刘氏统治期间，没有看到奉佛行为，说明其权力阶层内部不存在奉佛族群，即使存在奉佛族群，其规模也没有达到值得最高统治者有所表现的地步，所以在最高统治者层面，看不到

---

〔1〕唐长孺：《魏晋杂胡考》三"羯胡"，载氏著《魏晋南北朝史论丛》，中华书局 2009 年版，第 401、412 页。

奉佛行为。最高统治者对佛教的态度有所表现,说明统治集团奉佛行为存在。最高统治者对奉佛部属的因循,我们可以将此理解为国家处理统治集团内部民族关系的具体措施,是国家民族政策的体现,同时也可以视为汉晋时期佛教跨族群传播的最基本模式。

参考文献

一、古籍部分：

〔汉〕司马迁.史记.北京：中华书局,1982.

〔汉〕班固.汉书.北京：中华书局,1962.

〔汉〕荀悦,〔东晋〕袁宏.两汉纪.北京：中华书局,2005.

〔南朝宋〕范晔.后汉书.北京：中华书局,1965.

〔晋〕陈寿.三国志.北京：中华书局,1982.

〔唐〕房玄龄.晋书.北京：中华书局,1974.

〔南朝梁〕沈约.宋书.北京：中华书局,1974.

〔南朝梁〕萧子显.南齐书.北京：中华书局,1972.

〔唐〕姚思廉.梁书.北京：中华书局,1973.

〔北齐〕魏收.魏书.北京：中华书局,1974.

〔唐〕李百药.北齐书.北京：中华书局,1972.

〔唐〕李延寿.南史.北京：中华书局,1975.

〔唐〕李延寿.北史.北京：中华书局,1974.

〔唐〕魏徵,等.隋书.北京：中华书局,1973.

〔后晋〕刘昫,等.旧唐书.北京：中华书局,1975.

〔北宋〕欧阳修,宋祁.新唐书.北京：中华书局,1975.

〔北宋〕司马光.资治通鉴.北京：中华书局,1982.

〔晋〕王嘉.拾遗记.齐治平,校注.北京：中华书局,1981.

〔南朝宋〕刘义庆.世说新语.〔南朝梁〕刘孝标,注.余嘉锡,笺疏.上海：上海古籍出版社,1993.

〔南朝梁〕萧统.文选.北京：中华书局,1977.

五朝小说大观.据扫叶山房1926年石印本影印.郑州：中州古籍出版社,1991.

〔北魏〕郦道元.水经注.陈星桥,校证.北京:中华书局,2007.

〔北魏〕杨衒之.洛阳伽蓝记.范祥雍,校注.上海:上海古籍出版社,1978.

〔唐〕欧阳询,等.艺文类聚.汪绍楹,点校.上海:上海古籍出版社,1985.

〔唐〕许嵩.建康实录.张忱石,点校.北京:中华书局,1986.

〔唐〕李绰.尚书故实.北京:商务印书馆,1936.

〔唐〕张彦远.历代名画记.北京:人民美术出版社,1963.

〔唐〕孙思邈.备急千金要方∥张继禹,主编.中华道藏(22册).北京:华夏出版社,2004.

〔宋〕王钦若,等.册府元龟.周勋初,校订.南京:凤凰出版社,2006.

〔宋〕李昉,等.太平御览.北京:中华书局,2011.

〔宋〕乐史,等.太平寰宇记.王文楚,点校.北京:中华书局,2008.

〔宋〕王应麟.小学绀珠.北京:商务印书馆,1935.

〔宋〕洪迈.夷坚志.何卓,点校.北京:中华书局,2006.

〔宋〕刘敬叔.异苑.北京:中华书局,1996.

〔宋〕洪适.隶释.北京:中华书局,1986.

〔宋〕周应合.景定建康志.南京:南京出版社,2009.

〔元〕张铉.至正金陵新志.田崇,点校.南京:南京出版社,1991.

〔明〕屠介孙,项琳,辑.十六国春秋.《四库全书》本.

〔明〕程荣纂辑.汉魏丛书.据明万历新安程氏刊本影印.长春:吉林大学出版社,1992.

〔清〕刘世珩.南朝寺考.据光绪三十三年刊本影印.广陵书社,2006.

二、佛教典籍部分

〔东晋〕释法显.法显传.章巽,校注.上海:上海古籍出版社,1985.

〔南朝梁〕释僧佑.出三藏记集.苏晋仁,萧炼子,点校.北京:中华书局,1995.

〔南朝梁〕释僧佑.弘明集∥〔唐〕释道宣.广弘明集.上海:上海古籍出版社,1991.

〔南朝梁〕释宝唱.名僧传抄.金陵刻经处,1937.

〔南朝梁〕释宝唱.比丘尼传.王儒童,校注.北京:中华书局,2006.

〔南朝梁〕释慧皎.高僧传.汤用彤,校注.北京:中华书局,1992.

〔唐〕释道宣.续高僧传∥台北:传正有限公司乾隆版大藏经刊印处,1999.

〔唐〕释玄奘.大唐西域记.季羡林,校注.北京:中华书局,1985.

〔唐〕释道世.法苑珠林.周叔迦,苏晋仁,校注.北京:中华书局,2003.

〔唐〕释法琳.辨正论∥台北:传正有限公司乾隆版大藏经刊印处,1999年.

〔西晋〕安法钦,译.阿育王传∥台北:传正有限公司乾隆版大藏经刊印处,1999.

〔南朝梁〕僧伽婆罗,译.阿育王经∥台北:传正有限公司乾隆版大藏经刊印处,1999.

三、今人专著部分

〔日〕安居香山,中村璋八.纬书集成.石家庄:河北人民出版社,1994.

柴德赓.史籍举要.北京:北京出版社,1982.

陈垣.中国佛教史籍概论.上海:上海书店出版社,1999.

陈连庆.中国古代少数民族姓氏研究.长春:吉林文史出版社,1993.

陈连庆.《晋书·食货志》校注.长春:东北师范大学出版社,1999.

陈连庆.《魏书·食货志》校注.长春:东北师范大学出版社,1999.

陈琳国.中古北方民族史探.北京:商务印书馆,2010.

〔日〕池田温.中国古代籍帐研究.北京:中华书局,2007.

〔日〕川胜义雄.六朝贵族制社会研究.上海:上海古籍出版社,2007.

陈健梅.孙吴政区地理研究.长沙:岳麓书社,2008.

杜斗城.河西佛教史.北京:中国社会科学出版社,2009.

段鹏琦.汉魏洛阳故城.北京:文物出版社,2009.

冯承钧.中国南洋交通史.上海:上海书局,1984.

方广锠.道安评传.北京:昆仑出版社,2004.

甘怀真.皇权、礼仪与经典诠释:中国古代政治史研究.上海:华东师范大学出版社,2008.

纪赟.慧皎《高僧传》研究.上海:上海古籍出版社,2009.

姜忠奎.纬史论微.上海:上海书店出版社,2005.

〔日〕吉川忠夫.六朝精神史研究.南京:江苏人民出版社,2010.

〔日〕吉川忠夫,麦谷邦夫.《真诰》校注.北京:中国社会科学出版社,2006.

鲁迅.古小说钩沉∥鲁迅全集:第8卷.北京:人民文学出版社,1981.

李小荣.《弘明集》《广弘明集》述论稿.成都:巴蜀书社,2005.

〔韩〕李正晓.中国早期佛教造像研究.北京:文物出版社,2005.

林幹.匈奴史.呼和浩特:内蒙古人民出版社,2007.

联合国教科文组织.中亚文明史.北京:中国对外翻译出版公司,2002.

刘佑成.社会分工论.杭州:浙江人民出版社,1985.

刘纬毅.汉唐方志辑佚.北京:北京图书馆出版社,1997.

罗新,叶炜.新出魏晋南北朝墓志疏证.北京:中华书局,2005.

刘蓉.汉魏名士研究.北京:中华书局,2009.

吕澂.吕澂佛学论著选集.济南:齐鲁书社,1991.

马长寿.碑铭所见前秦至隋初的关中部族.北京:中华书局,1985.

马长寿.氐与羌.桂林:广西师范大学出版社,2006.

孟凡人. 楼兰鄯善简牍年代学研究. 乌鲁木齐: 新疆人民出版社, 1995.

〔日〕麦谷邦夫, 吉川忠夫.《周氏冥通记》研究 (译注篇). 济南: 齐鲁书社, 2010.

邱树森. 中国历代职官辞典. 南昌: 江西教育出版社, 1998.

〔日〕桑原骘藏. 蒲寿庚考. 北京: 中华书局, 2009.

宋昌斌. 中国古代户籍制度史稿. 西安: 三秦出版社, 1991.

尚永琪. 3—6世纪佛教传播背景下的北方社会群体研究. 北京: 科学出版社, 2008.

汤用彤. 汉魏两晋南北朝佛教史. 上海: 上海书店出版社, 1991.

汤用彤. 魏晋玄学论稿. 北京: 人民出版社, 1957.

唐长孺. 三至六世纪江南大土地所有制的发展. 上海: 上海人民出版社, 1957.

谭其骧. 中国历史地图集. 北京: 中国地图出版社, 1982.

田余庆. 东晋门阀政治. 北京: 北京大学出版社, 2005.

王国维. 观堂集林. 北京: 中华书局, 1959.

万绳楠. 陈寅恪魏晋南北朝史讲演录. 合肥: 黄山书社, 1987.

王素, 李方. 魏晋南北朝敦煌文献编年. 台北: 新文丰出版公司, 1997.

〔日〕尾形勇. 中国古代的"家"与国家. 北京: 中华书局, 2010.

〔荷〕许理和. 佛教征服中国. 南京: 江苏人民出版社, 1998.

徐兴无. 谶纬文献与汉代文化构建. 北京: 中华书局, 2003.

姚薇元. 北朝胡姓考. 北京: 中华书局, 2007.

杨鸿年. 汉魏制度丛考. 武汉: 武汉大学出版社, 2005.

〔日〕羽田亨. 西域文化史. 乌鲁木齐: 新疆人民出版社, 1981.

〔日〕羽溪了谛. 西域之佛教. 北京: 商务印书馆, 1999.

余太山. 西域通史. 郑州: 中州古籍出版社, 1996.

余太山. 两汉魏晋南北朝正史"西域传"研究. 北京: 中华书局, 2003.

余太山.两汉魏晋南北朝正史"西域传"要注.北京:中华书局,2005.

余太山.两汉魏晋南北朝与西域关系史研究.北京:商务印书馆,2011.

严耕望.魏晋南北朝佛教地理稿.上海:上海古籍出版社,2007.

严耀中.中国东南佛教史.上海:上海人民出版社,2005.

张金光.秦制研究.上海:上海古籍出版社,2004.

钟肇鹏.谶纬论略.沈阳:辽宁教育出版社,1991.

郑有国.中国市舶制度研究.福州:福建教育出版社,2004.

周伟洲.中国中世西北民族关系研究.桂林:广西师范大学出版社,2007.

周叔迦.牟子丛残新编.北京:中国书店出版社,2001.

四、今人论文部分

陈连庆.汉唐之际的西域贾胡.1983年敦煌学讨论会论文(油印本)。

陈槃.秦汉间之所谓"符应"略论∥陈槃.古谶纬研讨及其书录解题.上海:上海古籍出版社,2010.

陈槃.论早期谶纬及其与邹衍书说之关系∥陈槃.古谶纬研讨及其书录解题.上海:上海古籍出版社,2010.

陈槃.谶纬命名及其相关之诸问题∥陈槃.古谶纬研讨及其书录解题.上海:上海古籍出版社,2010.

陈槃.战国秦汉间方士考论∥陈槃.古谶纬研讨及其书录解题.上海:上海古籍出版社,2010.

陈寅恪.东晋南朝之吴语∥陈寅恪.金明馆丛稿二编.上海:上海古籍出版社,1980.

陈寅恪.支愍度学说考∥陈寅恪.金明馆丛稿初编.上海:生活·读书·新知三联书店,2001.

陈寅恪.述东晋王导之功业∥陈寅恪.金明馆丛稿初编.上海:生活·读书·新知三联书店,2001.

陈国灿. 敦煌所出粟特文信札的书写地点和时间问题 // 陈国灿. 敦煌学史事新证. 兰州：甘肃教育出版社, 2002.

杜正胜. "编户齐民论"的剖析 // 王健文. 政治与权力. 北京：中国大百科全书出版社, 2005.

方立天. 道安评传 // 方立天. 魏晋南北朝佛教论丛. 北京：中华书局, 1982.

〔日〕福井重雅. 儒教的国教化 // 〔日〕佐竹靖彦. 殷周秦汉史学的基本问题. 北京：中华书局, 2008.

甘怀真. "制礼"观念的探析 // 甘怀真. 皇权、礼仪与经典诠释：中国古代政治史研究. 上海：华东师范大学出版社, 2008.

甘怀真. 礼观念的演变与儒教国家的成立 // 甘怀真. 皇权、礼仪与经典诠释：中国古代政治史研究. 上海：华东师范大学出版社, 2008.

黄靖. 贵霜帝国的年代体系. 中亚学刊, 1987(2).

胡宝国. 汉晋之际的汝颍名士. 历史研究, 1991(5).

侯旭东. 中国古代人"名"的使用及其意义——尊卑、统属与责任. 历史研究, 2005(5).

侯旭东. 汉魏六朝父系意识的成长与"宗族" // 侯旭东. 北朝村民的生活世界. 北京：商务印书馆, 2005.

侯旭东. 北朝的"市"：制度、行为与观念 // 侯旭东. 北朝村民的生活世界. 北京：商务印书馆, 2005.

季羡林. 商人与佛教 // 季羡林. 季羡林文集：第7卷. 南昌：江西教育出版社, 1998.

季羡林. 法显 // 季羡林. 季羡林全集：第15卷. 北京：外语教学与研究出版社, 2010.

金申. 北魏奇特的风俗——铸像以卜 // 金申. 佛教美术丛考续编. 北京：华龄出版社, 2010.

林梅村. 洛阳所出佉卢文井栏题记——兼论东汉洛阳的僧团与佛寺. 中国历史博物馆馆刊, 1989(13—14).

林梅村. 洛阳所出佉卢文井栏题记——兼论东汉洛阳的僧团与佛

寺//林梅村.西域文明——考古、民族、语言和宗教新论.北京:东方出版社,1995.

林梅村.长安所出佉卢文题记考//林梅村.西域文明——考古、民族、语言和宗教新论.北京:东方出版社,1995.

林梅村.贵霜大月氏人流寓中国考//林梅村.西域文明——考古、民族、语言和宗教新论.北京:东方出版社,1995.

刘淑芬.三至六世纪浙东地区的经济发展//陈国栋,罗彤华.经济脉动(台湾学者中国史研究论丛).北京:中国大百科全书出版社,2005.

逯耀东.北魏平城对洛阳规建的影响//逯耀东.从平城到洛阳——拓跋魏文化转变的历程.北京:中华书局,2006.

罗世平.汉地早期佛像与胡人流寓地.艺术史研究,1999(1).

马司帛洛.汉明帝感梦遣使求经事考证//冯承钧.西域南海史地考证译丛:第4编.北京:商务印书馆,1995.

马雍.东汉后期中亚人来华考.新疆大学学报(哲学社会科学版),1984(2).

马雍,孙毓棠.匈奴和汉控制下的西域//联合国教科文组织.中亚文明史.北京:中国对外翻译出版公司,2002.

〔日〕那波利贞.唐代寺院对俗人开放为简便投宿处//日本学者研究中国史论著选译:第7卷.北京:中华书局,1993.

荣新江.胡人迁徙与聚落//荣新江.中古中国与外来文明.上海:生活·读书·新知三联书店,2001.

荣新江.海路还是陆路——佛教传入汉代中国的途径和流行区域研究评述//荣新江.中古史研究十论.上海:复旦大学出版社,2005.

史念海.论十六国和南北朝时期长安城中的小城、子城和皇城//史念海.河山集:九集.西安:陕西师范大学出版社,2006.

史念海.汉代长安城的营建规模//史念海.河山集:九集.西安:陕西师范大学出版社,2006.

〔法〕索安.国之重宝与道教秘宝//法国汉学:第4辑.北京:中华

书局,1999.

唐长孺.东汉末期的大姓名士//唐长孺.唐长孺文存.上海:上海古籍出版社,2006.

唐长孺.清谈与清议//唐长孺.魏晋南北朝史论丛.北京:中华书局,2009.

唐长孺.魏晋才性论的政治意义//唐长孺.魏晋南北朝史论丛.北京:中华书局,2009.

唐长孺.魏晋玄学之形成及其发展//唐长孺.魏晋南北朝史论丛.北京:中华书局,2009.

唐长孺.读抱朴子推论南北学风的异同//唐长孺.魏晋南北朝史论丛.北京:中华书局,2009.

唐长孺.魏晋时期北方天师道的传播//唐长孺.唐长孺文存.上海:上海古籍出版社,2006.

唐长孺.南朝的屯、邸、别墅及山泽占领//唐长孺.唐长孺文存.上海:上海古籍出版社,2006.

唐长孺.魏晋杂胡考//唐长孺.魏晋南北朝史论丛.北京:中华书局,2009.

唐长孺.晋代北境各族"变乱"的性质及五胡政权在中国的统治//唐长孺.魏晋南北朝史论丛.北京:中华书局,2009.

唐长孺.十六国//唐长孺.山居存稿续编.北京:中华书局,2011.

谭其骧.羯考//唐长孺.长水集.北京:人民出版社,2009.

田余庆.彭城刘氏与佛学成实论的传播//田余庆.秦汉魏晋史探微.北京:中华书局,2011.

王毓铨."民数"与汉代封建政权//王毓铨.王毓铨史论集.北京:中华书局,2005.

王承文.中古时期佛道关系的新观点——以敦煌本《灵宝威仪经诀上》为中心//王承文.道教教义与现代社会.上海:上海古籍出版社,2003.

王青.汉魏六朝文学中所见的西域商贸.西域研究,2003(2).

温玉成.公元1—3世纪中国的仙佛模式∥温玉成.中国佛教与考古.北京:宗教文化出版社,2009.

〔荷〕许理和.汉代佛教与西域∥国际汉学:第2期.郑州:大象出版社,1998.

余太山.西汉与西域关系述考.西北民族研究,1994(2).

吴焯.汉明帝与佛教初传.传统文化与现代化,1995(5).

颜尚文.后汉三国西晋时代佛教寺院之分布∥颜尚文.中国中古佛教史论.北京:宗教文化出版社,2010.

颜尚文.后秦姚兴的政治与佛教∥颜尚文.中国中古佛教史论.北京:宗教文化出版社,2010.

颜尚文.梁武帝"菩萨皇帝"的理念及政策之形成基础∥颜尚文.中国中古佛教史论.北京:宗教文化出版社,2010.

〔日〕塚本善隆.魏晋佛教的展开∥日本学者研究中国史论著选译:第7卷.北京:中华书局,1993.

张广达.敦煌"瑞像记"、瑞像图及其反映的于阗∥张广达.于阗史丛考.北京:中国人民大学出版社,2008.

周一良.北朝的民族问题与民族政策∥周一良.魏晋南北朝史论集.北京:北京大学出版社,1997.

周一良.南朝境内之各种人及政府对待之政策∥周一良.魏晋南北朝史论集.北京:北京大学出版社,1997.

后 记

　　这本书是非常单纯而固执的想法和实践的产物。我很早就有一个梦想，希望在自己人生最黄金时期，留出两年时间，全身心地做我自己最想做的事情。这一梦想现在实现了。这本书就是这一梦想的果实。这本书的写作，从 2010 年初开始准备，至 2012 年元月底结束交稿，正好是两整年。

　　可以说，这两年的每一天，都是那么真实地度过。可是合起来看，又是那么的不真实。终归是一场梦想罢。

　　与我的前一本书《宗统与法统——以嵩山少林寺为中心》一样，这本书的写作，仍然属于非职业、非营利性质的。

　　感谢中国社会科学院历史所陈高华先生。

　　感谢中国社会科学院历史所余太山先生。

　　感谢以色列特拉维夫大学 Meir Shahar 先生。

　　感谢中国嵩山少林寺释永信方丈。

　　感谢兰州大学出版社施援平女士。

　　感谢给予理解、鼓励、支持的朋友们。

　　感谢我的妻子张嬿。我的梦想里也有她的梦想。

　　感谢我的女儿叶大家。将她独立一行列出，不仅因为她今年十八岁了，这两年间，她经常给予我精神上有力的支持。

叶德荣

二〇一二年元月三十日

索　引

·欧·亚·历·史·文·化·文·库·

285

欧亚历史文化文库

已经出版

林悟殊著:《中古夷教华化丛考》	定价:66.00元
赵俪生著:《弇兹集》	定价:69.00元
华喆著:《阴山鸣镝——匈奴在北方草原上的兴衰》	定价:48.00元
杨军编著:《走向陌生的地方——内陆欧亚移民史话》	定价:38.00元
贺菊莲著:《天山家宴——西域饮食文化纵横谈》	定价:64.00元
陈鹏著:《路途漫漫丝貂情——明清东北亚丝绸之路研究》	
	定价:62.00元
王颋著:《内陆亚洲史地求索》	定价:83.00元
〔日〕堀敏一著,韩昇、刘建英编译:《隋唐帝国与东亚》	定价:38.00元
〔印度〕艾哈默得·辛哈著,周翔翼译,徐百永校:《入藏四年》	
	定价:35.00元
〔意〕伯戴克著,张云译:《中部西藏与蒙古人	
——元代西藏历史》(增订本)	定价:38.00元
陈高华著:《元朝史事新证》	定价:74.00元
王永兴著:《唐代经营西北研究》	定价:94.00元
王炳华著:《西域考古文存》	定价:108.00元
李健才著:《东北亚史地论集》	定价:73.00元
孟凡人著:《新疆考古论集》	定价:98.00元
周伟洲著:《藏史论考》	定价:55.00元
刘文锁著:《丝绸之路——内陆欧亚考古与历史》	定价:88.00元
张博泉著:《甫白文存》	定价:62.00元
孙玉良著:《史林遗痕》	定价:85.00元
马健著:《匈奴葬仪的考古学探索》	定价:76.00元
〔俄〕柯兹洛夫著,王希隆、丁淑琴译:	
《蒙古、安多和死城哈喇浩特》(完整版)	定价:82.00元
乌云高娃著:《元朝与高丽关系研究》	定价:67.00元
杨军著:《夫余史研究》	定价:40.00元

梁俊艳著:《英国与中国西藏(1774—1904)》　　　　　　定价:88.00 元

〔乌兹别克斯坦〕艾哈迈多夫著,陈远光译:

　　《16—18 世纪中亚历史地理文献》(修订版)　　　　定价:85.00 元

成一农著:《空间与形态——三至七世纪中国历史城市地理研究》

　　　　　　　　　　　　　　　　　　　　　　　　　定价:76.00 元

杨铭著:《唐代吐蕃与西北民族关系史研究》　　　　　定价:86.00 元

殷小平著:《元代也里可温考述》　　　　　　　　　　定价:50.00 元

耿世民著:《西域文史论稿》　　　　　　　　　　　　定价:100.00 元

殷晴著:《丝绸之路经济史研究》　　　定价:135.00 元(上、下册)

余大钧译:《北方民族史与蒙古史译文集》　定价:160.00 元(上、下册)

韩儒林著:《蒙元史与内陆亚洲史研究》　　　　　　　定价:58.00 元

〔美〕查尔斯·林霍尔姆著,张士东、杨军译:

　　《伊斯兰中东——传统与变迁》　　　　　　　　　定价:88.00 元

〔美〕J. G. 马勒著,王欣译:《唐代塑像中的西域人》　定价:58.00 元

顾世宝著:《蒙元时代的蒙古族文学家》　　　　　　　定价:42.00 元

杨铭编:《国外敦煌学、藏学研究——翻译与评述》　　定价:78.00 元

牛汝极等著:《新疆文化的现代化转向》　　　　　　　定价:76.00 元

周伟洲著:《西域史地论集》　　　　　　　　　　　　定价:82.00 元

周晶著:《纷扰的雪山——20 世纪前半叶西藏社会生活研究》

　　　　　　　　　　　　　　　　　　　　　　　　　定价:75.00 元

蓝琪著:《16—19 世纪中亚各国与俄国关系论述》　　　定价:58.00 元

许序雅著:《唐朝与中亚九姓胡关系史研究》》　　　　　定价:65.00 元

汪受宽著:《骊靬梦断——古罗马军团东归伪史辨识》　定价:96.00 元

刘雪飞著:《上古欧洲斯基泰文化巡礼》　　　　　　　定价:32.00 元

〔俄〕Т. Б. 巴尔采娃著,张良仁、李明华译:

　　《斯基泰时期的有色金属加工业——第聂伯河左岸森林草原带》

　　　　　　　　　　　　　　　　　　　　　　　　　定价:44.00 元

叶德荣著:《汉晋胡汉佛教论稿》　　　　　　　　　　定价:60.00 元

敬请期待

李鸣飞著:《玄风庆会——蒙古国早期的宗教变迁》

马小鹤著:《光明的使者》

许全胜著:《黑鞑事略汇校集注》

· 欧 · 亚 · 历 · 史 · 文 · 化 · 文 · 库 ·

张文德著:《朝贡与入附——明代西域人来华研究》

尚永琪著:《胡僧东来——汉唐时期的佛经翻译家和传播人》

篠原典生著:《西天伽蓝记》

桂宝丽著:《可萨突厥》

张小贵著:《祆教史考论与述评》

贾丛江著:《汉代西域汉人和汉文化》

王冀青著:《斯坦因的中亚考察》

王冀青著:《斯坦因研究论集》

王永兴著:《敦煌吐鲁番出土唐代军事文书考释》

薛宗正著:《汉唐西域史汇考》

李映洲著:《敦煌艺术论》

〔俄〕波塔宁著,〔俄〕奥布鲁切夫编,吴吉康译:《蒙古纪行》

王颋著:《内陆亚洲史地求索》(续)

〔德〕施林洛甫著,刘震译校:《叙事和图画
　　——欧洲和印度艺术中的情节展现》

王冀青著:《斯坦因档案研究指南》

〔前苏联〕巴托尔德著,张丽译:《中亚历史》

徐文堪编:《梅维恒内陆欧亚研究文选》

〔前苏联〕К.А.阿奇舍夫、Г.А.库沙耶夫著,孙危译:
　　《伊犁河流域塞人和乌孙的古代文明》

徐文堪著:《古代内陆欧亚的语言和有关研究》

刘迎胜著:《小儿锦文字释读与研究》

李锦绣编:《20世纪内陆欧亚历史文化研究论文选粹》

李锦绣、余太山编:《古代内陆欧亚史纲》

郑炳林著:《敦煌占卜文献叙录》

陈明著:《出土文献与早期佛经词汇研究》

李锦绣著:《裴矩〈西域图记〉辑考》

王冀青著:《犍陀罗佛教艺术》

王冀青著:《敦煌西域研究论集》

李艳玲著:《公元前2世纪至公元7世纪前期西域绿洲农业研究》

许全胜、刘震编:《内陆欧亚历史语言论集——徐文堪先生古稀纪念》

张小贵编:《三夷教论集——林悟殊先生古稀纪念》

李鸣飞著：《横跨欧亚——马可波罗的足迹》

杨林坤著：《西风万里交河道——明代西域丝路上的使者与商旅》

杜斗诚著：《杜撰集》

林悟殊著：《华化摩尼教补说》

王媛媛著：《摩尼教艺术及其华化考述》

〔日〕渡边哲信著，尹红丹、王冀青译：《西域旅行日记》

李花子著：《长白山踏查记》

王冀青著：《佛光西照——欧美佛教研究史》

王冀青著：《霍恩勒与鲍威尔写本》

王冀青著：《清朝政府与斯坦因第二次中国考古》

芮传明著：《摩尼教东方文书校注与译释》

马小鹤著：《摩尼教东方文书研究》

段海蓉著：《萨都刺传》

〔德〕梅塔著，刘震译：《从弃绝到解脱》

郭物著：《欧亚游牧社会的重器——鍑》

王邦维著：《玄奘》

冯天亮著：《词从外来——唐代外来语研究》

芮传明著：《内陆欧亚中古风云录》

王冀青著：《伯希和敦煌考古档案研究》

王冀青著：《伯希和中亚考察研究》

李锦绣著：《北阿富汗的巴克特里亚文献》

〔日〕荒川正晴著，冯培红译：《欧亚的交通贸易与唐帝国》

孙昊著：《辽代女真社会研究》

赵现海著：《明长城的兴起
　　——“长城社会史”视野下明中期榆林长城修筑研究》

华喆著：《帝国的背影——公元 14 世纪以后的蒙古》

〔前苏联〕伊·亚·兹拉特金著，马曼丽译：《准葛尔汗国史》（修订版）

杨建新著：《民族边疆论集》

〔美〕白卖克著，马娟译：《大蒙古国的畏吾儿人》

余太山著：《内陆欧亚史研究自选论集》

淘宝网邮购地址：http://lzup.taobao.com

欧·亚·历·史·文·化·文·库·